德育原理

黄向阳 著

华东师范大学出版社
上海

图书在版编目(CIP)数据

德育原理/黄向阳著. —上海：华东师范大学出版社，2000
ISBN 978-7-5617-2280-0

Ⅰ. 德…　Ⅱ. 黄…　Ⅲ. 德育—理论　Ⅳ. G410

中国版本图书馆 CIP 数据核字(2000)第 47888 号

德育原理

著　　者　黄向阳
组　　稿　金　勇
责任编辑　金　勇
责任校对　邱红穗
封面设计　黄惠敏
版式设计　蒋　克

出版发行　华东师范大学出版社
社　　址　上海市中山北路 3663 号　邮编 200062
网　　址　www.ecnupress.com.cn
电　　话　021-60821666　行政传真 021-62572105
客服电话　021-62865537　门市(邮购)电话 021-62869887
地　　址　上海市中山北路 3663 号华东师范大学校内先锋路口
网　　店　http://hdsdcbs.tmall.com

印 刷 者　昆山市亭林印刷有限责任公司
开　　本　890×1240　32 开
印　　张　9.25
字　　数　250 千字
版　　次　2000 年 11 月第 1 版
印　　次　2021 年 7 月第二十五次
印　　数　99 101-102 200
书　　号　ISBN 978-7-5617-2280-0 / D·083
定　　价　22.00 元

出 版 人　王　焰

序

整合德育知识的新建树

中国素称“礼仪之邦”,历来有重视道德教育的传统。如今时值社会转型时期,社会道德状况常令人不安,道德教育自然备受关注。于是,德育论著纷至沓来,异常走俏。问题是,我国现今道德教育知识来源与价值观念相当复杂,除古代儒家道德修养学说的深层影响外,尚有西方近代以来道德教育理论的渗透,苏俄道德教育理论的影响,根据地德育的历史经验,更有人民共和国教育发展过程中德育经验的积累。由于不同时代、不同国度“德育”概念的内涵、外延有别,德育在整个教育中的地位多有变化,即使在同一时代、同一国度也存在不同德育价值观念的争议,遂发生整合德育知识的困难,以致我国教育理论界迄今为止对不同历史类型的道德教育实践综合研究的成果相当有限,对各种道德教育理论流派的探讨还不深入,关于德育的见解莫衷一是,而加入德育研究行列者,又并非都属训练有素的专家。自古“贵玉之国多珉,好凤之国多鸥。名之所在,伪之所趋”(方孝孺),良莠不齐,也就难免给原属难题的德育理论添乱。结果,在现今德育文献中,概念泛化,观念陈旧,逻辑混乱,屡见不鲜,自然难以形成清晰的思路。故建构符合国情的德育理论,不能不从澄清这个领域理论上的混乱入手。

黄向阳博士从20世纪90年代初开始,致力于德育基础理论的研究。他的教育基础理论功底原来就比较扎实,为了系统地研究道德教育问题,多年来,又广泛涉猎、认真钻研伦理学、教育伦理学、元教育学文献及有代表性的道德教育论著,尤其对“元伦理学”与当代德育模式情有独钟;同时,密切关注德育理论与实践的进展,自 1997

年起，还与无锡市扬名中心小学合作，主持德育课题研究，成效显著。在此基础上，才着手撰写《德育原理》一书。这部著作的思想锋芒，虽不能与“剑”相比，就比作一枚绣花针，也属披阅十载，才磨砺而成。

这部著作不仅从澄清“德育”概念入手，而且把“德育”诸概念的辨析与整合贯穿于全书。可谓“以名举实，以辞抒意，以说出故”(《墨子·小取》)；关于道德教育必要性和可能性的考察，既为道德教育作了有力的辩护，又确立有效的道德教育的理论前提；关于道德教育内容、手段与方法的陈述，较之同类著作更富理论色彩；关于现代德育思路和模式的陈述，相当谨严。鉴于中国迄今为止德育理论研究的基础较为薄弱，有根有据地整合德育知识已不容易，不能期望一本著作完全理清符合国情的道德教育思路，惟从这部著作整合德育知识所达到的水平看来，可以认定它是一部相当优秀的“德育原理”教材。

在这部著作中，有些论断，如“德育即道德教育”、“德育即教育的道德目的”、“教育概念是道德概念”、“教育实践属于道德实践”等等，很可能会引起争议。撇开这些判断的意义不谈，单是这种表述方式，就可能引起误解。这是一种“定义式表述”，而“定义式表述”不一定都按逻辑规则给概念下定义。例如，杜威所谓“教育即生活”、“学校即社会”，也是一种“定义式表述”。由于他是名家，人们对他的表述并不望文生义，而更注重他的本意，也就不致发生把“教育”与“生活”、“学校”与“社会”混为一谈的误解，人们不是至今还对陶行知“生活即教育”、“社会即学校”之说赞不绝口么？至于就这些命题的意义展开争议，那是另一回事。是为序！

陈桂生

2000年6月10日

目　录

引　言

教育旨在教人做人，其核心是道德教育。对于怎样做人，每个成年人都有自己的心得，道德教育遂成为公众话题。公众关心和谈论道德教育本是好事，但是，在人人都能指手画脚的领域，理论建树往往不多。研究人人熟悉的事物，易受习俗的影响。教育界如果自甘于从众和媚俗，缺乏独立思考和理论抱负，对于道德教育的见识就会一直停留在公众意见和社会舆论水平上。德育原理致力于构建一种基于健全常识而超越习俗见解的德育陈述体系。

德育原理，顾名思义，“原”德育之“理”，即探究道德教育的学理。其中，探讨学校德育中“是什么”和“曾经是什么”之类问题，所形成的事实陈述，属于科学范畴；讨论学校德育中“应当是什么”和“应当做什么”之类的问题，所形成的价值-规范陈述，属于哲学范畴。科学原理描述德育现象，揭示德育规律；哲学原理树立学校德育的信念或价值取向，规范教师的教育行为。总之，德育原理属于基础理论。它从实际的德育问题出发，但不囿于具体问题，不提供解决具体德育问题的处方，而努力超越具体问题，寻求观察德育问题的各种视角，构建分析问题的理性框架，探索解决问题的一般思路。

本书首先对德育概念进行辨析。第一章在澄清德育的名实关系基础上，考察德育概念外延的历史沿革和国别差异，着重探讨把政治、世界观、人生观、道德等社会意识形态的教育一概纳入德育范畴的合理性及问题之所在。第二章从教育的特性、教育与道德的内在联系出发，透视德育概念的内涵，描述德育从“教育目的”沦为“教育工作”的历史演变，分析德育“工作化”对教育理论与实践的误导。

接下来转入对教师德育信念的理性思考。第三章针对各种反对和怀疑学校德育的主张，为学校德育的必要性辩护，涉及分别以促进学生品德发展、促进社会道德进步、维护学校生活秩序为取向的三种辩护立场。第四章讨论道德是否可教，从伦理学、教学论和语言学上澄清讨论中出现的各种分歧，努力为道德可教的信念构建理性基础。

第五章分类、分层、分方面考察学校德育的具体内容，提供一种系统观察和研究学校德育内容的分析框架。

德育原理不是德育教范，不直接讨论学校德育“怎么做”的问题。但是，本书依然从目的-手段关系层面，分别对学校德育的手段、方法、途径进行理论探讨。第六章着重考察语言、榜样、情境教材等德育手段，第七章进一步考察德育手段的使用方法及其教育意义，第八章探索学校德育的实施途径，尝试揭示通过学科教学间接渗透道德影响的机制。

本书的最后一部分把德育的内容、手段、方法、途径综合起来，考察它们在一定的道德理论和德育理论指导下的实际应用情况。第九章描述一种侧重于提高学生道德判断力的理性德育模式，第十章展示一种着重培养学生道德敏感性的情感德育模式，第十一章呈现一种有助于提高学生道德行为能力的行动德育模式，它们代表了现代学校德育的改革方向和发展趋势。

和多数教育理论一样，德育原理是一门相当不成熟的学科，有争议的问题多于有确定答案的结论。这门课的研修，形成对学校德育的问题意识和探究能力，比汲取现成的德育知识更为重要。没有问题意识和深入探究，德育原理将永远是个长不大的孩子。所以，本书虽是为师范教育和教师教育编著的一部教材，但在内容和形式上都力图改变传统教科书的面目，尽量不以教条的方式，而以探讨的方式加以陈述。它涉及并吸收现代德育研究成果，但总的来说，反映的是作者本人对学校德育的探索和思考，建议使用这部教材的教员和学员把它当作研究德育问题的一个起点，加以批判和利用，形成自己的德育见识。

第一章　德育即道德教育

什么是德育?

问题似乎很简单,甚至算不上是个"问题"。"德育",顾名思义,指的是道德教育。绝大多数国家和地区的"德育"确实指的是道德教育,唯独我国教育界认为这不过是狭义的"德育"。除此之外,尚有广义的"德育",不但包括道德教育,还包括政治教育、思想教育,甚至包括法制教育、劳动教育、礼仪训练、军事训练、心理咨询、心理辅导、心理治疗等。问题是:礼仪训练、心理咨询、心理治疗、军事训练等等,本身是德育吗? 比如,假使心理治疗是德育,岂不是说,心理咨询机构也在实施德育,甚至连精神病医院也在实施德育? 为什么把政治教育、思想教育、法制教育等纳入德育之中? 这样做合理吗?

此外,人们经常提到"德育工作",问题是:德育是一项工作吗? 如果是一项工作,那么,是谁的工作? 是"德育工作者"的工作吗? 如果也是教学人员的工作,怎能把"德育"当作学校职能分工中的一个门类? "德育工作"的提法,以及设立专职"德育工作者"队伍的做法,何以能够成立? 如果德育不是学校的一项工作,那么,它究竟是什么?

看来,问题并非想像得那么简单。

一、"德育"的名与实

谈论德育,免不了涉及德育的事实形态(即德育事态)、思想形态(即德育概念和德育观念)和语言形态(即"德育"一词)。由于德育概念和德育观念是人们对德育事态的主观反映,"德育"一词指称德育事态,表达德育概念和德育观念,关于"什么是德育"的讨论,事实形态、思想形态、语言形态的德育,往往交织在一起,使问题显得异常复杂。为了澄清德育概念,不妨先考察有关德育事实与名称方面的问题。

(一)"德育"一词的由来

人们常常提到古代德育。其实,古人并无德育概念,更未使用"德育"这个名称。"德育"乃是近代以来出现的新概念和新名词,但究竟由谁最早正式提出来的,至今是个谜。早在 18 世纪 70、80 年代,德国哲学家康德(I. Kant)就把遵从道德法则培养自由人的教育称为"moralische Erziehung(道德教育,简称德育)"或"practische Erziehung(实践教育)"[①]。与康德同时代的裴斯泰洛齐(J. Pestalozzi)似乎也使用过"德育(道德教育)"一词[②],表明西方社会于 18 世纪后半叶已经形成"德育"这一概念。而使之风靡全球者,当是英国学者斯宾塞(H. Spencer)。他在《教育论》(1860 年)一书中,把教育明确划分为"智育(intellectual education)"、"德育(moral education)"、"体育(physical education)"。从此,"德育"逐渐成为教育世界中的一个基本概念和常用术语。

该词于 20 世纪初传入我国。1904 年,王国维以"德育"与"知育"、"美育"三词,向国人介绍叔本华的教育思想;1906 年,又将"德育"、"智育(知育)"、"美育"合称为"心育",与"体育"相提并论,论述教育的宗旨[③]。1912 年,蔡元培撰文阐述新教育思想,主张"军国民教育"、"实利主义教育"、"公民道德教育"、"世界观教育"、"美感教育"并举[④];在其影响之下,当年国民政府颁布了"注重道德教育,以

---

① Kant, 1803.

② 裴斯泰洛齐,1807 年,第 202 页。

③ 王国维,1906 年。

④ 蔡元培,1912 年。

实利主义教育、军国民教育辅之,更以美感教育完成其道德”的教育宗旨[①],标志着“德育”一词已成为我国教育界通用的术语。

(二)“德育”的名实关系

“德育”虽是近代以来的概念和术语,近代德育却非凭空出现的事物。古代存在类似近代德育的事实和观念,那是近代德育的历史渊源。借用现代语言,称之为“古代德育”,未尝不可。何况现代德育面临不少难题和困境,解决这些难题,走出困境,需要创造性,也需要从古代教育思想与实践中汲取灵感和智慧。用现代德育话语重述古代的教育实践和教育思想,正是当今学校德育批判性地继承古代教育遗产的前提条件。

可以说,德育作为事实古已有之,作为正式的称呼却是到了近代才逐渐流行起来。古代有德育之实,但无德育之名。今天既有德育之实,又有德育之名。因而可以借用现代语言,反过来谈论“中国古代德育”、“西方古代德育”、“孔子的德育思想”、“柏拉图的德育思想”等等。用现代德育话语重述古代教育事实与观念,意在以古鉴今,为现代学校德育提供历史经验。却不能因此而以今度古,用现代人的眼光和观点去图解历史上的德育。古今德育,名同实异。不循名责实,混淆两者的界限,就失去了研究古代德育的价值。

同理,对中外德育也需加区别。现代汉语“德育”一词虽自从西方引进,其用法和含义却未必与西文一致。中外德育,很可能名同实异。混淆两者的界限,评论和学习国外的德育思想和实践经验,就会发生误解,或者不得要领。

在同时代同一文化背景下,则可能出现实同名异的现象。譬如,我国教育界除“德育”之外,还使用过“训育”、“训导”、“教导”等词。它们意思相同或相近,实指德育,可以说是“德育”的别称。近

---

① 《教育杂志》第4卷第7号“法令”栏(1912年10月10日)。

半个世纪以来，“训育”和“训导”两词在大陆已被弃用，在港台却依然有市场。若不循名责实，大陆与港台的交流也会发生语言上的障碍。

总之，“德育”的名实关系相当复杂。要使所讨论的“德育”名副其实，不能不澄清这种关系；要进行有效的概念分析，语言上的障碍不能不扫除。

二、古代作为社会意识教育的德育

德育概念分析，首先涉及的是德育的范围问题，即概念的外延问题。“德育”的外延并非一成不变，它随历史发展而不断变化，同一历史时期不同国家的德育范围也有所不同。

人类最初的社会意识并没有分化为今天所谓的政治、法律、道德、宗教、礼仪之类相对独立的形态，当时的道德同社会意识的其他方面浑然一体，融于习俗之中。英语当中，“moral (道德的)”和“ethical (伦理的)”两个词，分别来自拉丁文和希腊文，原意都是“遵从习惯或习俗”。所以，古代不存在独立形态的“德育”。所谓“古代德育”，实际上是范围广泛的“习俗教育”或“社会意识教育”，包括今天所说的“政治教育”、“思想教育”、“法制教育”、“礼仪教育”等。它相当于今天所谓广义的“思想教育(ideological education)”。

三、近代以来作为道德教育的德育

到了近代，西方社会随着生产领域及社会生活领域的分化，社会关系日趋复杂化，浑然一体的社会意识逐渐分化，形成政治、法律、宗教、道德等相对独立的社会意识形态。道德规范成为独立的社会意识形态之后，一方面同政治规范、法律规范、宗教规范并存，另一方面又渗透着政治、法律、宗教规范的成分。与此相应，西方的道德教育，一方面从社会意识教育中独立出来，与政治教育、法制教育、宗教教育相互并行;另一方面又不可避免地渗透着政治、法律、宗教教育的成分。

西方中世纪主要通过宗教实施道德教育,近代以来西方各国试图改变这种局面,用世俗化的道德教育取代宗教教育。这项改革,法国在 19 世纪末已基本完成。但英国和德国学校德育的世俗化进程缓慢,至今仍未完成。不过,这些国家早有这种舆论和努力,于今更烈。另一方面,近代以来,宗教本身也在发生变化。如果说中世纪道德教育被宗教化了,那么近代以来宗教教育则趋于道德化。如今,西方的宗教教育已经有道德教育的性质。

近代以来,西方国家的人民一向反对各种政治和宗教团体对公立学校教育事务的干涉。19 世纪西方的教育言论基本上不涉及政治教育的问题,甚至还常常出现反对政治教育的言论。尽管西方表面上一向讳言政治教育,事实上却一直在进行政治教育,只是不称之为“政治教育”而已,西方社会更喜欢称之为“公民教育”、“民主教育”或者其他名目。最近几十年来,情况起了变化。如今,西方社会不但承认“政治教育”这个概念在学校生活中的合法性,而且大力提倡学校实施政治教育、公民教育、民主教育①。

总之,近现代西方学校实际上一直对学生兼施道德教育、政治和法制教育、宗教的或世俗化的人生观教育。这三种成分在西方学校生活中相互渗透,并无严格界线。但由于西方国家经历过各种社会意识形态明确的分化过程,自觉地把道德与政治、法律、宗教区分开来,甚至在某种程度上把它们对立起来,在舆论上早就不再把它们混为一谈,因而也把道德教育与世界观人生观教育(宗教教育)、政治教育相对区分开来。在西方教育理论中,道德教育与政治教育、思想教育有严格的界线,它们分属不同的概念,并未被笼统地称作“德育”。在近现代西方语言和观念中,所谓“德育”指的是“道德教育”,它的外延远远小于古代的“社会意识教育”。

---

① 陈桂生,1991 年。

四、当代中国的“大德育”

我国的“德育”起初也限指“道德教育”，与“世界观教育”等相提并论①。但由于受到本土社会意识发展状态的影响，德育概念在我国迅速泛化。所以，尽管我国的德育概念是从西方引进的，却与西方的德育概念有别。

（一）半个世纪以来我国德育外延的演变

我国古代就以“道德”囊括社会意识，由于社会意识形态分化不充分，至今保留着诸如“政治伦理化”、“伦理政治化”之类的传统，所以，仍能以“德育”包容整个社会意识形态的教育。但在不同的形势下所界定的“德育”并不完全相同。

1. 从“德育即政治教育”到“德育即思想政治教育”

受政治斗争的影响，“德育即政治教育”的观念曾经长期流行，甚至连“德育”概念也被“政治教育”替代，几乎销声匿迹。20 世纪 80 年代，经历了一个从“德育即政治思想教育”到“德育即思想政治教育”的转变。作为世界观人生观的思想教育从政治教育中分化出来，成为德育的一个相对独立的组成部分，且地位不断上升。

2. 从“德育即思想品德和政治教育”到“德育即思想、政治和品德教育”

1988—1995 年，关于德育概念的界定有了新的变化：《中共中央关于改革和加强中小学德育工作的通知》（1988 年 12 月 25 日）强调“德育即思想品德和政治教育”，《中国教育改革和发展纲要》（1993 年 2 月）提出“德育即思想政治和品德教育”，《中国普通高等学校德育大纲（试行）》（1995 年 11 月）申明“德育即思想、政治和品德教育”。从德育定义的细微变化中，可以看到品德教育（道德教育）地位在不

① 王国维，1904 年，1906 年；蔡元培，1912 年。

断提高，它从思想教育中逐渐分离出来，成为德育又一相对独立的组成部分。

3. 从“德育即社会意识教育”到“德育即社会意识与个性心理教育”

与此同时，日常行为规范养成教育、文明礼貌教育、纪律教育、法制教育、环境教育、人口教育、劳动教育、社会实践教育、国防教育、青春期教育、学风教育、审美教育、理想教育等，纷纷列入各级学校德育大纲，德育外延迅速膨大，几乎涵盖了社会意识形态的所有内容。可以说，我国目前的德育是一种涵盖整个社会意识形态的“大德育”。与其称之为“德育”，不如称之为“社会意识教育”。

1995年以来，关于德育的定义又有新的变化：《中学德育大纲》（1995年2月27日）指出“德育即对学生进行思想、政治、道德和心理品质教育”，《中小学德育工作规程》（1998年3月）规定“德育即对学生进行政治、思想、道德和心理品质教育”。随着个性心理品质教育或心理健康教育，作为一项独立内容，正式列入各级学校德育大纲，如今我国学校德育的外延其实已经超越了“社会意识教育”的范围。

（二）“大德育”的合理性

我国的“大德育”颇具特色。它虽然越来越“大”，但基本的格局依然是政治教育、思想教育、道德教育三大板块。“道德教育”是“形成人们一定道德意识与道德行为的教育”，“思想教育”是“形成一定世界观、人生观的教育”，“政治教育”是“有目的地形成人们一定的政治观点、信念和政治信仰的教育”①。

我国把政治教育、思想教育、道德教育等统称为“德育”，这种约定不是从概念出发，而是从实际出发。在教育实践当中，道德教育、政治教育、思想教育密不可分。学校生活中不存在绝对独立的道德教育，道德教育必然与政治教育、思想教育发生这样或那样的联系，

---

①　顾明远，1998年，第236、1463、2013页。

而且没有明确的严格的界线；学校生活中也不存在纯粹的道德教育，道德教育必然渗透着各种政治思想因素。

我国一向有实施“大德育”的习惯和传统，长期的实践，形成了一套自然而然地把道德教育、政治教育、思想教育融为一体全面实施社会意识教育的经验。这样的传统和经验，不但不应该抛弃，而且应当珍惜和发扬。

况且，“大德育”与当前国际教育的改革趋势相一致。近几十年来，国际社会特别是资本主义世界强烈地意识到，随着现代社会生活的演进，单纯的道德教育不足以使学生社会化。在学校德育实践中保持所谓的“政治中立”或“价值中立”，不但显得虚伪，而且根本就不可能。世界各国比以往任何时候都更加强调对年轻一代的政治、法制教育以及宗教的或世俗的世界观和人生观教育，试图通过各种改革加强道德教育与政治教育、法制教育、思想教育的联系。我国坚持“大德育”的传统，与当今世界教育改革的主流不谋而合。

五、从“泛指社会意识教育的德育”到“限指道德教育的德育”

（一）界定“德育”外延的三种抉择

比较而言，我国“德育”的外延最大，广及整个社会意识教育，甚至超出社会意识教育的范围。西方“德育”即道德教育，外延最小。除此之外，尚有其他界定。例如，在凯洛夫主编的《教育学》中，“德育”与“辩证唯物主义世界观基础教育”、“爱国主义教育”、“劳动教育”、“自觉纪律教育”、“意志与性格教育”相提并论，各以不同的手段和方法实施；但在“共产主义教育的构成”部分，又把它们全部归于“德育”。表明，苏联的“德育”在内容上泛指整个社会意识教育，在手段和方法上限指道德教育。诚然，这样的用法势必造成思想和理论上的混乱，但毕竟比我们无论在内容还是手段方法上都采用“大德育”概念，高明了许多。

(二)“大德育”的难题

在“大德育”的概念框架下讨论和研究德育,存在不少理论上难以解决的问题。这些问题,随着学校德育外延的不断膨胀,日益暴露出来。

首先,“德育”之“德”,不由使人想到“道德品质”或“品德”。作此理解,所谓“德育”实指道德教育。为使“德育”包容政治和思想教育,只好将“德”解释成“思想品质”、“政治品质”、“道德品质”三者的综合体,规定“德育”即“思想政治品德教育”①。这种做法,有悖语言习惯。

扩大“德育”的外延,把“政治教育”和“思想教育”等纳入进来,在教育学上似乎不是一个大问题。扩大“道德”的外延,把“政治”、“法律”、“世界观人生观”纳入进来,这在伦理学、政治学、法学和哲学上却是一个重大问题。“道德”同“政治”、“法律”、“世界观人生观”的差别,远远大于“道德教育”同“政治教育”、“法制教育”、“思想教育”的差别。无论在意识形态上还是在政策上,都不容许用“道德”去代替“政治”、“法律”、“世界观人生观”,也不容许把“政治”、“法律”、“世界观人生观”看成是“道德”的附加成分②。

其实,“大德育”在教育学上也并非没有问题。政治教育、思想教育包容在德育之中,从内容上看,并无大碍;一旦涉及实施的途径和方法,就会发生问题。品德的发展、世界观人生观的形成、政治觉悟的提高,各属于不同层面的问题,其过程与机制相差甚大,不能以一样的手段、方法,通过一样的途径,遵循一样的原则,实施政治教育、思想教育、道德教育。苏联的教育理论在内容上采用广义的“德育”概念,在手段和方法上采用狭义的“德育”概念,是有一定道理的。

相对来说,道德教育的研究比较充分,理论建设的成果较多,而政治思想教育理论却几乎还是一片空白。在概念上把“政治教育”、

---

① 胡守棻,1989年,第18—20页。

② 陈桂生,1991年。

“思想教育”同“道德教育”混为一谈，不利于政治思想教育的研究和理论建设，也不利于道德教育理论的进一步发展。事实表明，这种担忧并非多余。现行的政治思想教育的理论，大多数是从道德教育理论中搬运过来或演绎过来的，并不十分切合政治思想教育的实际。从理论建设的需要出发，有必要把“道德教育”、“政治教育”、“思想教育”这三个概念相对区分开来。

此外，世界上多数国家使用的是“小德育”概念，其所谓“德育”是与“政治教育”、“思想教育”并行的“道德教育”。它们分别以“政治教育”、“思想教育”、“道德教育”为研究对象，所形成的“德育理论”是“道德教育理论”。我国的“德育理论”是以“大德育”作为概念框架的理论，如果对中外德育理论作比较研究，就会发生语言和概念上的分歧。如果对这种分歧置之不理，就会引起思想上的混乱。国外的德育理论至多对我国的道德教育的理论研究有启发，我们却经常忽视中外德育理论在语言和概念上的差别，试图借鉴国外德育理论研究成果解决我国大德育中的理论问题（包括政治教育和思想教育方面的理论问题）。事实证明，“大德育”的概念框架，不利于我国教育界同国际教育界进行富有成效的交流和对话，不利于我们充分地从国外的德育研究成果上吸取对我国德育有益的经验教训。

（三）学校生活中的“道德领域”与“非道德领域”

道德教育有其相对独立性，此乃道德的特性使然。

道德是调整人与人、人与社会、人与国家之间关系的一种特殊的意识形态和行为规范。调节人的行为的规范，除道德规范之外，尚有政治规范、法律规范、礼仪规范等。道德规范与其他行为规范的区别，在于它包含善恶评价标准。道德事件可以而且必须根据善恶标准进行评价，而纯粹的政治事件、礼仪事件等却不可以从善恶上加以评价。虽然法律规范也包含善恶标准，法律事件可以根据善恶标准进行评价，但是，法律规范诉诸国家机器，而道德规范一方面诉诸社会舆论和传统习惯，另一方面诉诸个人内心信念（良心）。

根据道德的上述特点，学校生活中，能够从道德上进行善恶评价的领域属于“道德领域”，不能从道德上进行善恶评价的领域属于“非道德领域”。但是，在没有发生思想问题和行为问题时，通常没有必要非得把学校生活的“道德领域”和“非道德领域”区分开来。只有在发生思想问题或行为失范时，在认识和处理思想问题或失范行为中，才需要作出严格的区分。违背学校生活要求的思想和言行，如属“道德错误”，被判为“失德”或“缺德”，那就是“道德领域”中的事件；否则，就是“非道德领域”中的事件。

例如，学生因能力不足做错作业，这种错误并不是“道德错误”；不照教师要求的方法和步骤完成作业，这种过失算不上“失德”；不按规定课前预习课后复习，这种缺点称不上“缺德”。违反或者无法执行学习上的内部纪律，不是“道德问题”。纯粹的学习事务属于“非道德领域”，不能以善恶标准对待纯粹的学习事件。

又如，人们不会批评犯“政治错误”的学生“缺德”，“政治错误”比“道德错误”严重。许多“犯法”行为同时也被认为是“缺德”的行为，但是用“道德错误”不足于说明其失范的严重程度。混淆“政治要求”、“法律要求”和“道德要求”的界线，把“政治错误”、“犯法行为”当作“道德错误”来处理，势必大题小做。

再如，学生上课不向老师问好，下课不向老师道别，或者穿拖鞋、背心进教室，这样的学生可能会受到“不礼貌”的批评。但是这类行为属于“礼仪问题”，尚未严重到“缺德”或“失德”程度。“失礼”、“失仪”不能等同于“失德”、“缺德”。混淆“礼仪要求”和“道德要求”的界线，把“礼仪问题”当作“道德问题”来处理，势必小题大做。

还有，学校生活中的许多思想言行，例如骂人打人，在正常情况下属于“道德领域”中的问题。可是，由于精神失常，胡言乱语，骂人打人，却不是“道德问题”。批评精神失常者行为“缺德”，是不可思议的。精神失常状态下的行为没有道德意义，不能从道德上对它们进行善恶评价，无所谓“道德”或“不道德”。同样的道理，由于生理或心理障碍造成的任何行为问题，也不构成“道德问题”。例如，不少小学生由于大脑未完全发育成熟,患有"多动症"。此症不但使得学生本人注意力不集中,上课不用心听讲,而且往往影响其他学生,造成课堂纪律问题。把这类课堂行为问题当作"道德问题"处理,显然是不恰当的。纯粹的生理和心理现象属于"非道德领域"。

当然,"非道德领域"和"道德领域"的区分不是绝对的,两者有时发生间接的联系;在时间、地点转移的条件下,两者有时相互转化。所以,不能机械地坚持"道德领域"与"非道德领域"的划分。但相对地区分仍是必要的。

现代社会是开明的社会,允许个人在遵循最起码的社会规范的前提下,享有充分的行动和发展的自由。这本身是一项道德要求。对于个人来说,现代社会的道德领域中的要求越来越严格,道德领域之外的自由空间越来越广阔。道德,为人的尽可能自由地活动和发展,开辟了广阔的非道德领域。因此,在界定学校生活的"道德领域"时,应当为学生的自由成长留有充分的余地。道德,特别是他律的道德,以规范和节制人的行为作为主要目的。假使学校生活的每个方面、每个角落都弥漫着这种严格的规范和节制,想让学生充分自由地成长是难以想象的。

(四)道德教育与政治教育

上述关于"道德"与"非道德"的分辨,为考察道德教育与其他社会意识形态教育及心理健康教育的关系,提供了部分认识基础。

政治是经济关系的集中体现,是上层建筑的核心部分,它包括制度设施层面和思想意识层面。通常所谓的"政治教育",指的是有关政治的思想意识层面的教育,包括政治理论教育和时事教育等。

政治社会化和道德社会化一样,是青少年正常成长的需要。这种需要,并不是某个人或某个集团意志的产物,而是每一代人成长过程中表现出来的必然。这种必然,显示出作为人的社会性的本质特征。学校开展政治教育和道德教育,不仅体现社会的需要,也满足青少年个体全面而健康发展的需要。政治教育和道德教育,是对青少年进行的必要的、并行不悖的两种教育。

另一方面，政治教育和道德教育，又是对青少年进行的相对独立、不可相互替代的两种教育。这是因为，政治和道德虽然同属社会的上层建筑和意识形态，是在共同的社会经济基础上建立的，但它们在内容、存在方式、与社会经济基础联系、对社会存在的作用、历史发展的过程和前途等方面，是不完全相同的。

> 任何社会的政治都是直接为维护或变革某种生产关系服务的，它的内容涉及阶级、国家、政党、民族、国际政治等方方面面；而道德反映的是个人、家庭、阶层、阶级等各种社会关系，它涉及个体的生存及其价值，爱情、婚姻和家庭，职业道德和社会公德等。政治和道德在内容上是不同的，政治由于其反映社会经济利益更直接，它的存在方式大多是显性的和成文的，……而道德的存在方式既有显性的、成文的，也有隐性的、不成文的，例如各种社会准则、义务、责任往往是显性的、成文的，图腾、禁忌、风俗等则常常是隐性的、不成文的。这是政治与道德在存在方式上的差别。政治和道德与社会经济基础的密切程度也不同，政治比道德与社会经济基础的密切程度高。政治是经济的集中表现，政治也在最大程度上捍卫着经济基础；而道德对于经济基础的反映却具有间接性和滞后性的特点。政治与道德对于社会存在的作用在范围和程度上也有差别，相比之下，政治对社会存在的作用更及时和直接；而道德对社会存在的作用则更广泛和持久。政治和道德在历史发展过程和前途上也有许多不同，道德自有人类社会存在以来便伴随人类社会，也将与人类社会共同存在下去；而政治是阶级社会所特有的，将随着人类进入无产阶级的共产主义社会而消亡。①

① 蓝维，1998年。

政治与道德的不同，势必造成政治教育与道德教育的差别。例如，由于政治与社会现实的关系更加直接，政治教育的内容的变动性较强，而道德教育的内容则比较稳定。如果政治教育包容道德教育，抹煞道德教育的相对独立性，使道德教育完全依附于政治教育，随着政治和时事政策的变动而变动，就会损害道德教育的相对稳定性，也会动摇道德和道德教育在人们心目中的地位。

更重要的是，政治教育和道德教育所要达到的目的不同，政治觉悟的形成和提高与道德品质的形成和发展在心理机制上各异，因此在实施的途径、手段、方法上有相当大的差异。政治意识的形成可以依靠具有强制性的方式，因此宣传、说教、灌输、洗脑是政治教育一些惯用而有效的方法。正如列宁所言：共产主义思想不会从天上掉下来，必须对工人阶级进行灌输。然而，品德的养成却靠自觉自愿，强加于人的道德并不会成为个人的品德，所以道德教育要诉诸对人际和社会现象及道德问题的主动探索、思考、反省、批判和讨论。不顾政治意识和道德意识的形成机制的差别，以及政治教育与道德教育的目的的不同，很可能就会用政治教育的方法实施道德教育。20多年前，我国用政治运动以及其他强制性方式，进行“政治教育”（包括道德教育），其惨痛教训人们该记忆犹新；可是，时至今日，依然有人为“道德灌输”辩护。其中未必有“左”的思想意识，但一定存在忽视政治教育与道德教育相对独立性的思想意识。

（五）道德教育与礼仪训练

在等级社会中，道德和礼仪的界线很难分清。礼仪是维持等级制度的一种特别有效的工具，所以，孔子视“礼”为最完美的伦理规范和制度，把守礼和越礼分别视为道德上的大是大非。谈起季孙氏僭用天子之礼，八佾舞于庭，义愤填膺：“是可忍，孰不可忍也。”（《论语·八佾篇第三》）因此，在等级森严的社会，礼仪教育就是道德教育。

直到近代，等级制度分崩离析，道德与礼仪的关系才开始有所变化。洛克认为,教育应当注重绅士的4种基本品质即德行(美德)、智慧、礼仪和学问的培养。在他看来,道德和礼仪是有区别的,但他又强调:

> 美德是精神上的一种宝藏,但是使它们生出光彩的则是良好的礼仪。
>
> 礼仪是在他[按:指绅士]的一切别种美德之上加上一层藻饰,使它们对他具有效用,去为他获得一切和他接近的人的尊重和好感。

根据这种观点,礼仪训练是道德教育一种重要手段。但它本身并不是道德教育,实质上是一种"人情世故"的教育。告诉孩子对人要有礼貌,这样容易博得人们的好感,易于取得人们的同情、支持和帮助——这是在给孩子传授生活的智慧,与道德教育无关。只有将礼仪训练的内容与道德有机地联系起来,它才能成为道德教育的一种手段或途径。譬如,当我们告诫孩子"对人要有礼貌,因为对人有礼貌是尊重人的一种表示"时,礼仪训练就被道德化,成了一种真正的教育。

最近,人们对于礼仪训练与道德教育的关系有了进一步的认识。法国学者孔德-斯蓬维尔(A. Comte-Sponville)认为:礼貌不是一种美德,也不能代替任何美德。礼貌不在乎道德,道德也不在乎礼貌。一个彬彬有礼的纳粹分子,并不能使纳粹主义和纳粹恐怖有所改变。礼貌不是一种美德,对成人而言是模仿美德的外表,但对孩子而言却是在为美德作准备,一切美德均由礼貌而来。一切美德都不是天生的,它们的起源也不可能是某种美德。美德起源于非道德的礼仪训练,这种训练使人养成诸多待人处世的行为习惯。这些行为习惯,是美德的来源,也是道德教育的基础[①]。

---

① 孔德-斯蓬维尔,1995年,第1—10页。

综上所述，礼仪本身不是美德，却被认为是一切美德之源。因此，礼仪训练本身并不是道德教育，但它是道德教育的必要准备。学校和家庭中的礼仪训练，如果被赋予道德内容，它就是道德教育一种有效的手段或途径。

（六）道德教育与心理咨询

表1-1　道德教育与心理咨询之比较

项　目	道　德　教　育	学校心理咨询
对　象	品德	人　格
目　的	促进学生品德发展	帮助学生消除或缓和心理症状，促进其人格健康、协调发展
内　容	私德、公德、职业道德、道德理想、原则、规则	心理卫生、学习生活、智力发展、恋爱婚姻、人际关系、职业选择、人格评定、心理障碍、行为障碍、变态心理等
方　式	个别谈话、集体座谈、大会报告等	个体咨询、集体咨询；以个体咨询为主
方　法	说服、示范、小组讨论、角色扮演、环境陶冶、实践锻炼等。具有公开性和群体性等特点	宣泄、暗示、自由联想、角色互换。具有个别性、保密性等特点
运作机制	规范和评价	移情和接纳
理论基础	伦理学、道德心理学、德育理论	心理治疗理论、人格心理学、变态心理学

长久以来，人们把心理问题和品德问题混为一谈，在教育学生时不自觉地把心理问题道德化。随着心理咨询工作的开展，这种现象已稍有好转。心理咨询的理论和方法，使教育界耳目一新，它在学校教育中收到不小的效果，一些人由此夸大心理咨询在德育中的作用，

甚至主张用它全面取代传统的思想政治工作，用心理健康教育取代学校德育。另一方面，心理咨询也存在滥用的现象，导致学校在教育学生时，片面将学生品德问题心理化。长此以往，学校德育将逐渐丧失立场和方向。为了克服学校教育中的心理问题道德化和品德问题心理化两种偏向，有必要澄清道德教育与心理咨询的关系。

据考察，道德教育与心理咨询，在对象、目的、内容、方式、方法、运作机制及理论基础上，多有不同。

从上表的比较中，可以说明心理咨询不能与道德教育等同，更不能取代学校德育。但是，心理咨询在观念、方法、内容上，对学校德育具有补偿功能；在心理咨询的辅助下，学生克服意识障碍，建立起良好心境，或使心理疾病得到矫治，学校德育因此可以收到更好的效果①。总之，心理咨询本身虽不是德育，却是学校德育一种有效的辅助手段。

（七）德育即道德教育

上面所有讨论归结为一点，就是把德育概念的外延限定在道德教育上，使之与政治教育、世界观人生观教育等相对区别开来。这种限定不仅具有理论价值——有助于道德教育、思想教育、政治教育的研究和理论建设，而且具有实践意义——根据不同的社会规范，实施不同的教育，毕竟更加切合实际。

我国现行的“大德育”，主要包括政治教育、世界观和人生观教育、道德教育（但还不限于此），实质上是在各种形态的社会意识里对学生实施的教育。与其称之为“德育”，不如称之为“社会意识教育”。如果不把“思想教育”狭隘地理解为世界观和人生观教育，称之为“思想教育”也很贴切。

为“德育”正名，把它严格限定为“道德教育”，把政治教育、世界观和人生观教育、道德教育统称为“社会意识教育”，目的在于理顺政

---

①　唐松林，1999 年。

治教育、世界观和人生观教育、道德教育之间的关系,促进各自的研究和理论建设。但是,我国历史上有用“德育”囊括各种社会意识教育的悠久传统,现在这种“大德育”的概念早已约定俗成,还得到权威的认可,“德育即道德教育”以及“大德育实为社会意识教育”的观念不容易为人接受。在一定时期内,不妨先确立“德育即社会意识教育”的观念作为过渡,在公众认可之后,正式采用“社会意识教育”的概念。用“社会意识教育”替代现行的“大德育”概念之后,确立“德育即道德教育”概念,自然也就顺理成章了。

总之,我们主张在理论上把“德育”界定为“道德教育”,使它与“政治教育”、“思想教育”区分开来,是出于研究的方便,是为了加强对道德教育、政治教育、思想教育的研究和理论建设。与理论上分开不同,在实践中我们则强调“道德教育”与“政治教育”、“思想教育”之间的有机联系和不可分割。

[作业与思考题]

1. 试述古代德育与现代德育的区别。

2. 试述我国德育与西方德育在概念上的差别。

3. 试析我国的大德育现象。

4. 试区分学校生活中的“道德领域”和“非道德领域”。

5. 试论道德教育与政治教育的关系。

6. 试论道德教育与礼仪训练的关系。

7. 试论道德教育与心理咨询的关系。

[主要参考资料]

1. I. Kant, *Über Pädagogik*, 1803. Herausgegan von T. Vogt, Derlag don Germann Beyer und Söhne, 1901.

2. 裴斯泰洛齐著、赵瑞英译:《与友人谈斯坦兹经验的信》(1807年),张焕庭主编:《西方资产阶级教育论著选》,人民教育出版社1979年第2版。

3. 王国维:《叔本华之哲学及其教育学说》(1904年),《王国维文集》,北京燕山出版社1997年版。

4. 王国维:《论教育之宗旨》,《教育世界》第56期,1906年。

5. 蔡元培:《对于新教育之意见》,《民立报》1912年2月8、9、10日。

6. 胡守棻主编:《德育原理》,北京师范大学出版社1989年第2版。

7. 陈桂生:《“德育”是“道德教育”的简称吗?》,《中国教育学刊》1991年第6期。

8. 孔德-斯蓬维尔著、吴岳添译:《小爱大德》(1995年),中央编译出版社1998年版。

9. 蓝维:《政治教育与道德教育》,《教育研究》1998年第6期。

10. 顾明远主编:《教育大辞典》(增订合编本),上海教育出版社1998年版。

11. 唐松林:《论心理咨询与德育的关系》,《高等教育研究(武汉)》1999年第3期。

第二章　德育即教育的道德目的

既然“德育”就是“道德教育”，那么，揭示“德育”概念的内涵，关键就在于回答：什么是道德？什么又是教育？教育与道德究竟有什么关系？前面的讨论已经涉及道德的性质，现在集中来考察一下教育的性质，以及教育与道德的关系。

一、教育的道德性质

（一）“教育”定义“两个凡是”质疑

我们教育界通常这样给“教育”下定义：广义上说，凡是增进人们的知识和技能、影响人们的思想品德的活动，都是教育；狭义上说，凡是有目的、有计划、有组织地对人身心施加影响，都是教育。

上述定义大致揭示了教育概念的内涵，但对我们认识和把握教育的性质帮助不大。其原因在于，这种界定本身并不周延，例如：独立的学习活动，对人的知识、技能、思想品德均有影响，它是教育吗？母亲给孩子哺乳，是一种有目的、有计划甚至有组织的活动，而且对婴儿身体发育会产生积极的影响，这是教育吗？教人偷东西也完全是有意识地对人施加的一种影响，这种活动是教育吗？答案显然是否定的，上述关于“教育”定义的“两个凡是”有悖于健全的常识。

以往关于“什么是教育”的探讨，重在概念分析。人们试图通过考察“教育事态”的本质属性，揭示“教育概念”的内涵。惟对教育本质的认识有限，概念分析工作进展缓慢。加之“教育”一词既可用以表达“教育概念”，亦可用以表达“教育观念”，现有的教育陈述中以

“教育观念”混同“教育概念”的现象相当严重。关于“什么是教育”的研究，与其急于分析“教育概念”，不如先澄清“教育”一词在各种典型语境中的用法和含义，为分析“教育概念”，考察“教育事态”的本质属性，扫除语言障碍。

（二）“教育”是个评价-规范词

“教育”一词既是一个日常用语，又是一个理论术语。“教育”在理论陈述中的用法，与日常用法有所不同，但源于日常用法。让我们先来考察一下“教育”在日常语言环境中的用法——人们在日常生活中脱口而出的“教育”究竟指的是什么。

1. “教育”与“学习”

教育与学习有关。教育依赖于学习，没有学习，便没有成功的教育。但成功的学习可以不依赖于教育而独立存在，人们不会把独立的学习活动称作“教育”。“教育”指一个人或一群人对另一个人或另一群人的影响。影响总是一方对另一方而言，缺少任何一方，都构不成“影响”，便无所谓“教育”。独立学习既无教育主体，又无教育对象，因而不是“教育”。例如，许多人有夜读的习惯，把靠在床上读书看报说成是“教育”，显然不合乎日常语言习惯。当然，有人把“独立学习”说成是“自我教育”，那不过是一种形象化的比喻而已。

2. “教育”与“有教育意义的活动”

生活事件对人不无影响，但是，一种影响若非有意施加，人们虽然可能会说它“具有教育意义”，却不会认为它是“教育”或“教育活动”。例如，秋游之后，有个学生可能会说：“这次旅行对我教育很大。”但旅行并非教育，除非有意安排一次旅行，对学生进行某个方面或某些方面的教育。

“教育”指的是有目的的影响。教育者无意之中也对受教育者有诸多的影响，但是，人们不会把这种影响称作“教育”。多年来，教育界盛行“隐蔽课程”之说。其实，“隐蔽课程”并非“课程”，因为课程就内容而言指的是有意为学生选择的学习领域。“隐蔽课程”也不过是一个形象化的隐喻,实指课程实施中种种潜移默化的影响。有人呼吁教师有意识地利用“隐蔽课程”教育学生,其用意无可厚非,但这种说法自相矛盾。有意识地加以利用的,必定不是“隐蔽课程”!

3. “教育”与“哺育”

哺乳、饮食、治病、护理、体操、运动竞技等,都是对人有意施加的影响,但人们并不称之为“教育”。“教育”归根结底指的是精神影响,纯粹的身体影响不是“教育”。在现代汉语中,人们常把纯粹身体意义上的游戏、运动、竞赛(如田径、游泳、球类、体操、武术、拳击、摔跤、赛艇、赛车等)称作“体育”或“体育活动”,另一方面又把一些智力游戏或智力竞赛(像桥牌、棋类、航模那样的游戏和比赛)称作“体育”。这样的说法为其他国家所罕见。上述活动在西文中一般不会被称作“体育”,如英语多称之为“games(游戏)”、“sports(运动)”、“athletics(竞技)”、“gymnastics(体操,健身)”等。与汉语“体育”一词对应的英文“physical education”或“bodily education”及德文“physische Erziehung”,意义明确,不指纯粹影响身体发展的活动。

所谓“体育”,顾名思义,与身体有关,具有教育特性。把一些与身体关系不直接不明显的智力活动或竞技活动称作“体育”固然名不副实,把一些与教育关系不直接不明显的纯粹的健身运动或竞技运动称作“体育”问题更大。我国广义“体育”的解释,暗示体育可以包括不具有教育特性的活动,这是一种自相矛盾的说法。体育必定具有教育特性,它虽与身体活动有直接的关系,却以完善精神、人格为目的,以身心和谐为旨趣。只有那些含有培养锻炼身体习惯、合作和竞争的精神、坚强的毅力、运动技能等意图的健身运动和竞技活动,才堪称“体育”。纯粹的身体运动,无论其影响人的身体发展的意图多么鲜明,都难负“教育”之名。

4. “教育”与“教学”、“教唆”

即便对人有意施加的精神影响,也未必是“教育”。例如,教人偷窃,包含知识和技能的授受,对人的精神无疑会产生影响。人们却不因此称这种“教”为“教育”,而称之为“教唆”。“教育”不同于“教”

(“教学”或“教授”),更不同于“教唆”。教是否包含善意,其内容有无价值,其影响有益与否,都是不确定的。包藏恶意、产生有害影响的教,谓之“教唆”;具有善的意图或道德的目的、包含有价值的内容、产生有益影响的教,谓之“教育”。可见,“教”是一个中性词或描述词,“教育”和“教唆”是评价词或规范词。其中“教唆”属于贬义词,指的是坏的或有害的影响;“教育”属于褒义词,指的是好的或有益的影响,或者说,指的是有价值的活动。所以,甲向乙传授偷窃技术时,可以说“甲在教,乙在学”,说“甲在进行教育,乙在接受教育”则有悖于语言常规。人们不誉之为“教育”,而斥之为“教唆”。“教育”暗含使人为善之意[①],所以有时人们甚至把“教育”当作“德育”来使用。

至于“智育”,并不像许多教科书上所说的那样,只是“传授知识和技能”或“培养能力”。你教我一种知识或技能,教我一种解题的方法、诀窍,我可能会说“深受启发”。只有在你的“教”触及我的灵魂、影响我的人格时,我才会说“深受教育”。知识和技能的传授及能力的培养,就像健身运动和竞技运动一样,唯有包含善的意图和有价值的内容,才配称“教育”。

5.“教育”与“管理”、“改造”

包含道德的目的和有价值的内容的精神影响,也未必是“教育”。赫尔巴特(J. Herbart)认为,管理不是教育,管理只使人不违纪不犯规,并未给人的精神世界增添新的东西[②]。在彼得斯(R. Peters)看来,改造或感化(reformation)也不是教育,改造或感化只是使人从退步了的状态回复到本来已达到的状态,教育则使人达到一个他从未达到的境界[③]。同样的道理,心理矫正和心理咨询也是为了恢复正常状态,因而不属于教育。杜威(J. Dewey)把教育比喻为生长,原因就在于生长是对已有状态的一种永无止境的超越[④]。使人退步固然

---

① 村井　实,1967年,第317—323页。

② 赫尔巴特,1806年,第一章。

③ Peters, 1966, p.3.

④ 杜威著,1916年,第四章。

不是教育，使人既不退步又不进步也不是教育，使退步者恢复常态依然不是教育，唯有使人进步才可能是教育。“教育”指的是使人不断发展、不断进步、不断超越自我的积极的精神影响。

6. “教育”与“诱导”、“训练”、“建立条件反射”、“灌输”

有意施加的积极的精神影响，也未必都叫做“教育”。例如，催眠是一个人对另一个人有意识施加的一种积极的心理暗示，大概不会有人说这是“教育”。被催眠者是在无意识状态下接受暗示或影响的，而教育不仅以培养受教育者的自主性为目的，在方式方法上也尊重受教育者的自主性。利诱或诱导并非出于受诱者的自觉自愿，因而不称作“教育”。同样的道理，威胁和恐吓不是“教育”，建立条件反射和训练也不是“教育”。堪称“教育”的影响或活动，其方式、方法、手段、途径、程序合乎道德，至少在道德上是可以接受的。

灌输和说教至今依然是宣传教义教条、传授知识技能的重要手段。但是，它们的强制性和机械性在当今世界常被认为不道德或在道德上不可接受，所以称不上是“教育”。所以说，“道德灌输”、“道德说教”、“道德训练”并不等于“德育”，“智力训练”不等于“智育”，“身体训练”、“运动训练”不等于“体育”，“师资训练”、“师资培训”不等于“师范教育”。当前，流行批评“应试教育”。其实，以应试为目的、片面追求升学率的诸种做法，根本不配称“教育”。与其称之“应试教育”，不如称之为“应试训练”。

在这一点上，“教”与“训练”等截然不同。“教”从内容上说是个道德中立的概念，从方式和手段上说却是个道德概念。所以，麦克莱伦(J. MaClellan)断言：没有道德性的“教”（如训练、灌输、建立条件反射等），是“教”的“赝品”；有道德性的“教”，才是“教”的“真品”[①]。正因为教在方式上可让人接受，所以被公认为教育的重要手段或途径。当然，灌输、说教、训练等，也许可以作为教育的辅助手段，但它们本

① 麦克莱伦，1976年。

身并不是教育。

“教育”之所以有别于“训练”、“灌输”、“建立条件反射”，还另有原因。据分析，教育包含知识、理解力和认知洞见(cognitive perspective)。所谓认知洞见，指的是把自己所理解的知识与事物之间建立起广泛的联系的认知品质。具有这种认知品质的人，会以一种未受过多限制的眼界，看待自己所做的事情①。当我们注意到一个人在某个领域获得某种特殊才能时，可以说“此人已经被训练成为哲学家、科学家或厨师”，而不会说“这个人被教育成为哲学家、科学家或厨师”。因为，不能把“教育”局限在某种专门才能上。专门化的训练未必全然是机械的，它也可能诉诸受训者大量的知识和一定的理解力，但它把人限制在一种特殊才能上。所以，训练不是教育。灌输很可能包含许多有价值的内容，但是它拒斥人的理性思考和理解，因此灌输也不是教育。

7．“教育”一词的用法和含义

综上所述，人们脱口而出的“教育”，通常是指一个人或一群人以道德上可以接受的方式善意地对另一个人或另一群人施加的积极的心理影响。“教育”一词在日常语言环境中是一个评价词，人们用它表明某种肯定的价值判断。一个人认定某种影响或活动为“教育”，意味着这个人肯定和承认这种影响或活动在内容上是有价值的，在方式上是合乎道德的，至少在道德上是可以接受的。如果认为它的内容没有价值，甚至有害，或者认为它的方式在道德上不可取，就不能称之为“教育”。否则，就自相矛盾②。教育总是积极的、好的、有益的、可取的、有价值的，说“好教育”、“有益的教育”纯属画蛇添足，而所谓“坏教育”、“有害的教育”则是自相矛盾的说法。既然承认是“教育”，就已经承认它是好的有益的，怎么又说这是“坏教育”，那是“有害的教育”呢？

由于“教育”一词在日常语言中具有肯定性的评价性含义，在使

①② Peters, 1966, Chapter 1.

用过程中还派生出规范性含义。人们用它表达某种规范,一个人的"教育"言论必然包含"要用有价值的内容影响学生"以及"要以道德上可以接受的方式影响学生"的要求。"教育"与"道德"在日常语言中存在必然的联系,"教育"不仅是一个带有肯定性质的评价词,而且是一个规范词。

理论陈述者时常也规范性地使用"教育"一词,表达自己的教育价值取向。在这种情况下,理论陈述中的"教育",和日常语言中的"教育"一样,具有应然的含义,所指的是"应然的教育"。例如,杜威在其教育信条中声明:

> 我相信,唯一真正的教育,来自儿童感受到自己所处的那种社会情境的各种需要对儿童能力的刺激。[①]

作为理论研究者,目光往往不限于自认为是"教育"的事态或思想,他还关注别人视为"教育"的事态和思想。尽管他本人认为其中的不少事态或思想称不上是"教育",出于研究的需要,他还是把它们当作"教育"加以研究。在这种情况下,"教育"一词的用法是描述性的,所指的是"实然的教育"。例如,有的学者对教育辞书和教育论著的关于"教育"的各种界说加以概括,描述如下:

> 第一义,"形式化教育"与"非形式化教育"的总称;
> 第二义,以"教"为标志的"形式化教育"("制度化教育"与"非制度化教育"的总称);
> 第三义,以"学校"为标志的"制度化教育"(即"学校教育");
> 第四义,学校内部有别于"教"的"教育"(相当于"德育");
> 第五义,现代社会的"制度化教育"与"非制度化教育"的总

① Dewey, 1897.

称。[1]

对于“教育”一词在描述性意义上所指的实然的教育，存在肯定或否定评价的问题。人们可以按自己的评价标准，把其中的一些称作“坏教育”、“有害的教育”、“错误的教育”、“奴化教育”、“法西斯教育”等，而把另一些称作“好教育”、“有益的教育”、“正确的教育”等。或者说，肯定某种教育，否定或批判另一种教育。例如：

> 我上小学六年级时，暑期布置的读书作业是《南方来信》。那是一本记述越南人民抗美救国的读物，其中充满了处决、拷打和虐杀。看完以后，心里充满了怪怪的想法。那时正在青春期的前沿，差一点要变成个性变态了。总而言之，假如对我的那种教育完全成功，换言之，假如那些园丁、人类灵魂的工程师对我的期望得以实现，我就想象不出现在我怎能不嗜杀成性、怎能不残忍，或者说，在我身上，怎么还会保留一些人性。[2]

为了陈述上的方便，同时为了准确地表情达意，避免误会和曲解，一些治学严谨的论者在其理论陈述中，会特别规定“教育”一词在其文本中的用法。索尔蒂斯(J. Soltis)举了一个例子说明这种用法，他假定一个人在演讲时说：

> 注意，我知道当前对教育有许多时尚的界说和看法，但为了顺利起见，我在整个探讨(演讲、论文、著作，等等)中，将“教育”这个词用来表示社会为了通过有目的的教和学来保存

① 陈桂生，1997，第 19 页。

② 王小波，1997 年，第 123—124 页。

其文化的某些方面，而创造和维护的那种社会制度。[①]

"教育"已是个非常普通的用词，它在日常语境中指什么，说者和听者无不了然于胸，极少引起误会。奇怪的是，"教育"用作理论术语时，语义倒含糊起来了。普通人知道什么是教育，理论家却说不清楚教育是什么。原因就在于，"教育"一词在理论陈述中的用法更加复杂。

首先，"教育"既可用于指称"教育事态"，也可用以表达"教育思想"。如果没有澄清讨论的对象究竟是事实形态的教育还是思想形态的教育，那么关于"什么是教育"的争论就容易发生混乱。

第二，"教育"既可用以表达"教育概念"，也可用以表达"教育观念"。如果在语词使用上不加注意，就容易造成"教育概念"与"教育观念"的混淆。正是一些有影响的理论家对教育所作的种种别出心裁的解释，把教育这个普普通通的概念弄得面目全非。教育思想活跃、观念多样、分歧增多，由此给人一种教育概念多样化的错觉。当年西方分析哲学家曾经怀疑教育界的观念纷争是由概念不一所致，恰恰又是教育陈述的语言-逻辑分析表明，概念泛化和多样化其实是一种假象，隐藏在这种假象背后的依然是观念的分歧。并非概念不一导致了观念分歧，相反，倒是教育观念的分歧造成了教育概念泛化和多样化的假象。

第三，"教育"一词既有规范性用法，又有描述性用法，还有规定性用法。三种用法同时出现时，往往令人纠缠不清，发生误会。理论陈述者如果意识不到、分辨不出自己在"教育"一词用法上的变化，就难免发生自己连什么是教育也说不清道不明的苦恼。可以说，教育理论工作者对"教育"一词不同用法的自觉意识，是教育理论陈述概念清晰的重要保证。

"教育"作为描述词一般只用于理论陈述，发自每个人内心脱口

① 索尔蒂斯，1978年，第32页。

而出的那个“教育”必定是个评价或规范词。“教育”的日常用法自然地包含某种道德的含义。在理论陈述中，描述性使用“教育”一词的研究者，对“教育”的各种具体的评价－规范性用法和含义，采取中立的、兼容并蓄的立场。脱离了“教育”一词形形色色的评价－规范性含义，研究者就没有描述的对象，因而丧失描述性使用“教育”一词的前提。“教育”的各种评价-规范性用法及含义，是该词描述性用法的基础。同样的道理，“教育”的规定性用法，虽为特殊的研究和陈述所必需，却不能远离常识，远离“教育”的日常用法——评价性用法和规范性用法。否则，炮制出来的“教育”言论就不能为常人所理解。因此，评价性用法和规范性用法，是“教育”一词的基本用法；评价性含义和规范性含义，是“教育”一词的基本含义。从根本上说，“教育”是一个评价词或规范词。或者，干脆说，“教育”是一个道德词。

（三）教育概念是道德概念

“教育”作为一肯定性评价词和规范词具有道德的含义，它指称的是通过道德上可以接受的方式以有价值的内容影响学生的活动。所以，它表达的是一个道德概念①。

就实质而言，什么内容有价值？什么是道德上可以接受的方式？不同的人有不同的取向、不同的标准、不同的判断。甲所承认的教育，乙未必认为是教育。然而，就形式而言，无论人们在价值观或道德观上有多大的分歧，大家都承认，教育必须包含有价值的内容，必须使用道德上可以接受的方式。在教育问题上，人们之所以能够相互讨论，相互沟通，相互理解，是因为人们遵循“教育”一词基本的用法规则，在形式上拥有共同的“教育概念”；之所以又有意见分歧，是因为在实质上各自对教育持有不同道德观念或价值观念②。

---

① Daveney，1973，pp.79—95.

② L. Brown，1985，Preface.

(四)教育实践属于道德实践

教育概念之所以是个道德概念,是因为它所反映的实践具有道德的性质。

教育活动不是一种价值无涉的活动,而是一种广受价值左右的活动。教育从不在道德上保持中立。向受教育者明确表达对某种目的或价值观的倾向,乃是教育专业工作者固有的责任。为了在受教育者心中培养种种择定的价值观,教育专业工作者必须精心选择教材和教法;为了鼓励和形成社会期望的行为方式,教育专业工作者必须劝阻与之不相容的行为方式。道德实践不是教育活动的一个环节或侧面,道德因素大量地渗透在教育的整个过程之中。教育活动在目的和手段、内容和形式上,无不存在善与恶的判断和抉择。这样的抉择势必在受教育者个人的道德生活中产生影响,进而在其社会的道德生活中产生影响。“有教育意义的过程同道德的过程完全一致”①,教育工作乃是“人类一项杰出的道德事业”②。教育实践与道德实践有着天然的联系,教育实践本质上是一种道德实践。

二、教 育 与 道 德

(一)教育与道德的必然联系

根据以上分析,从语言上说,“教育”是一个规范-评价词(道德语词);从逻辑上说,教育是一个道德概念;从事实上说,教育是一种道德实践。“教育”之所以是一个道德语词,是因为它所表达的概念是一个道德概念,它所指称的事实是一种道德实践。教育概念之所以是一个道德概念,是因为它所反映的事实是一种道德实践。

---

① Dewey, 1920, p.184.

② Childs, 1950, p.20.

(二)"教育"的道德标准

道德和教育,无论在语言上还是在逻辑上,无论在历史上还是在现实中,都存在必然的联系。这种必然联系,为揭示"德育"概念的内涵提供了锁钥。

如前所述,一种活动或影响若要称得上是"教育",必须满足一定的标准。根据上面的分析,可以把"教育"的标准分为两类:一类是认知标准,另一类是道德标准。

表 2－1　"教育"的标准

认知标准	标准 1：教育必须包含知识
	标准 2：教育必须包含理解力
	标准 3：教育必须包含认知洞见
道德标准	标准 4：教育必须包含善良的意图或道德的目的
	标准 5：教育必须包含有价值的内容或产生有益的影响
	标准 6：教育必须采取合乎道德的方式或在道德上可以接受的方式

标准 4、标准 5、标准 6,分别属于教育目的、内容、方式的道德标准。根据这些标准,可以把德育、课程和教学,分别归入教育目的范畴、教育内容范畴和教育方式范畴。就是说,德育代表的是教育的道德目的。

三、德育地位的历史演变

在教育的历史演进中,德育的地位不断下降。但是,恰恰从德育地位的变化中,可以透视出德育概念的内涵。

(一)从"教育的唯一目的"到"教育的最高目的"

古代教育以伦理为本,以道德为唯一目的。它几乎以道德为唯一目的,因此,古代教育实质就是德育。然而,古代教育属于非理性德育，近代学校则强调德育的理性基础。在从非理性德育向理性德育转变过程中，智育迅速崛起，并且占据越来越重要的地位。与此同时，体育也逐渐成为学校教育的一个正式方面。学校教育逐渐分化成德育、智育、体育三个方面，甚至更多的方面。

1826年，裴斯泰洛齐在《天鹅之歌》中提出：

> 我的初等教育思想，在于依照自然法则，发展儿童道德、智慧和身体各方面的能力，而这些能力的发展，又必须照顾到它们的完全平衡。[①]

这种对教育目的的划分，在斯宾塞的《教育论》（1860年）中，被正式表述为"德育"、"智育"、"体育"[②]，并逐渐为各国教育界采纳，成为教育目的一种经典的划分和表述方式。这种划分和表述方式，在20世纪初传入我国。1904年，王国维在《叔本华之哲学及其教育学说》一文中，提及"知育"、"美育"、"德育"[③]。此后，德育、智育、体育的说法渐为国人所熟悉和频繁使用。

随着近代教育逐渐分化成德育、智育、体育三个方面，甚至更多的方面，德育不再是教育的唯一目的，但被认为是教育的最高目的。

> 卢梭：教育始于婴孩期（2岁以前）的养护和体格锻炼，经过儿童期（2—12岁）的感觉训练，及少年期（12—15岁）的知识教育，终于青春期（16—20岁）的道德与宗教教育。[④]
>
> 康德：教育以人类个体的未完成状态为起点，以人的向

① 裴斯泰洛齐，1826年，第206页。
② 斯宾塞，1860年。
③ 王国维，1904年，第308页。
④ 卢梭，1762年。

善倾向和人类已有的发展状态为依托，以人性的完善为终点。教育是一个引导人自我完成的过程。这个连续的过程，依次是婴儿期的养护、孩童期的管教、学童期的教导，道德教育则必须贯穿于整个未成年期。因为，教育以发展儿童向善的倾向，使之成为道德的存在为目的①。

赫尔巴特："教育的唯一工作与全部工作可以总结在这一概念之中——道德。道德普遍地被认为是人类的最高目的，因此也是教育的最高目的。"②

杜威：教师和学生大部分时间和注意力都集中在智力问题上，不可能把直接的道德教学放在最重要的位置上。但是，通过教学间接地实施道德教育，却不是不可能的。"道德目的应当普遍存在于一切教学之中，并在一切教学中居于主导地位——不论是什么问题的教学。如果不能做到这一点，一切教育的最终目的在于形成品德这句尽人皆知的话就成了伪善的托词。"③

中国国民政府 1912 年颁布的教育宗旨："注重道德教育，以实利主义教育、军国民教育辅之，更以美感教育完成其道德。"

上述思想或宗旨中，关于教育目的的划分，是不同层次意义上的划分。它们对德育的界定不尽相同，但都把德育置于教育目的的最高层次。德育被视为教育的最终目的或最高目的，根本的原因在于教育的道德性质。如前所述，教育必然包含道德的目的，没有道德的目的，就无所谓"教育"，"教育"归根结底是"德育"。近现代德育是理性的德育，强调学生智力的发展。但是，促进学生智力发展的活动，

---

① Kant, 1803.

② 赫尔巴特，1804 年，第 260 页。

③ Dewey, 1907, p.267.

只有服务于一定社会的道德目的，才是一种“教育”，纯粹的智力训练并非“智育”。近现代德育也重视学生体力的发展，以保证他们具有足够的力量执行其善意。但是，促进学生体力发展的活动，只有在服务于一定社会的道德目的的意义上，才是一种“教育”，纯粹的健身运动或竞技运动并非名副其实的“体育”。

（二）从“教育的最高目的”到“教育的普通目的”

学校作为名副其实的教育机构，教师作为真正的教育者，在教育目的多样化时代，一直忠于教育的基本精神，把德育视为高于智育和体育的教育目的，或者视为智育和体育的最终归宿。然而，随着智育和体育地位的不断上升，德育在教育目的中的地位逐渐下降，演变为一种与智育、体育相提并论的普通的教育目的。德育、智育、体育，由原来不同层次上的教育目的（纵向划分），转变为同一层次上不同类型的教育目的（横向划分），孰轻孰重，众说纷纭。在我国，出现过“德育首位说”、“智育第一说”、“体育第一说”及“诸育并举说”。

“德育首位说”表面上近似“德育即教育的最高目的”的观点，实际上差别甚大。后者是在不同层次上处理德育与其他诸育的关系，强调德育的最高地位；前者是在同一层次上处理德育与其他各育的关系，突出德育的首要地位。但“德育首位说”毕竟比“诸育并举说”更加忠实于“教育即使人为善”这一基本精神。

“诸育并举说”强调德育、智育、体育等是教育目的不可分割的方面，它们相互联系，相互渗透，相辅相成。如王国维所论：教育宗旨，在“使人为完全之人物”，完全之人物“能力无不发达且调和”。人之能力，分为“身体之能力”和“精神之能力”。培养身体之能力，谓之“体育”；培养精神之能力，谓之“心育”。精神一分为三：知力、感情、意志。知力以“真”为理想，感情以“美”为理想，意志以“善”为理想。故“心育”又分为“知育（智育）”、“德育”、“美育（情育）”。惟知、情、意并非各自独立，而相互交错，教育时不能加以区别，分科教授[①]。

与之相同或相近的观点，在我国相当流行。此说认定，德育是一种普通而不可或缺的教育目的，既不比其他目的次要，也不比其他目的重要。而在“智育第一说”和“体育第一说”中，德育的地位进一步下降，成为一种次要的教育目的。这贬低德育的观点，一般不会以非常直截了当的方式公诸于众，相反它们经常打着重视德育的旗号大行其道。“德育说起来重要，做起来次要，忙起来不要。”时下教育界流传的这句顺口溜颇能说明问题。

上述各说，都是根据特定历史时期的具体情况提出来的，有一定的根据。它们处理诸育关系，虽然具体取向不同，却都把教育的道德目的同其他目的相提并论，在一个层次水平上处理它们之间的关系。按照“教育”的本义，德育系教育的最终目的，不能与智育、体育等相提并论。若在同一层次上比较，即使主张“德育第一”，也依然违背了“教育”的本义。

(三)从“教育目的”到“教育工作”

把德育与智育、体育等相提并论，虽然降低了它的地位，但毕竟是在教育目的的范围内考虑诸育的关系，德育的内涵并未发生根本变化。

> 1957年，毛泽东：“我们的教育方针，应该使受教育者在德育、智育、体育几方面都得到发展，成为有社会主义觉悟的有文化的劳动者。”
>
> 1982年，《中华人民共和国宪法》：“国家培养青年、少年儿童在德育、智育、体育等方面全面发展。”
>
> 1986年，《中华人民共和国义务教育法》：“义务教育必须贯彻国家的教育方针，努力提高教育质量，使儿童、少年在品

① 王国维，1906年。

德、智力、体质等方面全面发展，为提高全民族素质，培养有理想、有道德、有文化、有纪律的社会主义人才奠定基础。”

1993年，《中国教育改革和发展纲要》：“教育必须为社会主义现代化建设服务，必须与生产劳动相结合，培养德、智、体全面发展的建设者和接班人。”

1995年，《中华人民共和国教育法》：“教育必须为社会主义现代化建设服务，必须与生产劳动相结合，培养德、智、体等方面全面发展的社会主义事业的建设者和接班人。”

数十年来，我国的教育法令、教育言论及教育学教材，一直把德育、智育、体育作为全面发展教育的重要组成部分，坚持在教育目的框架下处理诸育的关系。

另一方面，我国近10年来流行把德育视为一种工作。其实，把德育当作工作来抓，这种做法由来已久。但在1988年之前，“德育工作”一说并不多见。常见、惯用的是“思想政治工作”之说。自1988年“全国中小学德育工作会议”召开以来，“德育工作”才逐渐取代“思想政治工作”，成为我国常用的教育话语。据说，此次会议原名为“全国中小学思想政治工作会议”，在筹办中正式更名为“全国中小学德育工作会议”①。此举颇具历史意义。这不只是语言上的改动。

“德育工作即思想政治工作”或“思想政治工作即德育工作”观念的确立，使德育的属性和内涵发生了根本性变化。原先，“德育”、“智育”、“体育”等，同属“教育目的”范畴；如今它作为“思想政治工作”的替身，与学校的“教学工作”、“管理工作”、“辅助性服务工作”相提并论，属于“教育工作”范畴。德育不再是学校一切工作(包括思想政治工作)的目的或归宿，而是学校众多工作中的一项工作。在“教育工作”的概念框架下，即使强调德育是学校的首要工作，也依然贬低了德育在学校教育中的地位。

① 孙学策，1997年，第11—12页。

四、从作为教育工作的德育回到作为教育目的的德育

(一)走出“德育工作说”的误区

体育早就被“工作化”了,在德育被公开“工作化”(等同于思想政治工作)的同时,智育也被暗中“工作化”(等同于教学工作)。看来,教育目的有被全面“工作化”的趋势。这种把德育、智育、体育的划分当作学校分工依据的做法,理论上是个误区。它不断地造成思想上的混乱。一些教育学论著和教科书中,德育的理论地位不明,与教学、智育关系暧昧,就是明证。

德育“工作化”,也把实践引入了误区。它错把德育设置成学校的一项专职工作,并配备与之相应的专职或兼职的德育工作者队伍。这种分工制度,本意是为了加强学校德育,实际上却妨碍学校全体教育工作者积极参与学校德育,造成对学校德育的忽视和削弱,甚至使各级各类学校越加强德育,越难以有效地实施德育。因为,把“德育”当作一项工作,进而把它与“教学工作”和所谓的“体育工作”相提并论,事实上在暗示学校存在“非德育工作”,暗示“教学工作”和所谓的“体育工作”属于“非德育工作”。“德育工作者”和“教学工作者”、“体育工作者”的分工,实际上默认学校工作人员中存在“非德育工作者”,默认“教学工作人员”和“体育工作者”属于“非德育工作者”。专职“德育工作者”之外的学校工作者往往就理所当然地忽视德育,甚至理所当然地把德育看成是“本职”工作之外的负担。

(二)淡化德育的“工作意识”

在“德育工作”的概念框架下,非但不能解决德育理论和实践中的难题,反而引发一系列新的问题。德育“工作化”的做法,“德育工作”的提法,需加纠正;“德育即教育的道德目的”的概念,应予恢复和明确。当务之急,是淡化德育的“工作意识”,强化德育的“目的意

识”。在“德育即教育的道德目的”的概念框架下,建立和完善全体教育工作者共同参与学校德育的机制。但是,视德育为工作的观念,在我国教育界已经根深蒂固,“德育工作”这种提法在我国已约定俗成,要一下子改变提法,转变观念是办不到的。如果继续坚持认为德育是学校的一项工作,就应特别强调,德育是学校全体教育工作者的工作,而不是一部分人的工作和专有的权利。任何人没有权利剥夺任何教师参与学校德育工作的权利,任何教师也没有权利放弃对学生进行道德教育的义务。德育是教师的天职,是每一个教育工作者义不容辞的责任。

［作业与思考题］

1. 试区别教育与教学。

2. 试区别教育与教唆。

3. 试区别道德教育与道德训练。

4. 试区别道德教育与道德灌输。

5. 试论德育是教育的最高目的。

6. 试比较作为教育工作的德育与作为教育目的的德育。

7. 为什么当前我国中小学越加强德育工作,学校德育工作反而越困难?

［主要参考资料］

1. 卢梭著、李平沤译:《爱弥儿》(1762年),商务印书馆1978年版。

2. I. Kant, 1803, *Education*. Translated by A. Churton. The University of Michigan Press, 1983.

3. 赫尔巴特著、陈书译:《论世界的美的启示为教育的主要工作》(1804年),张焕庭主编:《西方资产阶级教育论著选》,人民教育出版社1979年版。

4. 赫尔巴特:《普通教育学》(1806年),李其龙译:《普通教育学·教育学讲授纲要》,人民教育出版社1989年版。

5. 裴斯泰洛齐:《天鹅之歌》(1826年),张焕庭主编:《西方资产阶级教育论著选》,人民教育出版社1979年版。

6. 斯宾塞:《教育论》(1860年),胡毅、王承绪:《斯宾塞教育论著选》,人民教育出版社1997年版。

7. J. Dewey, *My Pedagogic Creed*, 1897. In *Dewey on Education: Selections with an Introduction and Notes by Martin S. Dworkin*. Bureau of Publications, Teachers College, Columbia University, 1959.

8. 王国维:《叔本华之哲学及其教育学说》(1904年),《王国维文集》,北京燕山出版社1997年版。

9. 王国维:《论教育之宗旨》,《教育世界》第56期,1906年。

10. J. Dewey, 1907, *Moral Principles in Education*. In *The Middle Works of John Dewey* (1899—1924), Vol.4 (1907—1909). Southern Illinois University Press, 1971.

11. 杜威著、王承绪译:《民主主义与教育》(1916年),人民教育出版社1990年版。

12. J. Dewey, *Reconstruction in Philosophy*. In *The Middle Works of John Dewey* (1899—1924), Vol.12 (1920). Southern Illinois University Press, 1982.

13. J. Childs, *Education and Morals*: *An Experimentalist Philosophy of Education*. New York: Appleton-Century-Crofts, Inc., 1950.

14. R. Peters, 1966, *Ethics and Education*. Scott, Fresman & Company, 1967.

15. 村井 实:《教育的定义与教育学》,大河内一男、海后宗臣等著,曲程、迟凤年译:《教育学的基本理论问题》(1967 年),教育科学出版社 1984 年版。

16. T. Daveney, Education—A Moral Concept. In G. Langford & D. J. O'Connor, eds., *New Essays in the Philosophy of Education*, London: Routledge & Kegan Paul, 1973.

18. 麦克莱伦著,宋少云、陈平译:《教育哲学》(1976 年),生活·读书·新知三联书店 1989 年版。

19. 索尔蒂斯著,沈剑平、唐晓杰译:《教育的定义》(1978 年),瞿葆奎主编,瞿葆奎、沈剑平选编:《教育学文集·教育与教育学》,人民教育出版社 1993 年版,第 31—37 页。

20. L. Brown, *Justice*, *Morality and Education*: *A New Focus in Ethics in Education*. Basingstoke, Hampshire: Macmillam Press Ltd.,1985.

21. 陈桂生:《"教育学视界"辨析》,华东师范大学出版社 1997 年版。

22. 王小波:《我的精神家园》,文学艺术出版社 1997 年版。

23. 孙学策:《我说德育》,开明出版社 1997 年版。

第三章　德育的必要性

德育概念的讨论，暗示了德育的必要性和可能性。然而，道德教育是否真的必要，道德是否可教，却非不证自明。倘若道德教育既无必要亦无可能，所谓“德育”就是一个虚妄的概念，任何与德育有关的话题都是多余的。即使有充足的理由证明德育的必要性和可能性，不同理由支撑下的德育，其意义和格局也大不一样。关于德育信念的理性辩护并不纯粹是理论工作。

道德教育真的必要吗？提出这样的问题，容易引起家长和教师愤慨，就好比当年提出“宗教教育必要吗？”激怒过宗教界人士。有人甚至对这种类比本身也表示异议：“人没有上帝的思想，可以过日子。但是，人没有任何道德的考虑，过的是什么日子？一个人没有任何宗教信仰，可以很像模像样。但是，说一个人没有任何道德可以很像模像样，是不可理喻的。”这种反驳，误解了提出“道德教育是否必要”的意思，以为这是在加剧道德的考虑在儿童发展中并不重要的印象[①]。

提出“道德教育真的必要吗？”这个问题，就是为了引起这样的反应，促使坚信道德教育必要的人，为自己的信念进行合理的辩护。然而，当我们同心协力，试图为德育的必要性辩护时，很可能会发现彼此的立场并不全然相同。因此，德育必要性的辩护工作，十分适合用来检验和反思我们支持和实施某种教育措施的立场。

其实，“道德教育是否必要”这个问题，是由反对道德教育的人士首先提出来的。他们对道德和道德教育的批评咄咄逼人，为德育的

---

① Phillips, 1979.

必要性辩护并不是一件轻松的事情。

一、怀疑与反对意见

反对道德教育和怀疑道德教育必要性的人，通常是一些对现实道德持批判态度的思想家。基于对社会和人性的深思，他们对道德教育提出了不同于常人的见解。

（一）"道德虚无主义（moral nihilism）"

道德虚无论者认为，社会根本不存在真正的道德，个人根本不需要道德。老子断言：社会失道，才需要所谓的道德，社会需要道德是社会退步的表现；人失去本性，才需要所谓的道德，个人需要道德是个人堕落的表现。道德是罪恶的根源和表现。"大道废，有仁义；智慧出，有大伪；六亲不和，有孝慈；国家昏乱，有忠臣。"（《道德经·十八章》）反之，没有道德也不需要道德的社会，才是理想的社会；没有道德也不需要道德的人，才是真正的完人。"绝圣弃智，民利百倍；绝仁弃义，民复孝慈；绝巧弃利，盗贼无有。"（《道德经·十九章》）

德国哲学家尼采持类似的观点，他认为：道德的本质是长久的强制，人因恐惧而顺从强制，因顺从而逐渐养成道德良心。道德约束、道德良心乃至道德本身，都是借助非道德的虚构、欺骗、强制和恐惧而产生。因此，一切道德传统都包含破坏人和人生的因素，为了使生活获得自由，就必须消灭道德和一切道德传统。

根据道德虚无主义者的观点，不但没有必要进行道德教育，而且不应该进行道德教育。道德教育造就的是险恶的社会、虚伪狡诈的人。

（二）"道德相对主义（moral relativism）"

与道德虚无主义者不同，道德相对主义者承认道德的存在，认为个人有个人的道德，社会也有社会的道德。不同的人有不同的道德，不同文化背景下的人群、民族和社会有不同的道德。对于个人来说，道德是一种口味，各有所好；对社会来说，道德是一种习俗，各不相同。道德是相对的，是相对于不同的人而言的，或者是相对于不同的社会和群体而言的。无所谓绝对的对和错，无所谓绝对的善和恶，无所谓绝对的道德和不道德。不必强求人人有一样的口味那样，也不必强求人人有一样的道德。强求道德上的一致性，反而不道德。因此，没有必要进行道德教育。

（三）“道德天赋论”

持这种观点的人认为，人的道德是先天的、与生俱来、人心固有的思想。如孟子所言：“仁义礼智信，非由外铄也，我固有之也。”（《孟子·告子上》）道德出于人不虑而知的“良知”和不学而能的“良能”。一切外部影响（包括教育）至多是与生俱来的“善端”展开的条件，并不能改变人的本性。康德则认为：人生来就是理性的存在。受这种理性支配的、不以环境为转移的意志称为“善良意志”，道德就是“善良意志”的“绝对命令”。道德属于理性世界，而教育属于感性世界，它不可能为理性世界提供任何普遍的道德原则[①]。换言之，教育无助于道德。

（四）“环境自发影响论”

持这种观点的人认为，道德不是人与生俱来的本性，而是后来学习的结果。人自幼像学习母语那样，从身边的每个人那里学习各种道德规范。儿童的学习榜样是一种自然的榜样，他们在与儿童的沟通与交往中，自然地影响着儿童的口语能力或道德的发展，并没有人刻意地教他们口语或道德，有意的道德教育几乎是多余的。

（五）“取消学校德育论”

现实生活中一些人并不反对道德教育，但主张取消学校德育。

---

① 康德，1788 年，第 42—43 页。

在他们看来,学校主要是传授知识的场所,而不是教人做人的地方。特别是在现代学校生活中,知识授受的任务相当繁重,教师和学生都不可能把主要的时间和精力用在道德的教和学上,所以现代学校德育的效果不明显。与其让学校力不从心地全面负责学生的教育,不如学校和家庭、社会之间相对分工,各司其职,学校主管知识技能的传授,家庭和社会主管道德教育。

西方社会一些人士反对公立学校进行道德教育,另有原因。他们认为,为了保持学校的最广泛的公立性,公立学校各方面的活动都不应当涉及价值问题。公立学校只负责教育的公共部分,个人道德、宗教、政治价值观的形成,由家庭、教堂和社区负责。

上述观点可能片面、偏激,对道德和道德教育的思考与批判,却不乏严肃性和深刻性。从这些言论中,可以找到为德育必要性辩护的出发点。

二、以个人道德发展为取向的辩护

在很长的历史时期,教育一直被视为家庭或个人的事务,道德教育和道德修养被看成个体人格完善的重要方式。自学校(近代意义上的学校)诞生以来,道德教育的部分责任才由家庭转移到学校,学校在促进个人道德发展上承担了越来越重要的角色。另一方面,随着学校与社会联系日益密切,它在促进社会道德进步上也发挥出越来越重要的作用。但是,校长和教师积极实施道德教育,首先考虑的往往并不是促进学生道德发展及社会道德进步,而是维持学校正常的生活秩序。因此,可以站在不同的立场上为道德教育的必要性辩护。就个体而言,不但有受教育的需要,而且有从事教育的需要。

(一)基于人接受教育之需要的辩护

论证人有无必要接受道德教育,首先必须查明道德对人是否必要。如有必要的话,还需进一步考察人的道德从何而来。第一个问题涉及的是人性问题,第二个问题涉及教育在人的道德形成和发展中的地位问题。

1. 道德是人的一种质的规定性

为了简化人性问题的探讨,这里不准备直接讨论“什么是人”或者“人性究竟是什么”,而从分析“什么不是人”入手。

说“甲某不是人”,无异于斥之为“畜生”、“禽兽”,显然是对人格卑鄙者的一种道德谴责,否定其做人的资格。而说“乙某是个真正的人”或“大写的人”,实为对人格高尚者的一种道德上的褒扬。可见,道德性是对人的一种质的规定,有道德才有资格做人。道德虚无论在对旧道德的批判和否定上具有着一定的意义,一概否定人的道德属性却是错误的。人具有道德的属性,这是人区别于动物的标志之一。正如康德所言:人以发展向善的倾向,完善人性,成为道德的存在,作为自己的天职和目的。

2. 人的品德是个人内部状态与外界环境交互作用的产物

虽说人具有道德的属性但人的道德性却非与生俱来,我们不可能像天生有黑眼睛黄皮肤那样,天生拥有种美德。美德是后天获得的。康德断言:人虽以成为道德的存在为天职,却非生来就是道德的存在,人没有现成的善性。自然人在道德本性上既不善,也不恶,但自然人具有向善和向恶的双重自然倾向。正因为人也具有向恶的自然倾向,所以有必要节制自身的天性。人唯有约束自己的非人性成分,才能防止动物性冲动偏离人性。正因为与生俱来的善的自然倾向,人类才有可能依靠自己的努力以实现人性的不断完善。

人降生于世时还处在未完成的状态,在完善人性的最初努力中需要成年人的帮助和指导。因此,人的品德不仅是个人努力的结果,也是外部影响的结果。人的品德是个人内部状态与外界环境交互作用的产物。

3. 教育是促进个人道德发展的重要力量

儿童是在社会影响下成为一个有道德的人的,这种社会影响中有自发和自觉之别。自发影响在儿童的道德发展中起着非常重要的作用,但是,并不像环境自发影响论者所说的那样,道德学习和母语口语学习一样,似乎完全不依赖他人有意识的指导、示范和训练。事实上,口语学习需要专门的教育和指导。父母和其他成人对幼儿的最初的言语训练,是个体口语能力形成和发展的基础。道德学习在某种程度上比口语学习更加复杂,缺乏教育和指导,儿童单凭自己的摸索,不足以理解和掌握社会生活必需的道德规范,不足以对付不断扩大的社会生活中日益复杂的道德问题。因此,否认教育在口语学习和道德学习中的作用,是有悖于健全常识的。

儿童在道德发展中有必要接受别人的教育。教育影响因其自觉性,较之于自发的社会影响,对儿童的道德形成和发展方向更具有指导意义。所以,康德说:教育隐含着人性完善的重大秘密,正是通过教育带来了人类全部的善。如果说动物依靠本能实现它注定的命运,人则依靠理性实现其存在的目的——“人只有通过教育才能成其为人,人纯粹是教育的产物”。因此,“人是唯一需要教育的存在”①。涂尔干也指出:人的成长过程是一个社会化的过程,道德教育在其中起重要作用。道德教育是个体个性化和社会化的重要手段。

4. 学校在促进学生道德发展上具有家庭和社会不可比拟的优势

家庭、学校和社会,是影响儿童和青少年道德成长最为重要的教育力量。从数量上看,学校对个人品德形成的影响,很可能不及家庭和社会,但是学校德育对学生的道德发展,具有重要的指导和定向作用。当然,这并不意味着学校德育无所不能。学校德育的作用是有条件的,受到各方面的限制。首先,学生的道德成长是多种因素相互作用的结果,学校的道德影响与家庭和社会的道德影响不一致时,学校德育的作用将被严重削弱。其次,现代学校以知识授受为中心,把大量时间用于直接的道德教学不切实际。而且,直接的道德教学主

① Kant, 1803, pp.1—6.

要传授各种关于道德的观念，这种观念对学生的道德影响十分有限，十分不确定。再者，教师通过学科教学以及学科教学之外的学校活动实施德育的余地虽然十分宽广，但间接德育的实施深受教师道德意识和道德教育意识的影响。对学校生活的道德意义缺乏敏感性的教师，不可能充分利用学校生活的各个方面，有力地促进学生的道德成长。

尽管如此，在学校生活中实施德育，有着家庭和社会难以比拟的优越性，诸如：

(1) 家庭和社会对儿童的道德影响固然大，但因其自发性而难以控制，实际效果往往正负参半。学校是一种专门化的教育机构，学校环境的安排力图使课程、教学方法以及学校生活中的每一件小事都充满道德的意义。这种自觉的努力，使学校对学生的道德影响具有鲜明的目的性和较强的可控性。

(2) 家庭和社会对儿童的道德影响固然广，但显得零散，而且经常发生冲突和不一致。学校教育由于在目的和手段、内容和形式上作了系统的安排，对学生的道德影响层层推进，前后较为一致，因而也较为有效。特别是在提高年轻一代的道德认识水平上，学校教育具有家庭和社会教育不可比拟的优越性。

(3) 儿童的道德经验最初来自家庭生活，早期的生活经历对人一生的品德有重要的影响。但是，年轻一代总有一天要走出家庭，迈向社会生活的广阔天地。与家庭生活相比，社会生活不但范围广泛，性质和要求也大不一样。儿童立即从家庭走向社会，是难以适应的，因此需要一个中介。最适合作为从家庭生活过渡到社会生活的中介的，就是学校生活。这一方面是因为学校比家庭更加广泛，它不以血缘关系为基础，而以年龄相仿、发展水平相近的个体的相互关系为基础；另一方面是因为学校是一种雏形社会，它以净化和典型的方式再现和组织社会生活。因此，学校生活适合于作为从家庭生活过渡到社会生活的中间环节。在现代社会，学校集体生活被公认为是学生从狭小的家庭生活走向广泛的社会生活的必由之路。“在家庭之后，学校是个体必然要接触的第一个社会机构,是个体学会与陌生人相处的场所。"[①]即使在没有学校的简单社会里,长者们也要把达到一定年龄的年轻人召集在一起,以一种集体的方式向他们介绍种族或部落的宗教信仰、习俗和传统,即向年轻人介绍群体的理智和道德遗产。之所以如此,是因为家庭从来就不适合于培养群体意识,家长从来不会向自己的子女全面介绍群体的道德遗产[②]。正如婚姻生活造就了单身生活不需要的许多美德,学校生活造就了家庭生活不需要的而社会生活必需的许多美德。学生通过学校和班级的各种活动,学习在一个由年龄相近和身份相同的人组成的群体里生活,学习与权威一道生活,获得作为群体中一员受到各种对待的经验。这些集体生活的经验和品质,都是走向社会所必需的。

随着独生子女时代的到来,学校德育已经显得不可替代。学校生活为年轻一代提供了家庭生活所不具备的教育环境,独生子女与同辈人共同生活和相互交往的经验和品德,主要是从学校生活中获得的。

关于学校在促进儿童道德发展上的责任与作用,有两种截然不同的看法。一种认为道德教育主要是家庭和社会的责任,学校的职责在于传授科学文化知识和技能,促进学生的心智发展。按照这种看法,学校应当取消德育。另一种认为,学校应对学生的道德成长负主要责任,甚至负全责。一位欧文主义者曾经强调:学校是近代的发明,这项发明可以与蒸汽机媲美。如果说蒸汽机是近代物质世界最伟大的发明的话,那么,学校就是精神或道德世界的最伟大的发明,学校是"道德世界的蒸汽机"。

第一种观点低估了学校的道德职能。按照这种观点设想和安排学校工作,取消德育,将从根本上否定学校是一种教育机构,学校就有可能沦为纯粹的培训机构或应试机构,甚至堕落成教唆年轻人的

---

① Fridenberg, 1963, p.43.

② Durkheim, 1923, pp.231—232.

场所。学校的德育优势表明，至少在现时代，学校德育是不可取代的。

第二种观点夸大了学校的道德职能。学校在学生道德发展上所具有的重要的定向作用和促进作用，并不意味着学校德育无所不能。学校德育的局限性表明，学校单方面的努力，不足以使个人在道德上取得进步。正如社会和家庭的道德影响不能取代学校德育一样，学校德育也不能取代社会和家庭的道德影响。教育万能论者说“学校是道德世界的蒸汽机”，这种振奋人心的口号、富于启发性的隐喻，也许可以鼓舞对学校德育的信心，也许可以提高学校的社会声望，引起人们对正规教育的高度重视。但是，他们对于学校德育的作用的估计言过其实。片面夸大学校的道德功能，暗示家庭和社会对年轻一代的道德成长不必负责任，学校对学生实施德育时不必与家庭和社会相互配合。这不利于学校发挥其应有的道德功能，实现其道德目的。个人的道德发展，是众多因素交互作用的现实结果。片面夸大学校教育的作用，不仅不会提高学校的社会地位，反而极易导致社会对学校教育的无理谴责和普遍失望——如果学生的道德发展全归功于学校，那么，学生的任何品行问题也都归咎于学校。所以说，“教育无能论”表面上是对“教育万能论”的反动，实际上两者不过是同一种思想观点和思维方式的不同表现形式而已。因此，对学校德育的作用要有一个实事求是的认识，既不能无限夸大，也不能彻底否定。

（二）基于人从事教育之需要的辩护

人的道德属性，使人不但有接受道德教育的必要，而且有从事道德教育的必要。教育他人不仅使人受益，而且使自己受益。其实，教育既是一种利他行为，也是一种自利行为。

1．教育是一种自我肯定的方式

一个人，就他是人而言，必定会去教育人。教育人这种理性的行动，是肯定自己是人的基本方式之一。放弃教育人的机会，就是放弃做人的机会。所以，当我们看到坏人坏事，明哲保身，不加劝阻时，特别是当我们听任身边的人犯错误而不加提醒劝导的时候,心里隐隐会有一种不安,好像失去了什么。这种失落,就是人性的失落。人性失落,必使人不安和羞愧,产生一种做人的危机感,或者说,产生一种人性意义上的自我否定。

费希特断言:人类是一个道德共同体。在这个共同体中,每个人的道德信念都是尽他所知与所能传播道德,使所有的人都和他一样,拥有相同的信念。这是因为,每个人都必然会认为他自己的思想是好的,否则,坚持自己的思想就是没良心。所以,"劝说所有的人做有道德的人,是每个人的一般职责……人人都应当教育别人"①。

2. 教育也是自我发展的一种方式

《学记》云:"教,然后知困;学,然后知不足。知困,然后能自反也;知不足,然后能自强也。故曰:教学相长也。"就是说:不单学是获取生活智慧的方式,教也是领悟人生真谛的方式。通过学,可以不断地发现自身的不足,意识到自己始终处于未完善状态,从而获得完善自身的动力。但是,学过的东西,也未必能被自己掌握。是否真正把握,需要加以检验。教是一种独特的自我检验方式。通过教,可以不断发现自己的困惑和疑难所在,从而获得自我完善的努力方向。教和学,相辅相成,使一个智者在自我反省和自强不息中发展自己,完善自己。

从孔子、孟子、柏拉图、张载,到康德、黑格尔,到杜威,到梁漱溟,古今中外多数思想家,都有过授徒讲学的经历。人们一般把这种做法解释成他们试图传播他们个人的学说思想,实际的意义却不限于此,他们的学术思想发展,也深受授徒讲学之益。

布鲁纳在《教育过程》一书中指出:"教是最好不过的学习方式。"② 他转述过一位大学物理教授给一个研究生班讲解量子理论的感受,这位教授给世人描述了一个"教学相长"的现代教例。

---

① 费希特,1798年,第348页。

② 布鲁纳,1960年,第96页。

教例 3－1

教 学 相 长

我讲过了一次，看看他们，只发现班上充满发呆的面孔——他们显然没有理解。我第二次讲过，他们仍旧不懂。于是我再讲第三遍，那时候，我才懂了它。

（引自布鲁纳著、邵瑞珍译：《教育过程》，文化教育出版社 1982 年，第 96 页）

通过教育人，可以发现自己的困惑和疑难；通过教育人，也可以给自己解困释疑；通过教育人，还可以清思明理，并有所发现。所以，教育人是一种发展自我完善自我的方式。正因为教育人不仅是促进他人发展的方式，也是自我发展的最佳方式，教育者才可能从教育人的过程中获得许多乐趣，所以孟子说“得天下英才而教育之”是君子三大人生乐趣之一。孔子说自己并没有多少可取之处，只不过“学而不厌”、“诲人不倦”而已。如果教育仅仅是受教育者得益的活动，对教育者没有任何积极影响，久而久之，教育者就不可能不厌倦教育。正是因为教育也是自我完善的方式，教育者才会对教育工作不厌不倦。

总之，教育人的活动同时也促进着自己的发展。从一定意义上可以说，人通常是在教育孩子或教育学生的过程中，逐渐走向完善的人生境界的。多数成年人有这种感受：在成为人父人母人师以后，好像一下子懂了许多道理，思想成熟起来了，行为端庄起来了。面对孩子或学生，成年人必须担当起教育年轻一代的责任；在教育孩子、教育学生的过程中，成年人才真正长大了，成熟了。那不仅仅是因为成年人在孩子或学生面前，必须约束自己，成为他们的学习榜样，还因为教育孩子的过程本身就是一个学习和探索的过程。教育人的确是自我发展的一种最佳方式和最佳途径。所以有人说，没有养育和教育过孩子的人生，不是完满的人生。

3．教育人还是自我延续的一种方式

追求永恒、渴望不朽的意志，驱使着人去创造生命，去教育人。人作为生物的存在，通过繁衍后代，在自己的儿女及赋予生命的世代儿女中获得永生；人作为理性的存在，通过立言、立功、立德，使自己的灵魂不朽。教育集立言、立功、立德于一体。一个人通过教育青年，在一代接一代人的精神中得以永生。

总而言之，人的道德属性使人不但有必要接受道德教育，而且有必要从事道德教育。道德教育是人性的需要。从事教育和接受教育一样，都是人的天职。

三、以促进社会道德进步为取向的辩护

我们往往从个人主义的观点去看待学校德育，以为它不过是师生之间或者教师与学生家长之间的事情。站在个人道德发展的立场上，我们有许多理由坚信学校德育是必要的。诚然，这种辩护是合理的，却是远远不够的，眼界需要扩大。

如今，教育已经不纯粹是个人或家庭的事务，而是社会或国家的事业。随着学校社会化，现代学校教育已经超越了个人主义的狭小天地，而把着眼点放在更加广阔的社会事业之中。学校教育在社会精神文明建设中，扮演着越来越重要的角色。从社会的角度看，学校德育之所以必要，是因为学校不但是社会传统道德的继承者，而且是社会新道德的创造者。

（一）学校与社会道德传统

学校首先是一种“文化传承（encultrulisation）”机构，它将年轻一代引入某种特定的文化之中[①]，将世代相沿的习俗和道德传递给年轻一代。学校和家庭、社会教育机构一样，是继承社会道德传统的重要力量。

---

① 巴罗，1996年。

(二)学校与社会新道德观

学校是一种教育机构,在各种具有重大意义的领域培养年轻一代批判的理解力。这使得学校成为推动社会道德进步的重要力量。如果说家庭和社会重在使习俗的道德世代相沿,那么,学校德育更重视在年轻一代心目中倡导和树立适应社会未来发展的新的道德理想。所以,法国著名社会学家涂尔干论及道德理性化时强调,“不仅应当使道德不失去它内在的某些因素,还在于应当使道德因为增加新的因素而比先前更加丰富”。因此,教育工作者“不能局限于注释我们前人的古老道德”。

> 我们若只满足于把几个世纪以来人类据以生活的全部道德观念传授给儿童,在一定程度上确实完全能保障个体有其德性。但这仅仅是最低限度的德性,一个民族断不能以此为满足。为了使一个伟大的国家诸如我们法兰西真正地处于道德境界之中,其成员普遍不进行各种最粗暴的行凶,不进行各种谋杀、偷盗和欺诈,这是不够的。一个平静和没有冲突的社会,如果除此之外别无其他,那就只能是相当平庸的德性。这个社会还应当有一个自己所追求的理想。这个社会应当有某件事要做,有少量的善行要完成,有独特的贡献要丰富人类的道德遗产。……因此,像我们法国这样一个社会,不能只是安心地掌握前人取得的道德成果。我们的社会应当有所创造,因此,教师应当帮助学生准备进行这些必要的创造,断不可只向他们传授前人的道德圣经,相反,教师应当激起他们在这种如同问世已久的书上添加几行字的愿望,还应当考虑使他们这种正当愿望能够得到满足。①

① 涂尔干,1923年,第396—397页。

（三）学校与社会进步

和平年代，学校是社会进步和改革最基本和最有效的工具。如杜威所言："改革仅仅依赖法规的制定，或者是惩罚的威胁，或仅仅依赖改革机械的或外在的措施，都是暂时的、无效的。"因为，"通过法律和惩罚，通过社会的鼓动和讨论，社会就会以多少有些机遇性和偶然性的方式来调整它自身。"但是，"通过教育，社会却能明确地表达自己的目的，能够组织自己的方法和手段，因而明确地和有效地朝着它所希望的前进目标塑造它自身。"因为，"教育是达到分享社会意识的过程中的一种调节作用，而以这种社会意识为基础的个人活动的适应是社会改造的唯一可靠的方法。"①

四、以维持学校生活秩序为取向的辩护

学校之所以要实施德育，还与学校的性质有关。在我国，广义的学校曾经是一种"养老机构"，后来演变为"应试机构"，直到近代才成为真正意义上的"教育机构"。是教育机构，就必然要担当道德责任。如前所述，道德目的是教育的固有目的，而且是教育的最终目的。影响人的活动缺乏善意或道德的目的，则无所谓"教育"。如果把学校视为真正的教育机构，而不是纯粹的培训机构，学校就要担当道德上的责任，以促进学生的品德发展和社会的道德进步为使命。那种取消学校德育把学校变成一种纯粹传授科学文化知识机构的主张，在理论上是荒谬的，在实践中是有害的。它将从根本上否定学校是一种教育机构。学校就有可能沦为纯粹的培训或应试机构，甚至堕落成教唆年轻人的场所。

学校即使不从促进学生品德发展或社会道德进步的考虑出发，仅就维持学校的正常生活秩序而言，也有必要对学生进行道德教育。我国学校德育涉及面颇广，一般分为"个人生活中的道德规范"、"家

① 杜威，1897年，第15—16页。

庭生活中的道德规范"、"学校生活中的道德规范"、"公共生活中的道德规范"、"国家民族生活中的道德规范"[①]。但学校实际上最为重视的是"学校生活中的道德规范",学校和教师反复强调的是:热爱学校和班集体,遵守校纪班规,尊敬老师,友爱同学,勤奋学习,等等。这恰恰可以说明学校重视德育的意图。

五、个人、社会、学校取向的关系

在继续为学校德育必要性辩护之前,让我们来比较一下前面三种辩护所持的立场。

综前所述,学校之所以有必要实施德育,首先是因为道德教育对每个人都是必要的,而学校在实施德育上有着家庭和社会不可比拟的优越性;其次是因为学校只有担负起对每个学生及整个社会的道德责任,它才是名副其实的教育机构;第三是因为学校即使不考虑促进学生品德发展和社会道德进步,单从维护学校正常生活秩序的需要出发,也有必要对学生进行道德教育。

(一)个人、社会、学校取向的一致性

显然,可以站在个人品德发展的立场,也可以站在社会道德进步的立场,还可以站在维护学校秩序的立场,来为学校德育的必要性辩护。一般来说,这三种立场是一致的。学校教育恰恰可以把个人本位和社会本位统一起来:

> 最贤明的父母所希望于自己孩子的一定是社会所希望于一切儿童的。……社会通过学校机构,把自己所成就的一切交给它的未来的成员去安排。社会所实现的关于它自身的一切美好的想法,就这样希望通过各种新的可能途径

---

① 国家教育委员会,1997 年,第 28—36 页。

> 开辟给自己的未来。这样,个人主义和社会主义是一致的。社会只有致力于构成它的所有成员的圆满生活,才能尽自身的职责于万一。这里所指出的社会的自我指导,没有什么比学校更为重要……①

这种一致性或统一性具体表现为:学校一方面通过培养有道德的个体,促进社会的道德进步,另一方面作为一种进步力量直接参与社会的道德建设;学校生活本身就是一种社会生活,引导学生在学校合乎道德地生活,实际上就是一种社会学习。很显然,学校如果不能维护正常秩序,学校教育就无从谈起,更不用说促进学生品德发展和社会道德进步。因此,学校即使从维持自身正常运转的需要出发,也有必要加强对学生的道德教育。可见,上述关于学校德育必要性的辩护,与其说是三种不同的立场或取向,不如说是坚持学校实施道德教育的三种相互关联的基本理由。

在具体的教育情境中,教师也确实常常从这三个方面来考虑对学生进行道德教育。以劝诫学生考试不要舞弊为例,教师可能会对学生陈述多种理由:舞弊是一种欺骗行为,有悖于做人的诚实原则;在竞赛性或选拔性考试中,以欺骗手段博取好成绩,对其他考生不公平;舞弊妨碍教师了解学生的学习状况,不利于教师对学生进行有针对性的指导;舞弊扰乱学校正常的教学秩序,触犯校纪校规者将受处分。如此教育学生,基本上是兼顾到了个人品德发展、社会道德进步及学校秩序维持的需要。

(二)个人取向与学校取向的冲突

然而,道德教育的个人取向、社会取向和学校取向,依然是有差别的。特别在一切暗含冲突的道德难题上,取向不同,教育的格局也大不一样。譬如,如果从维护学校正常的生活秩序出发,教师对于学

① 杜威,1899 年,第 27 页。

生开诚布公地讨论诸如“朋友考试作弊该不该揭发?”之类的问题,就会有所顾忌。在他们眼里,这种讨论对校纪校规是一种潜在的威胁。迫不得已,要讨论这样的问题,教师也将竭尽全力维护校纪校规的尊严。一切有利于维护学校秩序的观点、理由和思维方式都将受到鼓励,一切不利于维护学校秩序的观点、理由和思维方式都将受到压制。这不是说,教师故意轻视或敌视忠诚于友谊的道德原则;而是说,在引导学生讨论“朋友考试作弊该不该揭发?”时,忠诚原则根本不可能进入以维持学校生活秩序为取向的教师的视野。教师首先关心的,是校纪校规,而不是学生的道德成长。即使引导学生运用诚实和公平等原则思考和讨论该问题时,教师首先考虑的也不是为了让学生习得诚实和公平之类的美德,而是为了维持学校正常运行所需要的纪律。

如果以促进学生道德发展为基本取向,情形则大不相同。以此为取向的教育家(科尔伯格、布莱特等)强调,包含冲突的情境和交往有助于学生的道德发展,极力提倡学生就类似“朋友考试作弊该不该揭发?”的道德两难问题展开全面而深入的讨论。学生们基于不同的理由(诚实、公平、遵守校纪或忠诚友谊)的不同判断(该或不该揭发)和思维方式,都将受到重视和鼓励(详见第九章“认知性道德发展模式”)。如此教育学生的教师,并不担心学生会以忠诚为借口包庇朋友。因为,受到这种教育的学生,比没有受到这种教育的学生,更有可能在实际生活中作出理智的决断。在他们看来,这样做即使损害了学校纪律的尊严,那也是暂时。美德的形成并非一蹴而就,需要以发展的眼光看待学生成长中的过失。促进学生道德发展是第一位的,维持学校秩序是第二位的。为了维护校纪,压制学生学习忠诚于友谊的美德,掩盖忠诚与诚实、公平、遵守纪律的现实冲突,有悖于学校教育的道德宗旨。

(三)超越学校利益的教育立场

教师在学校中既是教育者,又是管理者,理应从教育和管理等多个方面考虑学校事务。在不能兼顾的情形下,不同的抉择体现不同的信念或价值取向。毕竟,教师首先是教育者,其次才是管理者,因此,应当更多地从促进学生品德形成与发展的方面来解释学校德育存在的必要性。

六、消极德育与积极德育

超越学校自身的利益,少从维护学校纪律和教师权威方面,多从促进学生品德发展和社会道德进步方面,考虑学校德育存在的必要性——这只不过是应有的一般态度或信念。对于教育工作者来说,德育的必要性也许并不是一个问题,需要进一步追究的倒是:何种德育必要?何时必要?

(一)待机启发与强说教

道德的形成,尽管与外界环境有关,但归根结底是个人努力的结果。因此,在道德成长上,特别强调个人的自我意识、道德发展需要和道德实践的自觉努力。在促进个人道德完善的教育上,存在两种不同的古老观念。

一种是消极被动的德育观。这种观点认为,道德教育需要等待时机,它并不是教育者想进行就可以进行的活动。只有当个体在道德实践中遇到道德问题,有接受道德指导的需要时,才对他进行道德指导。孔子主张“不愤不启,不悱不发。举一隅不以三隅反,则不复也”。就是说,对于学生的道德实践和道德修养,采取消极的指导方针。教育者就像是钟鼓,“叩则鸣,不叩则不鸣”。

另一种是积极主动的德育观。这种观点认为,道德品质是人类必备的品质,不论个体有没有道德发展的需要,不论他愿意不愿意接受道德教育,都有必要义无反顾地对他进行强有力的道德教育。这就是墨子的“强说教观”。他说,“叩则鸣”,“不叩亦鸣”,不能坐等年轻人出现道德发展的自觉意识和需要。

(二)始于青春期的德育与贯穿于未成年期的德育

与我国古代消极德育观异曲同工的,是卢梭的自然主义德育观。他曾经感慨:"出自造物主之手的东西,都是好的,而一到了人的手里,就全变坏了。"[①] 他认为:人具有善良的天性,只要确保这种天性得到自然的发展,就不用担心儿童最终不会成为一个有道德的人。教育虽然以培养有道德的人为目的,但在感官和理性尚未充分发展之前,不必急于对幼儿进行道德教育,在他们纯洁的心灵中强加任何东西。他为爱弥儿设想的教育是这样展开的:12 岁之前由于爱弥儿尚处于"理性睡眠时期",教育的主要任务是养护以及促进感官的发展;12 岁以后才开始进行理性教育,学习各种知识;16—20 岁爱弥儿步入青春期,才开始对他进行道德教育和宗教教育。在卢梭看来,青春期来临之前道德教育是没有必要的,只有在青春期阶段才有必要实施道德教育。童年期的感官发展和少年期的智力开发充分的话,青春期的道德教育就水到渠成。

康德的某些观点与卢梭非常相似。在他看来,教育以人类个体的未完成状态为起点,以人的向善倾向和人类已有的发展状态为依托,以人性的完善为目的。教育是一个引导人自我完善的过程。这个从起点到目的的连续的过程,依次是婴儿期的养护、孩童期的管教、学童期的教导。但有一点康德与卢梭不同,他认为道德教育必须贯穿于整个未成年期[②]。

(三)消极德育的积极意义

墨子和康德的道德教育的主张,正是今天绝大多数人的信念。从实际效果考虑,孔子反对过于积极主动地实施德育,卢梭反对青春期之前实施德育,这两种观点在今天显得有点匪夷所思。但是,它们隐含着对道德教育的真知灼见。今天人们普遍反对违背学生

---

① 卢梭,1762 年,第 5 页。

② Kant, 1803.

的自觉自愿进行道德灌输，主张根据学生的年龄特征实施程度不等、内容各异的道德教育，实际上与孔子、卢梭的见解有着某种契合。

七、反对道德相对主义

道德虚无主义和道德天赋论在现代社会并没有销声匿迹，但是它们的市场已经很小了。现实生活的大量事实表明这样的观点是站不住脚的，它们向道德教育的挑战已经软弱无力。真正对现代学校德育构成威胁的，是道德相对主义。

道德相对主义在现代西方社会盛行，其中，个人相对主义比文化相对主义更为激进。个人相对主义逻辑上否定了一切道德教育的必要性，文化相对主义在一定程度上还承认道德教育存在的必要。后者反对的是在不同文化背景下实施相同的道德教育，并不反对在相同的文化背景下实施相同的道德教育。道德相对主义在我国学校教育中有抬头之势，如何看待道德的相对性，对于学校德育的存亡至关重要。

（一）道德的绝对性与相对性

尽管人人都需要道德，但不同的人可能有不同的道德标准，不同时代、民族、社会、阶级、阶层可能有不同的道德。历史上和现实中的道德都是具体的、个别的、相对的和暂时的，所以恩格斯说："一切已往的道德归根到底都是当时的社会经济状况的产物。而社会直到现在还是在阶级对立中运动的，所以道德始终是阶级的道德。"① 但是种种具体的个别的相对的和暂时的道德现象，又隐含着、体现着道德的抽象的一般的绝对的和永恒的那一面。不过，道德的抽象的一般的绝对的和永恒的那一面，只能通过种种具体的个别的相对的和暂

---

① 华东师范大学教育系，1986年，第283页。

时的道德来体现。任何人任何团体所宣称的所谓“普遍的”、“绝对的”、“永恒的”、“放之四海而皆准的”道德,其实都是道德的抽象的一般的绝对的和永恒的那一面在这个人或这个团体上的具体体现,因而依然是具体的个别的相对的暂时的道德。

“道德”一词可以分开来解释。“道”指的是规律或法则,是抽象的、普遍的、绝对的、永恒的客观存在,不但不以人的意志为转移,而且只可意会不可言传。正所谓“道可道,非常道。”(老子:《道德经·一章》)尽管如此,对于“道”,人们依然能够加以体会,加以实现。对“道”的体验和追求,谓之“得道”。古代汉语中“德”即“得道”,包括“外得于人”和“内得于己”。所谓“内得于己”即“身心自得”;所谓“外得于人”即“施惠泽使人得之”。一个人追求自我完善,那是一种道德境界;一个人与人为善,那也是一种道德境界。

可见,“道德”之“道”侧重于强调道德的抽象性、一般性、绝对性和永恒性;“道德”之“德”侧重于强调道德的具体性、个别性、相对性和暂时性。“道”之于“德”恰如月印万川。月亮只有一个,各个地方看到的月亮是不一样的,各条江河中的月色是不一样的,各人心中的月亮也是不一样的。尽管月亮的具体表现形式多种多样,人们对月亮的体验千差万别,月亮终归是月亮。道德亦复如此:它有抽象的、一般的、绝对的和永恒的一面,但它的表现形式却是具体的、个别的、相对的和暂时的,因而是千变万化的。

简而言之,道德既有相对性,又有绝对性。道德的绝对性,使道德教育成为可能。正是因为道德中存在绝对的一面,道德教育才有了客观的理性基础。道德的相对性,使道德教育成为必要。正是因为道德还有相对的一面,所以在一个共同体才需要进行道德教育。

(二)道德相对主义之批判

肯定道德的相对性,并不意味相对主义;肯定道德的绝对,也不意味绝对主义。顾此失彼,才会导致绝对主义或相对主义的极端看法。道德上的绝对主义,否定道德的历史性、阶级性、民族性和个人性,把某个人、某个团体或某种文化的道德立场、标准和原则绝对化,视为永恒的真理。当今社会日趋开放,民族与民族之间的交往、文化与文化之间的交流日益频繁,这是一个全球化的时代,它使个人和群体的视野不断拓展,绝对主义的错误显而易见,不难识别。眼界的开阔,造就了人们对待道德问题的开明立场,即对他人或别的民族和文化的道德价值观尽可能予以理解,至少表示宽容。这种道德相对主义立场,一旦泛化到对待自己或自身民族和文化的道德价值取向上,就会引发一系列的问题。

首先,道德相对主义在逻辑上自相矛盾。它一方面把道德见解相对化,另一方面又将相对主义观点绝对化。例如,道德相对主义者一方面把道德价值观看成是个人偏好或文化偏好,另一方面又认为把一种偏好强加于人是不对的。可是,他们忘了说"把一种偏好强加于人是不对的"本身就是一种道德价值观。如果这种价值观具有普遍意义,那就无异于承认存在一些不同于个人偏好或文化偏好的价值观;如果这种价值观也是一种偏好,就是说,"将个人偏好强加于人"本身是一种个人偏好或文化偏好,这就意味着不承认偏好的存在。一种偏好如果可以强加于不喜欢它的人或人群,它还会是一种偏好吗?总之,把一切道德价值观视如偏好的观点,存在着一个自身无法克服的悖论。这种逻辑上的矛盾,根源就在于对道德性质认识的片面性,无视道德的绝对性。

第二,道德相对主义剥夺了人们对自己或自身民族和文化的道德价值观进行批评和反思的权利和机会。人是自己生活的主宰,他生活在一种文化之中,就有批评这种文化的权利。人对自己所在的文化有所批评,是因为他生活于其中,受到这种文化的影响,所以有批判它的权利。但是,道德相对主义却使这种批评变得不可能。一种道德价值观如果缺乏自我批评和反省,那么,它不但是武断的,而且是没有发展前途的。

第三,道德相对主义使得人与人、社会与社会、文化与文化、民族与民族、国家与国家之间的道德生活变得不可能。道德相对主义者注意到了人与人之间、文化与文化之间的差异，但夸大了这种差异。他们忽视了一切社会都是由人组成的，而人有共同的生理、共同的基本需要、共同的自然环境、共同的抱负。他们还忽视了我们生活在一个星球上，大家被共同的科学、共同的全球性问题不断地联合起来。其实人与人之间的差别是表面的，人与人之间的共性是深层的。这种共性，乃是人类道德生活的共同基础。

第四，道德相对主义总的来说是在挖道德教育的墙脚。不可否认，其实温和的道德相对主义在一定意义上促进了道德教育和道德教育理论的发展。正是在相对主义的压力下，现代道德教育的重心，由传授道德教条、讲解道德上的金科玉律，转向培养道德判断力和道德选择能力，在道德教育的探索上才有了令人耳目一新的理论和模式，如道德认知发展理论、价值澄清学说、体谅模式。然而，激进的道德相对主义会使道德教育显得毫无必要。

> 相对主义的问题在于，严重地说，它会使我们抵制道德成长的重要资源。既然一种选择和另一种选择一样好，那么，作出什么样的选择都无关紧要——这样告诉人们，并不会使大家学会作负责任的选择。人们是通过学习评价各种论点，思考与自己不得不作出决断的相干的证据，从而学会作出种种负责任的选择的。这样的事情，最好是通过参与到那种道德问题得以严肃思考和争论的环境中去学习。道德相对主义削弱了适合于自由人的道德教育的基础。①

(三)道德价值多元背景下的学校德育

当代西方的道德相对主义者，经常以道德价值多元化以及价值

① Strike and Soltis, 1985, pp. 61—62.

冲突为理由,否认学校进行道德教育的必要性。其实,价值多元化以及价值冲突,恰恰使道德教育显得必要。

道德以共同的生活和共同的利益为前提。两个国家或两个民族如果过去从来没有发生过实质性的联系,现在也没有发生交往的愿望或必要,那么,它们在道德世界即使有一些共同之处,也是偶然的,不能说明任何问题。只有在发生实质性交往的前提下,才有必要和可能,寻求和创造两个国家、两个民族共同的道德价值观和共同的道德行为规范。

国与国之间,民族与民族之间,在共同交往的领域所奉行的价值观和行为规范,一方面以两个国家和民族已有的价值和规范为基础,另一方面又超越双方已有的价值取向和行为规范。指导两个国家和民族的共同生活的价值取向和行为,是基于双方共同利益创造的新的价值观和新的行为规范。例如,相互宽容,求同存异,对话,相互理解,共同创造,互惠,共享,这些准则在处理希望共同生活而各有不同信念和价值取向的国家、民族、社会团体以及个人之间的关系上,往往是最具合理性的行为准则。

因此,道德价值多元化和道德价值冲突的现代社会,迫切需要建立起共同生活必不可少的共同的道德基础。宽容的精神,对话的精神,相互理解的精神,共同参与、共同创造和互惠共享的精神,在一个没有多少价值冲突的社会生活背景下,也许是并不怎么重要的生活原则,在价值冲突的社会生活背景下,却成了指导共同生活的基本准则。否则,就不会有共同生活的基础。

上述共同生活准则并非自然形成的,而是通过人的自觉努力逐渐形成的。在人类建立新的生活准则的所有努力中,教育是其中最为重要的一种努力。学校不但培养人的表达能力、对话能力、理解能力、创造能力,而且学校本身就营造了一种能够容纳不同价值取向而又有共同生活准则的社会环境。儿童学校生活的经历,以及在学校生活中形成的道德力量,保证了他们在走向社会之后,能够与具有不同价值取向的人进行建设性的交往和合作,创造共同生活的基础。可见,在价值多元化和价值冲突的社会里,学校德育尤为必要。

八、理性的德育信念

“德育有无必要”,与其说是个知识问题,不如说是个信念问题。教师对于学校德育的坚定信念,建立在对学校德育必要性的理性认识和思考上。通过理性的思考和探索,关于“德育有无必要”的争论本身已经显得不甚重要了,重要的是通过这种争论,我们可以识别出当前对于学校德育的明显或潜在的威胁。

威胁首先来自学校本身。学校一旦成为一种相对独立的机构,就会有它自身的利益和价值取向。如果把维护学校纪律和教师权威放在首要位置,学校德育和学校及课堂管理的关系就会颠倒,德育异化为学校管理和课堂管理的一种工具或手段,于学生品德发展不利。所以,学校和教师在考虑和实施德育中,首先要克服学校利益本位的冲动和习惯,把促进学生品德发展和社会道德进步放在首位。

第二种威胁还是来自学校。学校是一种专门的教育机构,在知识和技能教学上的相对成功,使不少教师盲目地相信和夸大学校德育在学生道德发展中的作用。结果,一方面忽视了许多可以利用的教育力量,另一方面给学校德育的声誉造成了不良影响。教师对自己以及学校在学生道德发展中的作用和地位,应该有一个清醒而客观的认识。教师和学校没有能力包办学生的所有道德事务,如果要在学生道德成长中发挥其应有的作用,就必须与学生家长及社会的方方面面加强联合,并在这种联合中发挥教师的专业优势。学校的影响只有与校外影响协调一致,或者使校外影响与学校影响协调一致,才能真正维护学校德育的信念。

第三种威胁来自道德相对主义。在思想意识上,当前学校德育的最危险的敌人,是形形式式的道德相对主义论调。道德相对主义通常以科学客观的面孔出现,容易引起好感,迷惑人心。但是毫无疑问,道德相对主义在挖道德教育的墙脚,它使学校德育在理论和现实上没有立足之地。教师不能简单地从情感上排斥道德相对主义,而要对道德相对主义有理性的认识和剖析,在此基础上,旗帜鲜明地反对各种道德相对主义的观点,把它排除在校门之外。

[作业与思考题]

1．试论学校德育的必要性。

2．评“学校是道德世界的蒸汽机”。

3．鉴于现代学校传授知识的任务繁重，现行学校德育效果又不明显，有人主张取消学校德育，干脆让家庭和社会来承担对年轻人的道德教育，学校主要负责科学文化知识的传递。试用有关事实或理论分析这种观点。

4．试析道德相对主义对现代学校德育的影响。

5．运用事实比较学校德育的个人取向、社会取向和学校取向。

6．试评消极德育观。

[主要参考资料]

1．卢梭著、李平沤译:《爱弥儿》(1762年)，商务印书馆1978年版。

2．康德著、韩水法译:《实践理性批判》(1788年)，商务印书馆1999年版。

3．费希特著、梁志学等译:《伦理学体系》(1798年)，中国社会科学出版社1995年版。

4．I. Kant, 1803, *Education*. Translated by A. Churton. The University of Michigan Press, 1983.

5．杜威:《我的教育信条》(1897年)，赵祥麟等译:《学校与社会·明日之学校》，人民教育出版社1994年版。

6．杜威:《学校与社会》(1899年)，赵祥麟等译:《学校与社会·明日之学校》，人民教育出版社1994年版。

7．涂尔干著、张人杰译:《道德教育论》(1923年)，张人杰主编:《国外教育社会学基本文选》，华东师范大学出版社1989年版，第397页。

8．E. Z. Fridenberg, *Coming of Age in America: Growth and Acquiescence*. New York: Random House, 1963.

9．D. Z. Phillips, Is Moral Education Really Necessary? In *British Journal of Educational Studies*, Vol. XXVII, No. 1, February 1979.

10．K. Strike and J. Soltis, *The Ethics of Teaching*. New York: Columbia University, Teachers College Press, 1985.

11．华东师范大学教育系编:《马克思恩格斯论教育》，人民教育出版社

1986年第2版。

12. 巴罗著、黄向阳译:《教育与文化繁衍》,《华东师范大学学报(教育科学版)》1996年第1期。

13. 国家教育委员会编订:《小学思想品德和初中思想政治课课程标准(试行)》(1997年),人民教育出版社,1997年版,第28—36页。

第四章　德育的可能性

美德(道德)可教吗？对于我们来说，这个问题的答案不言而喻。可是，这在西方却是一个古老而至今尚未解决的问题。

早在古希腊时期，许多著名哲学家就对"美德是否可教"作过深入的思考和探讨。"对于这个问题的讨论标志着希腊道德哲学的开端"[①]，甚至有人说：古希腊第一代专职教师对于美德是否可教这类教育问题的追究和思索，催生出了欧洲哲学——"欧洲哲学是在教育问题的直接压力下(在雅典人中)起源的"[②]。以今人的眼光看，美德是否可教，既是个教育问题，更是个哲学问题。但以古人的眼光来看，它首先是个教育问题。对于这个问题的讨论，标志着西方教育思想开始系统化和理论化。

美德是否可教，是一个非常具有哲学和教育学理论效能的问题。为了回答这个问题，人们不得不首先澄清什么是"美德"、"教"又是什么。对于前一个问题的考察朝着"伦理学"方向深入发展下去，关于后一个问题的思考则朝着"教学论"和"学习论"方向深入下去[③]。总之，对于美德是否可教的思索与探讨，同时促进了哲学和教育理论的发展。

一、美德可教吗？

(一)美德是可教的知识

① 包尔生，1889年，第407页。
② 杜威，1919年，第346页。
③ 大河内一男等，1967年，第7—8页。

在柏拉图的对话录中,美诺向苏格拉底请教:人的美德自何而来?美德是教来的,还是天然所赋,还是人以别的某种方式得来的东西?苏格拉底告诉美诺说:我们不能在没有弄清楚“什么是美德”之前,就去讨论“美德是否可教”。于是,他把讨论的焦点集中在美德的本性上。

在苏格拉底看来,美德就是知识或智慧。人只做自己认为善的事情,不会故意作恶。作恶是出于对善的无知,错把恶当作善。明知故犯是一种假象,其实作恶者并非真正知道自己在作恶。人知恶必不作恶,知善必行善。而且,在智慧的指导之下,人的一切努力和禀赋的结局都是幸福的。所以说,美德即知识。知识可教,故美德可教[①]。

苏格拉底进一步假定:不论是美德,还是其他知识,如果可教的话,就必定有与之相应的教师和学科。然而,美德作为一种知识,不同于天文学、哲学和数学知识:在天文学、哲学和数学知识上,专家和外行有着天壤之别,专家可以成为外行的教师;在美德上,却不存在使一部分人成为专家而大多数老百姓不靠讲解或课本就弄不懂的东西。这使得苏格拉底迷惑不解:算术、几何、天文、医学知识显然可教,而且都有专业教师。一个人要学会吹笛子,就需要乐师的指点,而且能够得到乐师的指点。他要是聪明勤奋的话,乐师就会使他成为行家里手。好鞋匠是师傅教出来的,好的天文学家是教授培养出来的。可是,一个人要想成为好人的话,却无处可寻专门教练,世上根本就没有专门教人成为好人的教练、教师或专家。国家或学校不可能委派专门的教员,让大家向他们学习美德。任命一些人专门去教别人勤勉、自制和勇敢,是非常荒谬的。

按照苏格拉底的思路,如果美德是知识,美德即可教;如果美德可教,就该有专门的美德教师。苏格拉底论定美德即知识,却否认美德教师的存在,所以,他在与美诺的对话行将结束时,对美德到底是

---

① Plato, *Meno*.

否可教犹豫不决——既然没有美德教师，又怎能说美德可教呢？最后，他只好说："美德既非自然禀赋，亦非后天习得，而是神赐予心地善良者的一种本能。这种本能并不与理性相随"。从理性上说，这不啻是一种观念上的倒退。后人继承了苏格拉底关于"美德即知识"、"美德可教"的观点，这种观点成为西方理性德育的思想源泉。但是，他提出的"如果美德可教，为什么没有专门的美德教师？"这一疑问，依然是一个待解之谜。

（二）美德可教但无需专门教师

对于苏格拉底的迷惑，普罗塔哥拉解释说：学习美德类似于学习母语。希腊婴儿不像天生蓝眼睛那样天生就有希腊语知识和技能，他们必须通过后天学习，才能掌握自己的母语。尽管如此，希腊各地却依然没有教口语的专业教师。道理很简单，儿童的父母、同伴以及儿童遇到的所有人，都是他学习希腊口语的非专业教师。学会说母语，并不需要特别向某个人学习，更不必向任何语言学专家学习，而是普遍地向每个人学习。同样的道理，尽管人们确实在学习各种道德规范，但不必在大师所上的课上学习这些规范；人们在家庭、街道、操场和集市中，向每一个人学习生活中的各种道德规范①。

这就是说，道德规范并不是只有少数专门研究者才知道的深奥事物，而是几乎人人都了如指掌的普通事物。在道德上，无所谓专家，也无所谓业余爱好者。当然，有些道德问题错综复杂，并且不常见，确实需要向有丰富的经验、生动的想象力和明智的判断力的顾问请教，就好比在学习母语时，偶然会碰到一些非常微妙和复杂的问题，必须请教词典、课本或语音学家才能掌握。总之，品德并非与生俱来，而是后天学习的结果。但是，这种学习并不需要教人正直、宽厚和宽容的教授。美德可教，同不存在专门的美德教师，并不矛盾。

---

① Plato，*Protagras*.

(三)美德可以通过榜样示范和批判性指导下的训练来教

亚里士多德解释苏格拉底的迷惑的方式,与普罗塔哥拉稍有不同:苏格拉底一方面相信美德即知识,美德可教,另一方面又不承认在美德方面,像在其他学科知识方面那样,有所谓的专家导师或应试教师。这个问题之所以令人迷惑不解,原因在于,人们思考这个问题时,往往只想到那种老师讲学生听的教与学方式:教师忙于告诉学生这是事实或那是事实,学生忙于记下老师说过的东西。如果他们日后能够背诵或复述老师讲过的东西,就意味着他们学会了自己的功课。其实,现实生活中还有许多东西人们能够学会但不能逐字逐句复述出来的东西,例如技能。

举个简单的例子来说:小孩子不是一下子就会骑自行车的,他得学习怎样平衡,怎样驾驶,怎样使劲,怎样刹车。不论他父亲口头上作过多么精确的指导,他都不能仅靠记住父亲的口头信息学会骑自行车。做父亲的不能靠讲述使儿子学会骑自行车,他不能只告诉孩子做什么,还得在石子路上向他示范怎么骑。更重要的是,让他自己去骑,一遍又一遍地在不听使唤的车子上尝试、操作、模仿、练习,直到学会。技能是通过模仿和练习获得的,因此教技术的主要方式是示范和训练。当然,适当的口头指导也是需要的,但是,这种口头指导通常并不是一种系统讲授,而是针对学习者的模仿和练习的纠正性或批判性指导。教师不能通过纯口授式谈话,把一项技能填塞给学习者。同样的道理适用于踢足球、划船、做木工、射击、唱歌、游泳和飞行,也适用于诸如计算、翻译、发音、绘画、解剖、推理以及鉴定证据之类更具学术性或智力性的事情。无论学习动作技能,还是学习心智技能,都必须依赖于实践。

同样的道理适用于美德的学习。仅仅记诵五篇告诫我们克制自己的贪婪、恶意或懒惰的道德讲演,是不够的。这种记诵,并不会使我们获得自制、公正或勤劳之类的美德。是别人树立的好榜样,以及接下来我们自己的实践和失败、再实践和再失败,使我们逐渐养成了这样或那样的美德。在道德事务上,就像在技艺上那样,我们首先通过别人的示范来学习，然后通过别人的训练（自然地伴随着一些言语说教、表扬和指责）来学习，最后通过自我练习来学习。行为规范并不是通过讲课就能够传递的东西，而是只有通过榜样、训练和自我练习才能灌输的东西。有人认为，如果美德可教的话，就该有教行为规范的教授，就该有行为规范百科全书，就该有行为规范的课程和考试。这是一种荒谬的想法。如果臆想出来的美德教授企图通过口授进行道德教导的话，那么，他们教小孩子关心他人，就无异于小孩的父亲用单一的口授，教他骑自行车。

总之，美德像技能那样，不能单独通过讲述来教，但能通过榜样示范和批判性指导下的实践来教。因为行为规范就像技能一样，不是一堆理论或学说，因而不是通过记诵别人口授可以学会的东西。我们通过练习学会行为规范。如果我们学会做该做的事情的话，那是通过做来学会做的[①]。

亚里士多德在探讨“美德是否可教”时，将学与教的理论大大推进了一步。他把学分为两类：第一类是学知识，第二类是学技能和学美德。与此相应，他把教也分为两类：第一类是口授式教（teaching by dictating），第二类是训练式教（teaching by training）。通过口授式教可以学到知识，却学不到技能或美德，技能和美德主要通过训练式教获得。人们往往把学美德错误地划入了第一类学习，与学知识相提并论，在口授式教的意义上讨论美德是否可教，所以才产生美德可教却为什么不存在专门的美德教师的疑惑。

但是，亚里士多德的解释并没有完全解答苏格拉底的疑惑：如果美德和技能一样主要是通过训练式教获得的，那么，为什么许多技能的学习需要专门的教练的示范、指导和训练，道德规范的学习却不存在这样的教练呢？难道说，道德规范就像是跑、跳、母语口语、捉迷藏那样过于“小儿科”，不需要专门的教师，让一些临时的业余工作者去教小孩子就够了？

---

① 亚里士多德，第二卷。

(四)美德可学不可教

普罗塔哥拉用母语学习作类比,亚里士多德用技能的学习作类比,都没有圆满地解决"美德可教却为什么不存在专门教授美德的教师"这个问题。

这可能是因为,美德学习既不同于普通知识的学习,也不同于技能的学习。亚里士多德把美德学习与技能学习混为一谈。一个人通过训练式的教可能身怀绝技,但此人既可能用自己的绝技做好事,也可能用这种绝技干伤天害理的坏事。医术高明的外科医生,当然可以用自己的医术治病救人,但是,如果他道德败坏,接受患者财产继承人的贿赂,也可以用自己的医术谋财害命。一个人不想老老实实赚钱的话,培训他练书画,就可能使他成为一名成功的书画伪造者。书画培训本身并不能使他不想去伪造,广而言之,技能的培训本身并不教会他凭良心办事。所以,美德的学习不同于技能的学习,学习道德规范并非在什么事情上获得专长,有道德并非在什么事情上成了专家。正是在这个意义上,我们不承认在美德或行为规范上存在培训我们的专家。

美德学习和母语学习确有诸多相似之处,所以普罗塔哥拉把它们完全等同起来。可是,两种学习还有极其不同的一面。年龄相仿、资质不同、受的培养不一的两个孩子,其中一个可能远比另一个口齿伶俐,能言善辩,说话连贯,他口语上远比另一个孩子好,但他在运用这种精熟的技能时却依然可能比另一个孩子坏得多。他可能是一个口齿伶俐爱撒谎的小家伙,可能是个有口才爱泄密的小家伙,可能是个说话连贯好搬弄是非的小家伙。他学会了怎样陈述事情,却没有学会哪种事情该说,哪种事情不该说。所以,儿童确实能够从同他所结交的人的会话中,学习会话技能,但这不足以使儿童学到行为规范(包括会话的行为规范)。教孩子不要说刻薄话,同教孩子怎么有效地说他想说的话(包括刻薄话),不是一回事。同样的道理,教孩子怎样打扑克牌,不同于教这个孩子宁可输牌也不靠欺骗赢牌。

美德虽然与知识和技能不无关系,但它不同于知识,也不同于技能;学美德不同于学知识,也不同于学技能。美德学习属于一种特殊类型的学习,其核心或根本是态度学习。普通的知识通过口授式教可以学到,普通的技能通过训练式教可以学到,但是这两种教的形式都不足以使人学到普通的美德。美德可以通过何种形式的教学到呢?是什么样的教,使得一个孩子逐渐变得公正、勇敢、体谅人、值得信赖的呢?

为了回答这个问题,英国哲学家赖尔(G. Ryle)回顾了普通人在道德成长历程中受到的各种重要影响:

> 我们记得,自己的父母用某种语气斥责某些类型的行为,这种语气大不同于他们批评或痛惜我们的健忘或因无知或粗心而犯的错误时的语气。我们的父母或故事中的英雄为我们树立的一些榜样,向我们表明严肃之重要……学校赋予我们的各种职责……具有某种命令,这种命令不同于仅仅为了测试我们而布置的作业。我们记得,对目击一个同学的卑鄙和另一个同学的自夸日益反感,尽管难以启齿。最重要的也许是,我们记得,我们受到严厉惩罚时的场合,与我们因为违反校规或家规而交付例行罚金时的场合,在严重性上全然不同。[①]

正是在他人的榜样、表情、言语、劝诫和约束的影响下,我们逐渐深深地关心他们深深关心的事物;正是在别人的潜移默化之下,我们耳濡目染,学到了各种行为规范。这类影响在日常语言中被大家非常自然地称作"教"。

> 从"教"的日常意义上说,人们以这些方式以及不计其数的附属方式,教我们把某些类型的事情看得比什么都重

① Ryle, 1972, p.441.

> 要，并且由衷地如此看待，进而最终教我们关心受骗与否甚于关心比赛的胜负，关心我们是否伤害老妇人的感情甚于关心我们在其小型茶会上是否感到很不耐烦，等等。①

显然，赖尔认为从“教”一词的日常意义上说美德是可教的。所谓日常语义的“教”，指的是无意之中对人的潜移默化的影响。那么，谁是使年轻人学会正直、不怀恶意、勤勉之类美德的教师呢？赖尔的回答与普罗塔哥拉回答如出一辙：这个问题的答案，取决于年轻人力图成为像谁一样的人。有的年轻人力图成为像自己父母或兄长、教师那样的人，这些人便是他道德学习榜样；有的年轻人力图成为自己偶然遇见的某个人那样的人，这个人就是他道德学习的榜样；有的年轻人力图成为像某个英雄人物那样的人，这个英雄就是他道德学习的榜样。但是，这些人当中的大多数根本没有意识到有人正力图成为像他们一样的人，他们无意之中成了某个年轻人的学习榜样。赖尔认为，即使滥用“教师”一词，也不能把他们看成是美德“教师”。他们是年轻人的“道德榜样”，却不是年轻人的“道德教师”。这样一来，赖尔依然没有解答苏格拉底提出的千年疑问：美德可教，为什么又没有专门教授美德的教师？赖尔只好怀疑“美德是否可教”这个问题的合法性了。

在赖尔看来，儿童是通过向好榜样学习，获得各种美德的，正如他们通过向好榜样学习，获得各种技能。所不同的是，在技术上有意树立的好榜样有助于技能的学习，出于某种教诲的目的去树好榜样却无助于道德学习。假定一位教师内心对某种不公平的现象并不反感，但是，为了教育学生，作出一副义愤填膺的样子。这样一种自以为有教育意义的表演，实际上是一种虚情假意的装腔作势，给年轻人树立的，是一种为了教育别人而假装气愤的榜样。广而言之，为了教人以美德而特意树立好榜样，并不能使人学到这种美德，至多使人学

① Ryle, 1972, p.441.

会了为了教人美德而故意去树立好榜样这种做法。教师即使有意利用自己的人格和行为，去培养学生的道德态度和行为，其效果如何也是值得怀疑的。

根据赖尔的意思，从"教"的日常语义上说，美德是可教的；从"教"的严格意义上说，美德是不可教的。就是说，如果把人们无意之间对年轻人品德潜移默化的影响称作"教"的话，美德是可教的；如果"教"限指有意识地树立好榜样之类的活动的话，美德就不可教。所以，与其讨论美德是否可教，不如讨论美德是否可学。

(五)美德可间接教不可直接教

赖尔认为美德不能单纯通过口授和训练的方式来教，这个论点总的来说是可取的。很显然，单纯用口授的方式确实可以教人以知识，用训练的方式(伴随于口授的方式)确实可以直接授人以技能，单纯以口授和训练的方式却不可能直接教人以美德。用直接的方式教授美德，对学生品行的影响即使有，其数量也是少的，其程度也是轻微的。但是，如杜威所言：如果注意教材固有的社会性质，把它们当作引导儿童的社会意识的手段来教，用它们来帮助儿童理解并掌握社会进步的基本手段，如果注意教法与社会生活总的精神相一致，诉诸于儿童主动参与、积极贡献、相互合作、互惠共享的精神和能力，如果精心安排学校和班级的集体生活，使之与社会生活保持生动的联系，那么，教师在教授知识和技能过程中就渗透着有意的而且有效的道德影响，学生在学知识和学技能的过程中，就会逐渐地形成理解社会生活的理智、控制社会和促进社会进步的力量、乐意为社会服务的兴趣[①]。也就是说，他们通过知识和技能的学习，同时学到了社会生活所需要的美德。所以，美德可教，但不能直接地教，而只能通过直接的教间接地渗透道德影响。从"教"的间接意义上说，学校教师和家长等都是教美德的"专家"。

---

① 杜威，1909年。

赖尔注意到书画教学本身不可能直接教人以不伪造书画的行为规范,却忽视了通过书画教学间接地教人以这种行为规范的可能性。他把这种间接的却是有意的教划归为日常用语之“教”所指的道德影响,进而又把它混同于无意识的道德影响。此外,他把教师出于教育学生的目的树立好榜样一律看成是装腔作势的表演,忘记了教师至少具有普通人的道德水准。作为普通老百姓,在日常生活中,他们无需装腔作势就会自然地显示出普通人所具备的美德;而作为教育工作者,在学校生活中,他们以特殊的方式,展示普通人所具有的美德,不但不会引起人们(包括学生在内)的警觉和反感,反而会受到欢迎。因为,教师的天职就是教育人,培养人,这是大家普遍接受的信念。一个有失道德水准的人,企图通过假惺惺的道德示范教人以道德,那是办不到的。但是,伪君子不能作道德榜样,并不说明美德不可教。

二、伦理学分歧

综上所述,关于美德是否可教,历史上有过许多争论,至今尚未得到彻底的解决。由于对什么是“美德(道德)”、什么是“教”、到何种程度才算“可教”众说纷纭,人们对“美德是否可教”意见各异。而对于“美德是否可教”的争论,又不断地深化着人们对道德和教学的认识。千百年来,人们围绕这个问题的探讨,不断地促进着道德理论和教与学理论的进步。

(一)美德即知识

苏格拉底断言:万物系于灵魂,而灵魂本身若要成为善,就要系于智慧。智慧(知识)使人受益,人的一切努力和禀赋若在智慧的指导下,其结局都是幸福,若被无知所左右,其结局则是不幸。因此,正常的人必定做自认为正确的事情,不做自认为错误的事情。人知善必行善,美德即知识。他根据“知识可教”,推出“美德可教”,并强调道德教育的核心是使人获得关于善的理性知识。这种观点的合理内核，已经大部分被当代道德教育理论和模式所继承，甚至成为认知性道德发展模式的一个重要的思想源泉。但是，“美德即知识”的观点，遭到了后人的大量抨击。在道德的本质和属性问题上，亚里士多德、康德、叔本华、包尔生、赖尔等人都提出了不同于苏格拉底的观点。

(二)美德最终落实在行动上

亚里士多德承认现实中确实存在知善而行善的现象，但人们更多的是知恶而作恶。善的知识渊博的人，未必是道德高尚者。否则，伦理学专业的教师、学生就会是世上最有道德的人。美德和技术一样，必须通过现实的活动才能获得。例如建造房屋，才能成为营造者；弹奏竖琴，才能成为琴手。同理，做公正的事，才能成为公正的人；进行节制，才能成为有节制的人；表现勇敢，才能成为勇敢的人。品质来自相同的现实活动，正是在待人接物中，有的人成了公正的人，有的成了不公正的人；正是在犯难冒险之中，由于习惯于恐惧或习惯于坚强，有的人成了勇敢者，有的人成了懦夫。总之，任何一种美德都是通过实践获得的，并且最终都体现在行动上。因此，美德和技艺一样，其首要问题不是知识的教与学，而是行为习惯的培养和获得。美德不能像知识那样用口授的方式教，但能像技艺那样以示范和实践、训练和练习的方式教。

(三)道德主要诉诸情感或态度

另一些人可能不同意亚里士多德式的行为主义观点。他们注意到，一种行为道德或不道德是不确定的。例如，偷人提包的贼碰巧使人因为耽误登机而逃过一场悲惨的空难，但并不能因此认为偷窃提包的行为是一种道德行为。同样的道理，一个精神失常的泥水匠，成天寻找白色鹅卵石铺路，我们也不能因此说这种行为是道德行为。断定一种行为道德或不道德，必须诉诸于行为人的内在的倾向、态度、情感、动机。因此，情感和态度是道德的关键因素。

(四)道德归根结底是意志的体现

康德认为,道德是一种服从善良意志的绝对命令的义务感,与人的好恶情感无关。例如,孝敬父母与喜爱不喜爱父母的情感无关。无论喜爱不喜爱父母,都应该孝敬父母,这才是真正体现了无条件的义务感,这才是真正的道德。同样的道理,教师对学生负责,与教师热爱不热爱学生无关。无论教师喜欢不喜欢学生,都应该对每一个学生负责。康德承认人在经验世界有向善的倾向,但强调人在先验世界有下达绝对命令的善良意志。所以,人不但是唯一需要教育的存在,而且是唯一可教的存在[①]。

但是,在把道德归结为意志的人中,也有人认为道德不可教。例如,叔本华也断言,道德受自由意志支配,是自由意志的体现。意志之所以为意志,就在于意志不可改变。正因为意志不可改变,美德是教不会的。教人有美德,跟教人成为天才一样是不可能的。指望道德制度和伦理学唤起有美德的人、高尚的人、圣人,就跟指望美学唤起诗人、雕刻家、音乐家一样,是愚蠢的[②]。人的意志和性格与生俱来,不可改变,教育无论建立在对人性内在价值的兴趣的基础上,还是建立在对人类发展能力的认识的基础上,对改变人性都无能为力。

赫尔巴特反驳说:人具有从意志转化为道德的可塑性,因此人在道德上是可教的。但他同时承认,人的可塑性并非永无止境。可塑性,意味着道德上的不定型,儿童的不定型程度受个性的限制,通过教育使儿童在道德上定型,受环境和时间的限制;成年人的定型过程是一种内部过程,教育对此无能为力[③]。总之,道德教育的可能性因人而异:儿童在道德上是可教的,成年人在道德上已经定型,因此是不可教的。同是儿童,道德上的可塑性也不一样。中国古代所谓"孺

---

① Kant, 1803.

② 叔本华,1818年,第四编。

③ 赫尔巴特,1835年,第一编。

子可教”,“竖子不可教”,也是同样的道理。

(五)美德是理智与情意的综合表现

包尔生继续反驳说:叔本华的学说根本不顾及道德教育和道德影响的事实。通过对人的情感和意志的理性训练,赋予人理智,是可以培养有美德的人的。美德是可教的[①]。

包尔生理解的道德教育包括意志的教育和情感的训练,但是他所谓的“意志教育”是赋予意志以理性的教育,他所谓“情感训练”是赋予情感以理性的训练,因此,他所理解的“道德教育”归根结底是一种理性教育。这种若明若暗的观点到了20世纪被明确起来。人们把品德一分为三:理智、情感、意志(或行动)。有的人认为只有理智可教,而情感和意志是不可教的。而像包尔生那样的人则认为,理智驾驭感情和意志,理智可教,就意味着情感和意志也可教。

但是,赖尔指出,一切将人心一分为三,分别讨论知、情、意是否可教的学说,都是荒谬的。正如把“被笑话逗乐”这件事分成两部分,一部分为思考并理解笑话的意思的智力操作,一部分为因笑话可乐而笑痛肚子的感觉,一样是荒谬的。很难想象一个人被笑话逗乐了却未领会笑话的意思,反之,此人领会了笑话的意思却觉得没有什么可乐,也是很难想象的。其实,领会笑话的意思、欣赏笑话的机智或荒谬、被笑话逗得乐不可支的感受、忍不住大笑或微笑,这一切都不是可以分解开来的一个个操作,而是同一件事情(即欣赏笑话)的所有特征。同样的道理,假如通过教育能够使人对某件不正义的事情义愤填膺,那么,他一定知道了这件事不正义。反之,假如通过教育能使一个人知道了某事不正义,他必定会对这件事感到愤慨,必定会采取某种行动。一个人的品德是通过它的思想、行动、言语和面部表情等全面表现的。因此,不能分别从知、情、意几个方面讨论品德以及道德是否可教的问题。

① 包尔生,1889年,第三编,第一、二章。

（六）美德即体认之知

赖尔的观点接近美德的实际状态，但是包尔生把“意志教育”和“情感训练”还原为“理智的训练或教育”是一个值得深究的倾向。尽管受到赖尔等人的批评，这种倾向在20世纪相当流行，它与现代道德和道德教育的理性化运动相呼应，另一方面又使人们重新审视苏格拉底“美德即知识”论断的意义和价值。

苏格拉底认为，没有人会故意做自认为不对的事情，假使知道善是什么，他必定会行善。因此，道德是可教的。只要使人知道善是什么，就可以保证他会行善。但大多数人与他的意见相左，认为人类确实经常排斥自认为正确的东西，明知故犯。可见，徒知不足以成德，道德完善还要有行善的意志。教人道德，只能启迪人的道德智慧。要促进道德完善，我们还要增强意志，使良心更加敏感。总之，道德就其认知方面也许是可教的，但就其整体而言是不可教的。

这是对苏格拉底“知识即美德”及“美德可教”论述最为常见的批评。可是，多数人可能都把他关于“美德即知识”的论断理解得过于简单。其实，他所谓的“知识”与多数人理解的“知识”有别，杜威对此作过现代意义上的诠释：

> 知识这个名词用来指两种很不相同的东西，一种是亲切的和有生命力的个人的真知灼见——在经验中获得和经过检验的信念，一种是第二手的、基本上是使用符号的认识，人们一般相信——一种没有生命力的遥远的知识。后面这种知识不能保证行为，它不深刻地影响性格，这是不消说的。但是，如果知识是通过尝试和检验而获得的，像我们通过尝试和检验而确信糖是甜的而奎宁是苦的一样，那么情况就不同了。任何时候，一个人坐在椅子上而不坐在火炉上，下雨时就带伞，生病时就请医生——简言之，无论做其他日常生活的任何行为，都证明某种知识在行为上有直接的结果。我们有一切理由假定同样关于善的知识有类似的表现。事

> 实上，所谓“善”，除非包括上面所说的这种情境中所体验到的满足，否则就是一个空洞的名词。从别人那里听来的知识也许能够使人产生某种行动，以赢得他们对某些活动所给予的认可，或至少给别人得到一种和他们的意见一致的印象，但是这种知识不能培养个人的主动性和使他忠于别人的信念。①

苏格拉底和杜威所说的关于善的知识，用我们容易理解的话来说，不是从别人那里听来的或者从书本学到的间接经验，而是一种直接经验。它来自个人的切身体验，包含着个人信念上的认同，必然会导致与之相应的行动。换句话说，如果美德即知识，那么它是一种“德性之知”或“体认之知”，而非“见闻之知”。“德性之知”系宋儒张载所创，言：“德性之知，不萌于见闻。”（《正蒙·大心》）现代新儒杜维明赋予其现代意义②：“德性之知”即其所谓“体知”，强调德性之知是体之于身的真知，它包括赖尔所谓“知什么(know-what)”之“知”和“知如何(know-how)”之“知”（即“会”）③。这种诠释的不足在于，未突出美德作为一种特殊知识的特点——认识主体在信念或价值取向上对美德的认同。因此，把作为知识的美德称作“体认之知”，也许更为恰当。正是在把美德作为体认之知或直接经验的“知识”的意义上，苏格拉底说“美德即知识”，杜威进而说“学校中的道德教育问题就是获得的问题”④。

三、教学论分歧

纵观历史，随着人们对道德是否可教问题探讨的不断深入，对

① 杜威，1916年，第371—372页。
② 杜维明，1987年。
③ 赖尔，1988年，第二章。
④ 杜威，1916年，第372页。

学与教的认识日趋全面。

起初的讨论把“美德”等同于“知识”，美德的学与教问题因而成了知识的学与教问题，讨论的焦点集中在“知识学习”以及与之相应的“口授式教（teaching by dictating)”上。后来，人们发现美德的学与教更近似于技能的学与教。而“技能学习”以模仿、练习、实践为主，不同于以听讲、记诵、复述为主的“知识学习”。支持“技能学习”的，主要是“训练式教（teaching by training)”，这种教的方式虽然也会有一定的口头指导，但以示范和训练为主。现在，人们逐渐认识到，“美德学习”或“道德学习”虽不免涉及知识和技能问题，但其核心是“态度学习”或“情感学习”。这是一种有别于“知识学习”和“技能学习”的特殊学习类型。单纯用口授和训练等方式不能直接教人以道德，但是，通过直接的教（传授知识和技能）有意识地间接地渗透种种道德影响，却不是不可能的。如果说“口授式教”和“训练式教”是“直接的教（direct teaching)”，那么，有意识地在知识和技能的教学过程中间接地渗透道德影响就是“间接的教（indirect teaching)”。从“教”的直接意义上说，道德是不可教的；从“教”的间接意义上说，道德是可教的。

表 4-1 知识、技能、态度领域中学与教的关系

领 域	学	教	
知 识	听讲,记诵,复述	口授式教	直接的教
技 能	观察,模仿,练习,实践	示范-指导-训练式教	
态 度	体验,认同	间接的教	

(一)知识的学与教

表中的“知识”限指间接经验,并非苏格拉底和杜威所理解的“知识”。作为间接经验的知识,这种知识的学习实际上是一个“知什么”的问题,不一定要落实到行动上,因而可以用口授的方式直接教。

(二)技能的学与教

技能却是一种直接经验,技能的学习除了有“知什么”的问题,更多的是“知如何”的问题。“知如何”的实质是“会”,所以技能的学习必须落实到行动上,在实践中摸索,在做中学,通过不断练习达到熟练。为避免漫长的摸索期,以熟练者为榜样,向熟练者学习,是学习技能的一条捷径,其基本的学习方式是观察和模仿。与此相应,教的方式主要是示范和训练。当然,相机进行的口头指导也不可少。

计算机技术的应用,为技能的教与学开辟了广阔的前景。在计算机的帮助下,学生可以在没有技术榜样的直接示范和指导下,通过模拟练习,学会复杂的技术、技能;而教师只要了解一项技能的原理和应用程序,即使不熟练,也可以运用计算机技术,对学生进行模拟训练,指导学生学习技能。

(三)态度的学与教

比较知识和技能的学与教的方式,不难发现:间接经验可以通过比较直接的方式加以教授,直接经验则依靠比较间接的方式教授。这条原理在美德的学与教过程中体现得更加充分。如前所述,美德的核心是态度问题。一个人在道德上“知”和“会”固然重要,但是“知之”、“会之”并不保证“为之”。欲使人自觉“为之”,须先使人“信之”,就是说,使人在情感或态度上倾向于“所知”、“所会”。这种认同感的形成,需要诉诸学生在学与用中对于所学和所用的知识和技能的价值一种亲身体验。由于对认同感形成机制的研究不深入,不充分,目前人们对态度学习方式了解甚少,与之相应的教的方式更见贫乏。一般认为,道德对个人而言是一种有倾向的直接经验,难以用直接的方式加以教授,广泛而有效的道德教育,是渗透在知识和技能教学及学校集体生活各个层面的道德影响,即间接的德育。但是,杜威之后的道德教育有了长足发展,20 世纪 60 年代以来涌现的德育模式,为世人提供了不少新颖的道德教育方式。这些新成就似乎表明,直接教道德,虽然困难,却不是不可能。

四、语言学分歧

到现在为止,我们依然没有完全澄清人们在“道德是否可教”这个问题上的分歧。这是因为,人们在争论中,不但对什么是“教”理解不一,对什么是“道德”观点各异,对“可教”的标准也意见纷纷。

(一)意向之“教”与成功之“教”

“可教”的标准涉及学与教的关系。可以通过与买-卖关系的比较,来揭示学-教关系。总的来说,这两对范畴的内部存在一种相互依存的关系,但关系并不对称。

有买未必有卖,存在“无卖之买”。一个人只要努力去采购,即使没有买回任何东西,也不能说他没有去买。同样的道理,有学未必有教,存在大量独立于教的学习活动——“无教之学”,除非我们像赖尔那样把无意的影响也称作“教”。

有卖未必有买,存在“无买之卖”。一个人只要努力去卖东西,即使没人购买,依然可以说此人在从事卖的活动。同样地,有教未必有学,存在“无学之教”。一个教师只要尽其所能,教学生以知识、技能或美德,即使学生最终没有学会,依然可以说这位教师在从事教的活动。对此,许多教育家有不同看法,认为没有学就没有教,教不能脱离学而存在。

为了说明这种分歧,假定一位教师在课堂上,滔滔不绝,不厌其烦地介绍和评论思想家们对道德是否可教的见解。可是没有一个学生在听讲,他们心不在焉,有的在打瞌睡,有的心中在筹划周末郊游活动,有的打开好易通电子笔记本在背英语单词。总而言之,没有一个学生在学。试问:这位教师在教吗?

如果“没有学就没有教”这个断定成立的话,就可以认为这位教师不在教，他只是在说。长此以往，学生们不听讲，这位教师就不该去领薪水了。美国教育哲学家布劳迪（H. S. Broudy）认为这种逻辑显然有问题，他反驳说：

> 许多教育工作者信口开河，大肆宣扬"没有学就没有教"这句格言。这只是说说而已，因为，没有哪个教育工作者会真的相信这句话对，否则他就会诚心诚意拒领大部分薪水。教有成功和不成功之分，正如手术有成功与不成功之别……教，就是有意识地努力去促进某种学习。其他因素一旦介入进来，阻挠这种学习，教就会失败。这种因素有时出自教师，有时出自学生，有时兼而有之，但是，只要努力了，就有教。①

这样一来，就存在两种截然不同的观点：一种强调"没有学就没有教"，一种认为"没有学也可有教"。这样两种意见从经验上说似乎都成立，问题出在哪里？

问题在于"教"这个词语义含糊。我们既可以从成功的意义上把某种活动称作"教"，也可以从意向的意义上把某种活动称作"教"。为了说明"教"的这种特殊用法，让我们来比较一下三组词的含义：looking-seeing, listening-hearing, reasoning-concluding。

赖尔把类似 looking（看），listening（听），reasoning（推理）的语词称作"任务词（task word）"，把类似 seeing（看见），hearing（听到），concluding（推断出）的语词称作"成就词（achievement words）"②。成就词表示成功地做成某事，任务词表示有意去做某事，表示一种努力的意向，但不表示成功。"教（teaching）"却是一个特别的语词，既可作任务词用，又可作成就词用。换句话说，"教"有两种用法：一种是成功

---

① Broudy, 1954, p.14.

② 赖尔，1949 年，第 154—159 页。

性用法(success use),一种是意向性用法(intentional use)[①]。成功意义上的“教”,指使人学会的教;意向意义上的“教”,指试图使人学会但未必使人学会的教。例如,我可以说:我去年教过她游泳,但她至今还不会游泳。这就是“教”的意向性用法,意思是说:我试图教她游泳,但她没有学会。

从“教”的成功意义上可以说“没有学就没有教”,但从“教”的意向意义上也可以说“没有学也可有教”。这两句话的意思并不矛盾,所不同的是两句话里“教”的用法和含义不一样。也就是说,根据“教”的成功性用法,“没有学就没有教”成立;根据“教”的意向性用法,“没有学也可有教”也站得住脚。只要用法上作出限定,两句话的意思并不对立。同样的道理,把“教”这两种用法区分开来,有助于分析和理解人们在“道德是否可教”问题上的分歧。

1. “教”的成功性用法

成功之“教”,意味着“教会”,而不同于成功地“告诉”。试比较:

(1) 甲教乙欠债要还。

(2) 甲告诉乙欠债要还。

它们的区别在于:如果甲成功地教会乙欠债要还,那就意味着乙必定习得了欠债要还的规范;而如果成功地告诉乙欠债要还,那只意味着,甲在乙清醒的时候,在乙听得清楚的范围内,用乙听得懂的语言和方式,告诉乙欠债要还,并不意味着乙一定习得了这种行为规范。

2. “教”的意向性用法

意向之“教”只意味着教的努力。这种用法在日常语言和理论陈述中经常出现。如果只承认“教”的成功性用法,就会得出许多有悖于常理的结论。例如,按照这种用法,“我教她游泳”意味着“她学会

① Scheffler, 1960, pp. 42—43, 60, 69.

了游泳”，而这句话的实际意思是说“我试图教会她游泳”。同样的道理，“我教他做一个诚实的人”并不意味着“他学会了做诚实的人”，而只是说“我试图教他做一个诚实的人”。这两句话里的“教”表达的只是教的努力或意图，并不表示教会。

根据以上分析，如果不考虑教的结果，只从意向性意义上理解“教”，道德是可教的，既可用口授的方式教，也可用示范、训练的方式教；既可直接教，也可在教授知识和技能中间接地教。但是，如果必须考虑教的结果，从成功的意义上理解“教”，以“教会”作为“可教”的标准，道德的可教性就会成为一个有争议的问题。

(二)成功之“教”的行动性解释与非行动性解释

那么，什么样的教才是成功的教？或者说，怎么才算“教会”？在什么意义上道德可教或不可教呢？为了回答这个问题，让我们先来比较下列两句话：

① 甲成功地教会乙哥伦布发现美洲大陆。

② 甲成功地教会乙欠债要还。

显然，教学内容性质不同：前一种情况教的是事实，后一种情况教的是规范。这种差别，导致“教会”或“可教”的标准有所不同。“甲教会乙哥伦布发现美洲大陆”，意味着乙确实知道“哥伦布发现美洲大陆”这一事实。“甲教会乙欠债要还”意味着什么呢？意味着：乙不但知道“欠债要还”是一条必须遵守的行为规范，而且懂得“欠债要还”的道理。问题是：假如乙心中明白“欠债要还”的道理，但他厚颜无耻，欠人债却赖着不还，我们还能肯定甲教会了乙“欠债要还”的道理吗？

对此有两种不同的回答。第一种回答的口吻颇似苏格拉底：即使乙知道“欠债要还”是一条行为规范，而且他在考试时能够正确答出“欠债要还”的道理，如果他欠人的债赖着不还的话，那就说明他并没有真正懂得“欠债要还”的道理，从而说明甲并没有成功地教会乙“欠债要还”的道理。另一种回答是：如果乙确实懂得“欠债要还”的道理，那么，即使他故意欠债不还，也不能说明甲没有成功地教会乙“欠债要还”的规范，而只能说明乙这个人意志薄弱或言行不一。

以上两种回答，代表成功之“教”的两种不同解释。美国教育哲学家谢弗勒（I. Scheffler）称前者为“行动性解释（active interpretation）”，称后者为“非行动性解释（no-active interpretation）”[①]。如果对成功之“教”作“行动性解释”，那么，“甲成功地教会乙欠债要还”就意味着乙学会“欠债要还”；乙学会“欠债要还”，就意味着乙习得了偿还债务的行为倾向。但是，乙学会“哥伦布发现美洲大陆”这一事实，却没有这样的行为要求。这说明：行动性解释不适合于事实性知识的成功之“教”；但人们对于成功地教道德，既可作行动性解释，也可作非行动性解释。作非行动性解释，就不必根据学生是否习得某种行为倾向来讨论道德是否可教。在这种语境下，不难得出“道德可教”的结论。作行动性解释，学生就必须习得某种行为倾向或行为模式，在这种语境下道德是否可教就难说了。

根据语言学分析的结果，可以看出“道德是否可教”并不像我们刚刚讨论时那么重要。假使我们认为“教学生欠债要还”和“教学生哥伦布发现美洲大陆”一样，用“教”的非行动性解释来讨论问题的话，即使学生有欠债不还的现象，也可以说关于“欠债要还”的教学是成功的。学生是否习得偿还债务的倾向，与他们接受的道德教学成功与否不相干。也就是说，成功的道德教学，并不必然导致道德的行为。

假使我们换用行动性解释来讨论“道德是否可教”，那么，除非学生真正习得了偿还债务的行为倾向，否则道德教学就不能算成功。就是说，成功的道德教学必定促成道德的行为。

通过语言学的分析，我们发现上面两种意见其实并不对立。说

---

① Scheffler, 1960, p.79.

它们相互矛盾,是错误的。它们说法各异,并不表示意见不同。重要的是,事实上可以通过教,使学生学会欠债要还,只是他们在行为上可能违背自己已经掌握的道德规范。对于这种事实,两种见解并没有不同看法。所不同的是,其中一种见解认为,学生已经学会欠债要还的道理,只是没有照办而已;而另一种见解认为,学生不按学过的道德规范行事,足以证明他没有学会欠债要还的道理。用比较传统的话来说,两种意见都认为,在意识上对道德原则的理解和赞同,可能与在行为上对道德原则拒斥的现象并存。只是其中之一认为,这是道德教学的失败,另一种则认为这是由学生意志薄弱造成的,而不是道德教学的失败。

假使这些分析对的话,两种见解对实际情况的说法又没有矛盾,那么,两者对实际情况的解释就都是正确的。只要我们坚持其中任何一种解释方式,都不会造成思想和行动上的混乱。唯一严重的问题是,中途转换解释方式,即从“教”的一种用法改为另一种用法,就可能危及教育理论和实践。

例如,我们开始时认为好行为的习得是成功的道德教学的必要条件,也就是,以“教”的行动性解释来讨论道德是否可教这个问题。然后,我们断定,在学校里教学生欠债要还的道理,就是要使学生习得这种行为规范。我们可以采取劝诫或讨论的方式,培养学生遵守规范的行为。可是,教学之后,我们可能发现,要评判道德教学是否成功(如欠债要还的道理是否可教),是一件非常困难的事。因为,要做到这一点,就必须判别学生在需要表现出这种品质的情境中是否真地做到了欠债还钱。面对这种难题,我们最后放弃对“道德是否可教”采取行动性解释,而改用非行动性解释。也就是说,改用评判“哥伦布发现美洲大陆的事实性知识是否可教”的方式,来评判“欠债要还的规范是否可教”。用提问或书面测验的方式,来了解学生对规范的记忆力和理解力,从而判定在非行动性解释下道德是否可教。然后又在多少有些不经意的情形下,改用行动性解释,断然宣称学生已经有了偿还债务的行为倾向,并且认为那是千真万确的。我们忽略了这个结论的说服力,其实是采用行动性解释的结果,那是需要以适当的行为作为立论前提的。这种中途改变“教”的用法和解释方式的做法,危险在于把口头或书面的劝诫及测验,同有效地发展道德行为混为一谈[1]。

(三)“美德是否可教”争论中的语言问题

在道德是否可教问题上,涉及“可教”的标准。有的人认为,只要作出教的努力,便在教;有的人强调,只有教会,才算“可教”。前者断言道德可教,后者之中有人怀疑道德的可教性。表面上看,他们的分歧很大,简直势不两立。但实际上,认为道德可教的人,也承认道德不一定教得会;而认为道德不可教的人,并不反对教师和家长教孩子以做人的道理。他们的分歧,不在观点上,而在语言上。前者所用的是意向性的“教”,后者用的是成功性的“教”。如果澄清了语言上的分歧,他们就可以立即停止争论,而把更多的精力放在从成功意义说道德是否可教这个问题的探讨上。

但是,即使在成功性意义上讨论道德是否可教,也依然经常受到“教”一词意义含糊的影响。有人认为只要通过教可以使学生懂得做人的道理,道德就可教;另一些人则坚持,如果光使学生懂得做人的道理而不付诸行动,并不能证明道德可教。表面上看,双方的分歧也很大,可事实上前者也承认懂得事理的人未必会做人,只不过不把这种情况归咎于教师或家长的“教”而已。可见,双方的观点并不矛盾。不同的是双方对成功之“教”解释各异:前者对它作非行动性解释,后者作行动性解释。撇开语言上的分歧,他们的观点其实十分接近。

总之,从语言学分析上看,以往关于美德是否可教的争论,观点上的分歧并不多,即使有,分歧也不大。许多激烈的争论,大部分原因都在于争议各方所使用的“教”含义不同。如果要在这个古老问题的研究上取得进展,或者展开富有成效的争论和交流,首先必须澄清

① Scheffler, 1960, pp.84—86.

"教"的用法和含义，扫除语言上的障碍。

五、道德可教之信念的理性基础

和"德育何以必要"一样，"德育何以可能"并不是一个纯粹的事实性问题，归根结底它是一个信念问题。关于"美德（道德）是否可教"的争论，以及对争论所作的伦理学、教育学和语言学的批判性分析，并不是为了动摇广大教育工作者对德育可能的信念。相反，这一切都在努力使这种信念建立在更加理性的基础之上。

几乎所有关于道德可教的结论都相当谨慎，这是因为道德既有别于普通的知识，也不同于普通的技能，在知识和技能领域可以成功的教学方法，并不适用于道德的学与教。道德可教的信念之所以成立，首先是因为知识可教，而知识可以赋予人的情感和行为以理性，而理性恰恰是现代道德生活的基本精神；其次是因为在知识和技能的教学中，可以间接地渗透道德影响。道德可以间接地教。尽管现代德育发展正在证明直接的道德教学不是不可能，但是道德难以直接地教依然是一个普遍的事实。

事实上，各种关于道德可教的辩护，并没有更加坚定我们对学校德育可能性的信心。相反，这些艰难而审慎的辩护，对于当前教育界普遍流行的"道德可直接教"的乐观情绪是一种打击。所以，从某种意义上说，各种怀疑道德可教的思想观点，并不是学校德育的敌人。它们实际上比那些"道德可教"的盲目信念，更富理性。道德不可教论，对那些轻信道德可教而且轻率地直接教人以道德的人，不啻是一种解毒剂。

[作业与思考题]

1．试论德育的可能性。

2．试析“美德即知识”。

3．道德的学与教同知识和技能的学与教的区别何在?

4．试以实例说明“教”的意向性用法与成功性用法的区别。

5．试比较“道德可教”的行动性解释与非行动性解释。

6．试用有关事实或理论分析下列观点:为了教人以美德而特意树立好榜样,并不能使人学到这种美德,至多使人学会为了教人美德而故意去树立好榜样这种做法。

[主要参考资料]

1．Plato, *Meno*.上海帕森科技发展有限公司2000English工作室:《英文·世界名著300部》(光盘),山东省出版总公司发行。参见柏拉图:《美诺》,柏拉图著,张师竹、张东荪译:《柏拉图对话集六种》,商务印书馆1933年版;北京大学哲学系外国哲学史教研室编译:《西方哲学原著选读》,商务印书馆1984年版,第151—166页;张法琨选编:《古希腊教育论著选》,人民教育出版社1994年版,第42—56页。

2．Plato, *Protagras*.上海帕森科技发展有限公司2000English工作室:《英文·世界名著300部》(光盘),山东省出版总公司发行。参见柏拉图:《普罗塔哥拉》,柏拉图著,张师竹、张东荪译:《柏拉图对话集六种》,商务印书馆1933年版。

3．亚里士多德著、苗力田译:《尼各马科伦理学》,苗力田主编:《亚里士多德全集》(第8大卷),中国人民大学出版社1994年版。

4．I. Kant, 1803, *Education*. Translated by A. Churton. The University of Michigan Press, 1983.

6．叔本华著、石冲白译:《作意志和表象的世界》(1818年),商务印书馆1982年版。

7．赫尔巴特著:《教育学讲授纲要》(1835年),第一编,李其龙译:《普通教育学·教育学讲授纲要》,人民教育出版社1989年版。

8．包尔生著,何怀宏、廖申白译:《伦理学体系》(1889年),中国社会科学出版社1988年版。

9. 杜威:《教育中的道德原理》(1909 年),赵祥麟等译:《学校与社会·明日之学校》,人民教育出版社 1994 年版,第 142—164 页。

10. 杜威著、王承著译:《民主主义与教育》(1916 年),人民教育出版社 1990 年版。

11. 赖尔著、刘建荣译:《心的概念》(1949 年),上海译文出版社 1988 年版。

12. H. S. Broudy, *Building a Philosophy of Education*. Englewood Cliffs, N. J.: Prentice-Hall, Inc., 1954.

13. I. Scheffler, *The Language of Education*. Charles C Thomas·Pulisher,1960.

14. 大河内一男、海后宗臣等著,曲程、迟凤年译:《教育学的理论问题》(1967 年),教育科学出版社 1984 年版。

15. G. Ryle, Can Virtue Be Taught? In R. Dearden , P. Hirst and R. Peters, eds., *Education and the Development of Reason*. London: Routledge & Kegan Paul. 1972.

16. 杜维明:《论儒家的"体知"——德性之知的涵义》,《儒家伦理研究论文集》,新加坡东亚哲学研究所 1987 年版。

第五章　德育内容

我国对各级各类学校的德育均有统一的基本要求。这些要求集中体现在国家陆续颁布的德育大纲或纲要中，如《小学德育纲要(试行草案)》(1988 年 7 月)、《中学德育大纲(试行草案)》(1988 年 8 月)、《小学德育纲要》(1993 年 3 月)、《中学德育大纲》(1995 年 2 月)、《中国普通高等学校德育大纲》。此外，一些大学在联手制订"研究生德育大纲"，一些地方甚至制订了幼儿园德育纲要。这些文件对我国现时期各级学校德育内容作出了明确规定，继续讨论我国学校德育包括哪些内容，似嫌多余。但是，我国教育界是在"大德育"的概念框架下制定中小学德育大纲的，按照"德育"本义，有必要把其中的道德教育内容与政治思想教育内容相对地区分开来。现行德育大纲对我国学校道德教育的内容作出了详细的规定，惟其内在的逻辑关系尚待进一步澄清，本章的讨论将为这种分析提供一个基本的框架。

一、道德类型与德育

(一)以家庭伦理为主要内容的古代德育

德育的内容因时代而异，也因地域而有所不同。古希腊的习俗重视虔敬、好客、勇敢、节欲、自制之类的美德，尤以虔敬为重，强调孝敬父母。正规的和非正规的教育机构都致力于灌输和强化这些美德。古罗马人教导年轻人刚毅、坚贞、勇敢、虔敬、忍耐、好客、自制，并要求他们把这些美德落实在行动上。古代希伯来人的宗教和道德教育的内容集中体现在"摩西十诫"上。

资料 5-1

摩西十诫

神吩咐这一切的话，说："我是耶和华你的神，曾将你从埃及地为奴之家领出来。

"除我之外，你不可有别的神。

"不可为自己雕刻偶像；也不可作什么形像仿佛上天、下地和地底下、水中的百物。不可跪拜那些像；也不可侍奉它，因为我耶和华你的神，是忌邪的神。恨我的，我必追讨他的罪，自父及子，直到三四代，爱我、守我诫命的，我必向他们发慈爱，直到千代。

"不可妄称耶和华你神的名；因为妄称耶和华名的，耶和华必不以他为无罪。

"当记，安息日念守为圣日。六日要劳碌作你一切的工，但第七日是向耶和华你神当守的安息日。这一日你和你的儿女、仆俾、牲畜，并你城里寄居的客旅，无论何工都不可作，因为六日之内，耶和华造天、地、海和其中的万物，第七日便安息，所以耶和华赐福与安息日，定为圣日。

"当孝敬父母，使你的日子在耶和华你神所赐你的地上得以长久。

"不可杀人。

"不可奸淫。

"不可偷盗。

"不可作假见证陷害人。

"不可贪恋人的房屋；也不可贪恋人的妻子、仆俾、牛驴，并他一切所有的。"

（《圣经·出埃及记》第 20 章）

显然，古代德育的内容，主要是一些调节人与人之间关系简单的行为规范。这些私人生活的道德规范，又以家庭伦理为基础和核心。这一特征在东方尤为明显。以我国为例，古代习俗道德强调的是上慈下孝、敬兄友弟、朋友有信、忠君等，慈、孝、悌、友、信、忠也就成了基本的德目。其中多系家庭伦理，少数属于朋友关系和君臣关系的规范。这是因为，一方面古人的生活虽有一小部分属于国家生活，但以家庭生活为主。因此，家庭伦理相对发达，而且成为德育的主要内容。另一方面，古人认为家庭是私人生活和国家生活的道德基础，“家”是一个小“国”，“国”是一个大“家”，因此，家庭伦理可以直接衍生出私德和国民公德规范，“内圣”之道可以直接推出“外王”之道。

> 弟子入则孝,出则弟(《论语·学而》)。
>
> 君子之事亲孝,故忠可移于君;事兄悌,故顺可移于长(《孝经》)。
>
> 大学之道,在明明德,在亲民,在止于至善。……古之欲明明德于天下者,先治其国;欲治其国者,先齐其家;欲齐其家者,先修其身;欲修其身者,先正其心;欲正其心者,先诚其意;欲诚其意者,先致其知;致知在格物。格物而后知至,知至而后意诚,意诚而后心正,心正而后身修,身修而后家齐,家齐而后国治,国治而后天下平(《大学》)。

(二)内容日趋丰富的学校德育

在古代,社会发育不成熟,公共生活较为贫乏,对公共生活的道德要求相应较少,道德教育内容以私德为主,但那时私德教育基本否认个人的独立性,强调个人对家族或家庭的依附性。近代以来道德教育内容发生了很大的变化:首先,私德教育重视个人的尊严和价值;其次,在城市逐渐形成市民社会,社会公共生活日益丰富复杂,公德要求相应提高增多,道德教育增加了公德内容;第三,社会职能的分化，职业门类增多，职业道德问题日益增多，引起关注，职业道德内容也逐渐纳入道德教育之中。

简而言之，私德是私人生活中的道德规范，指个人品德、修养、作风、习惯以及个人私生活中处理爱情、婚姻、家庭问题及邻里关系的道德规范。私德通常以家庭美德为核心。公德是国家及社会公共生活中的道德规范，即通常所谓国民公德与社会公德；职业道德是职业生活中的道德规范。《中共中央关于加强社会主义精神文明建设若干重大问题的决议》(1996 年 10 月 10 日)强调："大力加强社会主义道德建设，大力倡导文明礼貌、爱护公物、保护环境、遵纪守法的社会公德，大力倡导爱岗敬业、诚实守信、办事公道、服务群众、奉献社会的职业道德，大力倡导尊老爱幼、男女平等、夫妻和睦、勤俭持家、邻里团结的家庭美德。"这是对我国现时期的社会公德、职业道德、私德建设的基本要求，也是当前我国学校德育的基本内容。

1．私德教育

学校中的私德教育，在于培养学生的私人生活的道德意识，养成其在私人生活中与他人交往的道德行为习惯，特别是在恋爱、婚姻、家庭生活中的道德行为习惯，如相互尊重、相互体谅、相互关心、诚实、忠信、上慈下孝(敬老爱幼)等。

2．公德教育

学校中的公德教育，在于培养学生的国民公德及社会公德意识，养成其符合国民公德、社会公德的行为习惯，如遵守社会公共秩序、文明礼貌、讲究公共卫生、爱护公共财物、保护环境、救死扶伤、见义勇为、维护民族尊严和民族团结、维护国家安全等。

3．职业道德教育

学校中的职业道德教育，在于培养学生的职业道德意识，养成其符合职业道德要求的行为习惯，如忠于职守、勤恳工作、诚实劳动、廉洁奉公、团结合作、维护本行业声誉等。

学校实施的私德教育、公德教育、职业道德教育各含不同的内容,但是,在一些方面又相互交叉、重叠。例如,为人诚实,既可能是私德教育的内容,又可能是公德教育的内容,还可能是职业道德教育的内容。如果从私人生活的角度教育学生诚实守信,那就是私德教育的内容;如果从社会公共生活的角度教育学生要诚实守信,那就是公德教育的内容;如果从职业生活的角度教育学生要诚实守信,那就是职业道德教育的内容。

从我国颁布的小学、中学、大学德育大纲上看,小学德育重在私德和公德教育,普通中学德育重在公德教育,职业中学、技术学校、大学的德育重在职业道德教育。大学德育的重点放在私德和公德教育上,正如小学德育重点放在职业道德教育上一样,乃是一种颠倒和浪费。

西方学校重视公德教育,私德教育的成分相对较少。这是因为,西方认为公立学校的道德责任主要在于培养学生国家和社会公共生活的道德意识,私德教育主要由家庭负责。而我国学校长期以来重视私德和国民公德教育,比较忽视社会公德教育。这是因为,我国有"家庭本位"和"国家本位"的传统。在我国,"家"与"国"的生活相对丰富,两者之间的"社会"生活却比较贫乏,造成"家"和"国"意识明朗,"社会"意识却非常淡薄的历史现象。人们往往把"社会"等同于"国家"或"家庭",甚至把"家"与"国"也等同起来。家庭生活道德规范与国家生活的道德规范相通而融为一体,家庭生活和国家生活的道德经验可以相互迁移。罗素说,中国文化重家族内的私德,不重社会的公德公益。这就造成了中国社会一种费孝通所说的"差异格局":与己关系近的就关心,关系远的就不关心或少关心;结果有些事从来就没人关心,整个社会普遍缺乏公德心。这种文化传统表现在学校德育中,就是重视私德教育以及国民公德教育,忽视社会公德教育。近 20 年来,随着城市市民的社会生活日益丰富多样,社会公德教育已经提上议事日程。一些城市学校确实在逐渐地重视社会公德教育,但总的来说,这方面的教育有待进一步加强。

二、道德层次与德育

（一）道德理想、道德原则、道德规则

早期德育的内容主要是日常生活中必须遵守的一些简单的行为规则，随着道德生活不断进化，人们对道德的认识不断深化，从在种种道德规则基础上归纳出更具普遍性的道德原则，进而又从种种道德原则中揭示出共同的道德理想。道德在分化为私德、公德、职业道德的同时，它的三个基本层次也逐渐凸现出来。如今的公德、私德、职业道德均明显地包含三个层次的道德要求。例如，1949年《中国人民政治协商会议共同纲领》提倡的“五爱”（爱祖国、爱人民、爱劳动、爱科学、爱护公共财物），1996年《中共中央关于加强社会主义精神文明建设若干重大问题的决议》对当前我国社会公德建设提出的基本要求，上海市的“七不规范”（不随地吐痰；不乱扔垃圾；不损坏公物；不破坏绿化；不乱穿马路；不在公共场所吸烟；不说粗话脏话）或其他地方的城乡提出的乡规民约，大致上可以说，分别属于我国公德理想层次、原则层次、规则层次的要求。

在学校德育中，道德理想是学校提倡的、希望学生去追求的最高的道德境界，道德规则是学校强制执行的学生必须遵守的道德要求，道德原则是在一般情况下必须遵守、特殊情况下可以变通的道德要求。三个层次的关系如下：

道德规则是对学生行为的具体要求，道德原则是各种规则的一般概括，而道德理想又是对各项原则的高度概括。道德理想通过道德原则和道德规则得以体现，道德原则通过各种道德规则得以落实。道德理想指导道德原则和道德规则的运用，道德原则也指导道德规则的运用。在具体的教育情境中，当两条或两条以上的道德原则发生矛盾时，教师需要诉诸更高层次的道德理想，解决或消除矛盾；在两条或两条以上的道德规则发生冲突时，教师需要诉诸更高层次的道德原则，才能解决冲突——有时可以在某种原则的直接指导下消

解冲突;有时则要根据该原则的基本精神以及所处的实际情境,对发生冲突的道德规则的重要性或紧迫性加以权衡,择定优先考虑的规则,直至排定规则级系,进而化解道德规则间的冲突。

规则性要求虽然比理想性、原则性要求更加明确,更加具体,更具可操作性,但由于特定的道德规则限于调节特定类型的学生行为,一套道德规范中的规则无论多么细致入微,都不可能涵盖所有的学生行为。在道德规则未加调控的学生行为领域,需要教师根据道德理想和道德原则加以处置。因此,道德理想和道德原则有可能不依赖既定道德规则的中介,直接影响学生的行为。

(二)各层次德育的功能

1．道德理想教育的激励功能

通常,教师运用道德倡议的形式对学生进行道德理想教育,激励学生的高尚行为。道德理想体现至善至极的道德境界,其实是一种不可能真正达到的要求。它虽是一种可望不可及的境界,却给学生树立了一个不断追求的终极目的,激励并指导着学生高尚的道德行为。

2．道德原则教育的指导功能

通常,教师运用道德指令或道德倡议的形式对学生进行道德原则教育,指导学生正确的行为。道德原则所声明的是学校认为学生可以而且应当达到的要求,但原则性要求在具体的教育情景中具有一定的灵活性。在一般情况下,它是应当达到的要求;但在执行当中,允许根据具体情况加以变通处理。道德原则是指导学生行为的基本准则。

3．道德规则教育的约束功能

通常,教师运用道德禁令或道德指令的形式对学生进行道德规则教育,重在约束学生的不良行为。这是因为,道德规则属于不可违反的最低限度的要求,在执行当中几乎没有可以商量变通的余地,因此对学生的行为最具指导性和约束力。其中,肯定性规则起指导作用,否定性规则起约束作用。

表 5-1 德育的层次与功能

层 次	功 能
道德理想教育	激励功能;指导功能
道德原则教育	指导功能
道德规则教育	指导功能;约束功能

总之,不同层次的道德教育内容,采用不同的教育形式,对学生具有不同的教育功能。教育形式与教育内容错位,会导致教育功能的丧失。用道德倡议的形式进行规则教育,不足以约束学生的不良行为。反之,用道德指令的方式实施理想教育,则会对学生提出不切实际的苛求,起不到激励学生高尚行为的作用(详见第六章)。

另一方面,学校德育的层次结构影响学校的德育功能。就是说,上述三个层次的内容在整个德育中所占的比重,直接影响到整个学校德育功能的定位和发挥。学校德育功能不足或功能失调的问题多出于结构不合理。受道德理想主义传统的影响,我国教师相信“取法乎上,得乎其中;取法乎中,得乎其下”,习惯于对学生进行理想层次的道德教育,相对忽视原则层次特别是规则层次的道德教育。在极端的状态下,甚至出现“理想泛滥,规则贫乏”的局面。由于教育界逐渐意识到道德理想必须通过道德原则和规则来落实,这种情况已有所转变,较低层次的道德教育已引起重视。正如《中共中央关于加强社会主义精神文明建设若干重大问题的决议》所强调的那样:

> 要把先进性要求与广泛性要求结合起来,鼓励支持一切有利于解放和发展社会主义社会生产力的思想道德,一切有利于国家统一、民族团结、社会进步的思想道德,一切有利于追求真善美、抵制假恶丑、弘扬正气的思想道德,一切有利于履行公民权利与义务、用诚实劳动争取美好生活的思想道德,团结和引导亿万人民积极向上,不断提高全民族的思想道德水平。

三、品德结构与德育

德育就是要把道德内化为个人的品德。人们对于品德认识不一,因而在道德教育内容上各有不同的安排和偏重。

(一)主行说(behaviorism)

持这种观点的人认为品德归根结底是合乎道德要求的行为,因而特别重视良好行为习惯的训练,要求儿童牢记各项德目,并在行动上落实德目的要求,把行为训练视为道德教育的唯一或核心内容。

(二)主知说(intellectualism)

侧重行为训练的观点和做法,遭到了以苏格拉底为代表的理性主义者的批评。在苏格拉底看来,比良好行为训练更为重要的是对道德的认识、理解和理性思考。知善方能行善,知恶必不为恶,人决不做自认为不对的事情。可见,对善或道德的认识是品德的基础,美德即知识。道德教育中心任务是使人"知善",即提高学生对善或道德的认知水平。

理性德育主张,如果说在古代属于异端邪说的话,近代以来就成了一种现实的追求。从赫尔巴特到科尔伯格,教育家和教育理论家们一直致力于提高道德教育的理性水平。人们不再把盲从习俗、传统、道德教条的行为视为道德行为,理性旗帜得以高扬。理性德育的支持者虽然并不反对培养良好的行为习惯,但更强调促进道德认知的发展,特别是道德思维能力的发展。科尔伯格等人的研究表明:儿童的道德判断力发展水平越高,其行为与判断的一致性程度就越高,道德教育的核心是促进儿童道德判断力的发展。

(三)主情说(emotionalism)

一些人不同意把德育的重心放在提高理性水平上。知善却不行善的现象随处可见,个中原因在于人们往往缺乏行善的动力,所以,英国道德哲学家舍夫茨别利认为,道德的基础不在理智而在情感。道德起源于情感,情感是人行为的动力,人的情感取向是道德评价的基本标准。一个人对自己、对公众、对社会具有的正当而完整的情感就是正义和德行,缺乏这样的情感或者拥有与之相反的情感就是堕落或罪恶。赫起逊、休谟和亚当·斯密持类似的观点。赫起逊断言:凡是我们认为道德的或善的行为,始终是出于理性的某种情感;我们所谓道德或罪恶,要么指的是这种情感,要么指的是基于这种情感的行为结果。休谟认为,感情是道德的主要因素,道德行为基于苦乐感而产生。苦乐感是行为的动机,也是判断善恶的标准。人同此心,人们以自己快乐或痛苦的经验为基础,通过联想而对别人的喜怒哀乐感到相同的感情,从而以同情的依据评价别人的行为。

按照主情说的基本观点,道德教育的基本内容不是理性教育而是情感教育,其核心任务是培养学生同情心之类的道德情感。

(四)主意说(volitionalism)

持这种主张的人特别反对把道德与情感联系起来。他们认为,道德与情感不相干,不为个人情感所左右的行为才可能是道德行为。这就意味着意志才是品德的根本,坚强意志的培养和锻炼才是德育的核心内容。对于康德来说,有道德教养的人是完全听从“善良意志”的“绝对命令”的人。教育的道德目的在于使儿童具有义务感:一方面使儿童履行对自己的义务,意识到人类具有高于其他一切生命的尊严,意识到自己的言行不违背人类的尊严是做人的基本义务;另一方面使儿童履行对他人的义务,使他们学会尊重他人的尊严和权利。

(五)品德是知情行的和谐结合

培养善良意志无可指责,因为没有善意的人不可能是有道德的人。但光有善意远不足以成为有道德的人,正如杜威所言:

> 通过教育培养出来的性格，不仅要有善意，更要有坚决实现善意的性格力量或践行力量。一切软弱无力的性格，都是伪善的性格。单纯的性格力量可能毫无理性可言，这种力量可能会践踏别人的利益，甚至在指向正确目标时可能以侵犯别人权利的方式去达到目的。因此必须对性格加以指导，使之忠于各种有价值的目的。这就意味着理智上和情感上的教育。在理智方面，性格需要的是良好的判断力，即对各种价值的辨别能力。“一个有判断力的人，是能审时度势的人，是能把握当前环境和形势，而置不相干的或在当时无关紧要的情况于不顾的人，是能把握需要注意的因素，并根据各自的要求分清主次的人。”在情感方面，性格需要的是精细的个人敏感性。“没有这种敏感性，就不可能有良好的判断力。对周围环境以及他人的目的和兴趣，如果缺乏快速得几乎出自本能的敏感性，判断的理智方面就不会有适当的运用材料。”①

按照杜威的意思，性格力量、敏感性、判断力是个人品德的三位一体，缺一不可。学校德育既要培养学生坚决执行自己的善意的性格力量，又要提高学生对各种价值的判断力，增强学生对他人及社会的利益和目的的敏感性。

杜威与前人不同的是，他摆脱了简单的思维方式，从多个方面分析品德的结构和德育的内容，认为品德是性格力量、道德敏感性和道德判断力的有机综合体。但是，他的分析同以往的研究一样多少带有个人的体验和思辨的色彩。哈什、米勒、菲尔丁等人则从观察和分析实际的道德活动入手，通过对一起起典型的道德事件（资料 5－2“斯洛汀的故事”）的考察，揭示品德的组成部分，进而确立德育的内容。

① Dewey, 1907.

资料 5－2

斯洛汀的故事

路易斯·斯洛汀(Louis Slotin)是一名原子物理学家，在美国洛斯阿拉莫斯(Los Alamos)工作，帮助研制原子弹。1946年，他在实验室做一项核实验。他像专家常做的那样，用螺丝刀轻轻地把一块块钚片聚集成一团，使它大到足以产生链式反应。不幸的是，螺丝刀突然滑落，钚片一下子靠得太紧。瞬间，每个人观察的仪器都显示出中子正在剧增，表明链式反应已经开始。整个房间充满着放射线。在这千钧一发之际，斯洛汀立即用自己赤裸的双手把钚片分开。这实际上是一个自杀行动，因为这样做使他暴露在最大剂量的放射线下。然后，他平静地要求七名合作者精确地标出他们在事故发生时所处的位置，以便确定每个人受到放射的程度。做完这些事，斯洛汀向医疗救护站报警，然后向同事们道歉，并且说：他将死去，而大家肯定会康复。

(材料转引自 Hersh, Miller, and Feildin, 1980, pp.1—2.)

从斯洛汀的反应中，我们看到了与英雄相应的品德通常是由什么构成的。首先，我们看到了一种毫不妥协地意识到别人要紧的感觉，即一种对保护个体的生命和福利的无条件的关心。我们还看到了一种得到精雕细琢能够公正而精确地把握形势的能力，即一种经受考验能够进行系统思维的能力。最后，我们目睹了行动的勇气。斯洛汀不仅仅具有同情心，进行了有效思维，而且以实际行动把钚分开来了。

品德，如同斯洛汀的事例显示的那样，有赖于人道的关心、客观的思维和果断的行动的和谐结合。想一想，如果斯洛汀只体现出品德三个方面的一面或两面，那个实验室里会发生什么情况。如果他具备科学家所具有的冷静的知识和敏捷的智力，但是觉得他的合作者无关紧要，他的反应怎么会是“道德”的呢？另一方面，假使他不能合乎理性地估计问题的严重性，他的关心怎么会是有效的呢？还有，无论他的动机多么高尚，无论他的推理多么合乎逻辑，如果他不采取行动，这样的动机和推理又等于什么呢？品德既不是善良的动机，也不是正确的推理，亦不单是果断的行动，而是所有这三者的和谐结合。

在斯洛汀的反应中，品德这三个要素是作为一个整体发挥作用的。其实，他的情感、思想和行动之间并没有明晰可辨的分界线。它们在这起不幸的事件中融为一体，作为一个统一战线的各部分，对付一种共同的危险。然而，无论个体的品德组成部分在实际当中怎么交织在一起，这些组成部分之间依然有别，理解这种区别是重要的。

哈什等人所谓的“关心”，相当于康德所说的“善意”与杜威所说的“敏感性”的混合体，指的是：敏锐地感受到他人的处境、利益和需要，并在情感上产生共鸣，设身处地，为他人着想。总之，关心是一种利他性的情感表达，也就是一种道德情感表达。哈什等人所说的“行动”与杜威所说的“性格力量”，存在某种对应关系，同属于品德的行为方面的事情。而所谓“判断”或“判断力”则属于品德的理智方面或认知方面的事情。总之，杜威和哈什等人的分类，基本上是围绕品德的情感、认知、行为三个方面展开的。

一般认为，品德是道德认知、道德情感、道德行为等构成的综合体。也有人指出，品德还包括道德意志，甚至包括道德信念。但是，意志问题通常可以还原为情感和行动问题，信念问题也可以还原为认知和情感问题。根据简约原则，可以说，品德由道德认知、道德情感、道德行为等三个因素构成，缺少其中任何一个因素都不构成品德。道德认知是产生道德情感的必要条件，没有认知，就不可能有道德情感；同理，缺乏道德意识支配的行为，无论它实际产生何种令人满意的结果，都不是道德行为。反之，一个人道德知识不论有多么渊博，若无切身体验或情感的介入，就不会有任何行动；或者一个人光有善意,却无坚决执行善意的性格力量,那也只不过是一种伪善;即使有道德知识和道德情感,不付诸行动,依然构成不了一种美德。

(六)德育诸方面

与品德的构成相应,学校德育的主要三方面内容包括:促进学生道德认知的发展,陶冶学生的道德情感,培养学生的道德行为习惯。儿童的品德发展是从早期行为训练开始的,所以道德教育以儿童早期良好行为习惯的训练为基础,但道德教育依赖于儿童的认知(知识与理解力),纯粹的行为训练并非道德教育。学校德育既要发展学生的道德认知,又要陶冶学生的道德情感,还要培养学生的道德行为习惯,并且,这三方面的工作不能割裂开来分别进行。

传统的学校德育注重系统的道德知识的授受以及良好行为习惯的养成,我国学校德育尤其重视培养学生具有某些具体的美德。这固然是需要的,但是,社会文化中的道德因素包含着大量的观念、情操和习惯,教师在时间十分有限的学校教育阶段,把所有的具体美德逐一传授给儿童是不可能的。即使选择其中最为重要的美德传授给儿童,也嫌太多。学校德育的重点与其放在道德知识的传授和具体美德的养成上,不如放在一般的道德精神的培养上。

在改革开放年代,社会的道德价值观日趋多样化,每一个人都不得不面对各种各样的利益冲突和道德冲突。学校德育的重点需要从传授道德上的金科玉律,转向培养学生的道德思维能力(道德判断、道德推理、道德抉择能力)以及道德敏感性(对环境及他人情感、利益和需要敏锐的感受性)。在一个价值多元的社会里,不能脱离道德思维能力和敏感性的培养而奢谈学校德育。

四、我国学校德育内容的调整与改革

(一)德育内容分析框架

综上所述,学校德育内容存在不同的类别,主要包括:社会公德教育、私德教育、职业道德教育。学校德育内容存在不同的层次，主要包括：道德理想教育、道德原则教育、道德规则教育。这三个层次的教育，对学生的道德行为具有不同的规范功能：道德理想教育主要起激励作用，道德原则教育主要起指导作用，道德规则教育主要起约束作用。学校德育还存在不同的方面，主要包括：提高学生的道德认识，陶冶学生的道德情感，培养学生的道德行为习惯。

（二）中西学校德育内容之比较

与西方学校德育相比较，我国学校德育具有自身的特点。我国学校德育内容与西方学校德育内容的不同之处，至少体现在下面四个方面：

首先，我国学校德育包括政治教育、思想教育、道德教育的内容，西方学校德育内容限于道德教育。

其次，中西学校德育都有公德和私德教育内容，相对来说，中国重视私德教育，西方重视公德教育。

第三，中西学校德育均含理想、原则、规则层次的道德教育，相对来说，西方学校德育中道德规则和道德原则教育的比重较大，我国学校德育中道德理想和道德原则教育的比重较大，道德规则教育的内容却相当贫乏。西方学校德育重视在最低限度的要求上对学生行为的约束作用，我国学校德育比较重视对学生高尚的道德行为的激励作用。

第四，中西学校都重视知、情、行三方面的道德教育，相对来说，西方学校更加重视培养学生的道德敏感性和道德思维能力，我国中小学更加重视向学生传授系统的道德知识，培养学生的道德行为习惯；我国学校德育重在培养学生具有某些具体的美德，而西方学校德育重在培养学生具有某些一般的道德精神。

（三）调整我国学校德育内容的若干建议

根据以上分析，我国学校德育似乎需要在内容上作某些修正和

调整:

第一,需要对学校德育的内容进行分类和分层,使之形成清晰的逻辑关系。

第二,需要加强培养学生的道德敏感性。在社会转型时期,社会道德价值观日趋多样化,这方面的教育显得尤其必要和紧迫。学校德育应该使学生清楚地意识到自己的道德价值观,意识到与之相处的其他人的道德价值观,使他们学会自觉地发现和理解现实生活中自己和他人在道德价值观上的一致性和冲突。只有使年轻一代具备这样的道德敏感性,他们才有可能在一个具有多种价值观的社会共同体中和平共处,进行建设性的合作,共创美好的未来。

第三,需要加强培养学生的道德思维能力。其中包括道德推理能力、道德判断能力、道德决策能力、道德抉择能力的培养。现代社会的道德是理性的道德,不在理性力量支配下的任何行为,都不具有道德意义。一个孩子为了赢得老师的表扬把捡到的一百万元钱交给失主,一个成年人在某种道德观念的支配下把捡到的一块手表交还失主,这两种行为在道德上具有不同的意义,后一种行为更具有道德意义。同样的道理,小学生绝对顺从老师的安排,与大学生服从学校合理的安排不听从不合理的安排,这两种行为的道德意义也不能同日而语。教师如果简单地把听话的学生视为好学生,把不听话的学生视为品行不良的学生,那是错误的片面的观点。这样的教师,不懂什么是理性的道德,什么是理性的道德教育。

理性的道德教育,有赖于学生道德理性的培养。学校德育应该使学生借助理性的力量,形成自己的道德信念,理解社会的道德原则和道德规则,并且使学生能够根据自己信奉的道德理想、道德原则和道德规则,在具体的社会生活中,面对具体的道德情境,进行道德推理,作出道德判断和道德选择。

第四,需要调整学校德育内容,加强道德规则的教育,改变以往那种“理想泛滥,规则贫乏”的局面。

[作业与思考题]

1. 试析私德教育、公德教育、职业道德教育之间的关系。

2. 试析道德理想教育、道德原则教育、道德规则教育之间的关系。

3. 试析促进道德认知发展、培养道德情感、道德行为训练之间的关系。

4. 试从德育内容的结构上分析学校德育的功能。

5. 根据我国《小学德育纲要》或《中学德育大纲》,分析我国学校德育的内容。

6. 试比较我国学校德育内容与西方学校德育内容的异同。

7. 试用有关的原理分析下述队会:在某中队召开的纪念周总理百年诞辰主题队会上,为激发学生热爱总理的感情,辅导员专门播放了有关总理遗体告别仪式的电视画面,并让学生在哀乐声中到总理遗像前敬献小白花。此时,一学生哭泣,接着全班学生号啕大哭。会后问学生:你们刚才为什么哭得那么伤心?学生回答说:"不知道";"看见大家哭我也哭"……

[主要参考资料]

1. J. Dewey, 1907, *Moral Principles in Education*. In *The Middle Works of John Dewey* (1899—1924), Vol.4 (1907—1909). Southern Illinois University Press, 1971. 参见杜威:《教育中的道德原理》,赵祥麟等译:《学校与社会·明日之学校》,人民教育出版社 1994 年版,第 142—164 页。最好参阅外文。

2. É. Durkheim, 1925, *Moral Education: A Study in the Theory and Application of the Sociology of Education*. Translated by K. Willson & H. Schnurer. The Free Press of Glencoe, Inc. 参见迪尔凯姆著、崔载阳译:《道德教育论》,民智书局 1929 年版。最好参阅外文。

3. J. Bronowski, A Moral for an Age of Plenty. *Saturday Evening Post*, 233, No. 20 (12 November 1960); Reprinted in J. Bronowski, *A Sense of the Future*, ed. P. Ariotti. Combrige, Mass.: MIT Press, 1977, pp.202—205.

4. B. Hersh, J. Miller, and G. Feildin, *Models of Moral Education: An Appraisal*. Longman Inc., 1980. 参见哈什、米勒、菲尔丁著,傅维利等译:《道德教育模式》,学术期刊出版社 1989 年版。最好参阅外文。

5.《中共中央关于加强社会主义精神文明建设若干重大问题的决议》(1996 年 10 月 10 日)。

第六章　德育手段

目的的实现,有赖于一定的手段。无论学校构想的道德目的多么全面,多么合理,无论教师实现学校教育之道德目的的态度多么虔诚,决心有多大,如果缺乏实现这种目的的手段,又不严肃地思考和切实地创造某种适当的手段,那么,这种目的就毫无意义。

手段是相对于一定的目的而言的。一种工具或方法或途径有助于某种目的的实现时,才是该目的的"手段"。手段因而与目的联系在一起,不与目的相联系,就失去了作为手段的意义。而事实上根本就不存在脱离目的的"手段"。所以说,手段的规定性,就是达到或实现目的的手段①。手段的正当性,也依其服务的目的而定。据此可以说,凡是有助于学校教育道德目的实现的工具、方法、途径均属德育手段范畴,凡是有碍于学校教育道德目的实现的工具、方法、途径则不属于德育手段范畴。然而,在德育问题上,目的与手段的关系并不这么简单。教育不但包含道德的目的,而且采取道德上可以接受的方式。目的的正当性未必保证手段的正当性,学校工作的目的即使合乎道德,也不容许不择手段。教育手段不纯粹是一个技术问题。

本章所谓的"德育手段",并不是相对于学校教育道德目的的广义"德育手段",而是教师传递德育内容所依赖的工具、载体或中介,即工具意义上的"德育手段"。

德育手段和德育内容一样,其进化经历了一个漫长的历史过程。由于生产力水平低下,古代德育手段比较贫乏,主要依靠习俗、宗教教

① 夏甄陶,1982年,第329、338页。

义、劝诫、榜样、评价、对神或祖先的敬畏、惩罚等手段进行道德教育，尤其强调“身教言诲”。但古代的“言诲”往往是权威专断的训诫或评判。近代以来的德育强调以理性为基础，人们才逐渐重视对道德规范和道德评价的解释和论证。只是由于没有顾及儿童的道德发展水平和理解能力，这种解释往往沦为说教和灌输。随着对儿童品德形成和发展规律的研究不断深入，系统的文字和情境教材的开发和广泛应用，现代德育才逐渐克服道德解释中的说教和灌输倾向。与过去相比，如今的德育手段更加丰富多样了，教师可以诉诸语言、榜样、情境、环境、体验等基本手段，辅以奖赏、惩罚及心理学手段，开展道德教育。

一、语　言

语言是人类交流思想情感的主要工具，也是教育的基本手段。正是有了语言，人类才有真正意义上的教育。

教育用语有其特殊性。多数行业的工作用语基本上属于专门化的技术用语，而教师的工作用语，虽然由于生理学、心理学、医学、社会学、文化学原理广泛运用于教育实践领域，变得丰富多彩，但其本质和核心依然是道德语言①。教师借助生理学、心理学、医学、社会学、文化学的术语，有助于教育学生，但仅仅依靠它们不足于提供教育服务。不熟悉、不使用直截了当的道德词汇(诸如应当、必须、勇敢、诚实、仁慈、细心、宽容、热情、高尚、光荣、可耻)，就不能向学生明确提出发展的要求和方向，不能有力地鼓舞、指导和帮助受教育者在道德上不断完善，最终不能实现教育的道德目的。教师借助道德语言，才能理解和把握教育实践的道德情境和道德属性，对学生进行道德教育。教育的这一专业特性，要求教师努力成为使用道德语言的专家。

教师的德育用语，按其功能可能分为 3 类：规范学生操行的“规范性用语”，评价学生操行的“评价性用语”，以及说明和论证道德规

---

① Sockett, 1993, pp. 13—14.

范或评价的“解释性用语”。

(一)规范性用语

当教师告诉学生某种行为在道德上是正当的或错误的,该做什么或不该做什么时,就在是下“道德义务判断”[①]。例如,“学生应当尊敬老师”,“做人要信守诺言”、“歧视成绩差的同学在道德上是错误的”,均属道德义务判断。教师同学生谈论责任或义务,谈论什么是道德上对的或错的,就是在告诉学生应该怎样待人处世。在这种语境下教师使用的是“规范性用语”,这种用语涉及行为,是教师规范学生行为常用的道德语言。

1. 祈使句:禁令、指令、倡议

教师通常用指令和禁令,直截了当地向学生提出道德要求。其中,指令表达肯定性道德规则,规定必须如何行事,如“言必信,行必果”;禁令表达否定性的道德规则,禁止如何行事,如“己所不欲,勿施于人”。教师还常常用倡议方式向学生提出道德上的高要求,如“生当作人杰,死亦为鬼雄”。这些规范句都属于祈使句,其中道德倡议是“应该式”祈使句,道德指令是“必须式”祈使句,道德禁令是“不准式”祈使句。它们所用的规范词不同,规范性含义也各不一样。

表 6-1　祈使句的规范性含义

规范性语句	规　范　词	规范性含义
道德倡议	应该;应当;该;应;当;需要;要;宜;可以;可;等。	激励学生的高尚行为
道德指令	必须;必;须;务必;要;等。	指导学生的正确行为
道德禁令	不准;不得;不许;禁止;不可以;不可;不要;不应(不应当,不应该,不该);不宜;勿;等。	约束学生的不规行为

不同类型的规范性用语适用于不同层次的道德教育,教育功能也各不一样。教师通常采用道德倡议对学生进行道德理想教育,激

① Frankena, 1973, p.9.

励学生高尚的行为；采用道德指令或道德倡议对学生进行道德原则教育，指导学生正确的行为；采用道德禁令或道德指令，对学生进行道德规则教育，约束学生的不规行为。

表6-2 规范性用语与德育的层次结构、功能之间的关系

层次结构	教育用语	主要功能
道德理想教育	道德倡议	激励
道德原则教育	道德指令、道德倡议	指导
道德规则教育	道德禁令、道德指令	约束

2. 陈述句：建议、期待、希望

随着学生年龄的增长，教师逐渐改变用语习惯，尽可能少用语气生硬的祈使句劝诫学生，而代之以比较的委婉的方式（如建议、期待、希望）向学生提出道德上的要求（如教例6-1）。

教例6-1

我们的老师

老师回到讲台，给我们做完听写。然后，他静静地注视了我们一会儿，缓缓地用一种雄浑而深切的声音说：

"同学们，我们这一年就要在一起过了，让我们一起好好地度过这一年的时间。好好学，做个好孩子。我没有孩子，你们就是我的孩子。去年，我还有一位母亲，她死了，就剩下我一个。在这个世界上我只有你们了。我没有别的念头，也没有别的想法，你们都是我的孩子。我希望你们学好，你们会喜欢我的。我最不愿意处罚你们中的任何一个人。把你们真诚热心的一面表现出来吧，我们的学校就像一个大家庭一样，你们就是我的安慰，就是我的骄傲。我不要你们给我什么保证，我敢肯定你们在心底已经答应我了。谢谢你们。"

（节选自亚米契斯，1866年，第4页）

3. 疑问句:商量与请求

在学生具备较强理解力的前提之下,教师可以进一步软化道德要求的语气,如用商量和请求的方式规范和指导学生的行为。如果说教师的建议、期待和希望式的要求是用带有规范性语气的陈述句表述的话,那么,商请式的要求通常是一些带有启发性建议的疑问句,例如:“你可不可以……”“能不能请你……”。

总之,教师可以用多种语句向学生提出道德要求。但是,祈使句、陈述句、疑问句在语气、语义、适用性上存在差别,见表6-3。

表6-3 规范性语句之比较

规范性语句	语气	语义	适用范围
带有规范词的祈使句	直截了当	明确	各学段
带有规范性含义的陈述句	较委婉	较明确	小学高年级以上
带有启发性建议的疑问句	委婉	含糊	中学以上

(二)评价性用语

在道德教育中,教师除了劝诫学生该做什么、不该做什么,告诉学生什么是正当的行为、什么是不正当的行为之外;还经常告诉学生什么是好的、什么是坏的,什么是有价值的、什么是没有价值的,什么是道德的、什么是不道德的,什么是可取的、什么是不可取的,什么是高尚的或光荣的、什么是卑鄙的或可耻的等。在后一种语境中,教师不是在对人的行为举止下判断,而是在对人本身或人的动机、意向、品格下判断,告诉学生什么是好人、什么是坏人、什么是有价值的人、什么是没有价值的人,所使用的是“评价性用语”,而不是“规范性用语”。

1. 道德价值判断与道德义务判断

在道德语境中,“评价性语言”声明的,是我们认为有价值的事情,而不是我们有义务去做的事情。例如:“加伦是一个高尚的人”,“芳芳是个好姑娘”,“欺负弱小的人是懦夫”,“报复是一种卑鄙的动机”,“自我实现是教育唯一合理的目的”。这些判断均系“道德价值判断”,而非“道德义务判断”。这类道德判断归根结底是对善良生活由什么构成、什么东西具有终极价值、应当追求什么、珍视什么、把什么传递给下一代的断言[①],有别于关于应该做什么或不该做什么的“道德义务判断”。

不过,区别是相对的。道德价值判断可能隐含道德义务判断,正如“这是善的”意味着“我赞同它,你也赞同它吧!”[②],教例6-2中老师说“欺负弱小的人是懦夫”,其实暗含有“不许欺负弱小!”的劝诫,而说“加伦是一个高尚的人”,除了赞扬加伦之外,还有鼓励全体学生向加伦学习的弦外之音。用道德评价的方式劝诫学生,语气比较婉转,如说“信守诺言是一种美德”,往往是在委婉地规劝自食其言的学生“做人要信守诺言”。

教例6-2

侠义行为

就在今天上午,加伦让我们知道了他是怎样的一个人。因为从前教过我的女老师叫住我问我什么时候在家,她要到我家里去,所以我进教室稍晚了一些,不过老师还没有来。三四个男孩子正在逗弄可怜的克洛西——就是那个一头红发、残了一只手臂、还有个卖菜的妈妈的男孩子。他们用尺子戳他,用剥了的栗子壳砸他的脸,恶意地模仿他残臂的姿势,取笑他是个残废,是个怪物。他孤零零地坐在板凳上,脸色惨白,求饶的目光从一个人脸上转向另一个人脸上,恳求他们放过他。可那些人恶作剧的模仿更甚了,他气得全身发抖,满脸通红。突然,一脸坏相的弗兰提跳上一张长凳,装作两臂各挎一只篮子的样子,取笑克洛西那以前常来校门口接儿子的母亲,她

① Boyd, 1977, p.69.
② 斯蒂文森,1944年,第27页。

现在正卧病在床。许多人开始大笑。克洛西狂怒了,他抓起一个墨水瓶,用尽全身力气向那坏蛋砸去。可是弗兰提避开了,墨水瓶正砸在刚巧这会儿走进来的老师身上。

大家全跑回自己座位上,吓得不敢出声。

老师脸色苍白地走上讲台,用严厉的声音责问:“谁干的?”

没有人回答。

老师提高了声音,又问了一遍:“谁干的?”

可怜的克洛西的不幸似乎感动了加伦,他突然站起身来坚定地说:“是我。”

老师看了看他,又看了看呆坐的学生,然后平静地说:“不是你。”

顿了一顿,他又说:“这一次我不会罚那个犯错误的人的。站起来吧!”

克洛西站了起来,抽泣地说:“他们砸我,还侮辱我,我气昏了头,才扔——”

“坐下吧。”老师说,“欺侮他的人,站起来。”

四个人耷拉脑袋站了起来。

“你们几个,竟然去侮辱一个根本没有冒犯你们的同伴,竟然去挖苦嘲弄一个本来不幸的人,竟然去攻击一个无力自卫的人。你们这是卑鄙的行为!是懦夫!”

说完,他走下讲台,来到耷拉着脑袋的加伦面前,伸出一只手放在加伦的腮下抬起了他的头。老师注视着加伦的双眼,对他说:“你是一个高尚的人。”

加伦附在老师的耳旁,不知说了些什么,然后老师就对那四个顽皮的同学说:“这次原谅你们。”

(源自亚米契斯,1866 年,第 10—11 页)

反之,道德义务判断也可能隐含道德价值判断。如"做人要信守诺言"暗含"信守诺言是一种美德"的评价,"希望你搞好学习的同时多参加集体活动"其实是在说"你参加集体活动不够积极,不关心集体"的评价。

总之,评价性用语可能包含规范性含义,规范性用语也可能包含评价性含义。尽管用法有交织,但是在道德教育中,把评价性用语和规范性用语相对区别开来,还是有实际意义的,它们毕竟表达不同性质的道德判断。

2. 表扬与批评

在教例6-2中,教师分别批评和表扬了弗兰提等人和加伦,说弗兰提等欺侮残疾同学的学生是懦夫,而同情弱小、代人受过的加伦是一个高尚的人。这是两种典型的道德价值判断。表扬是对好人好事的肯定性评价,批评是对坏人坏事的否定性评价。由于好坏对立,从道德上肯定某人或某事,同时意味着否定与之相反的人或事。所以,教师经常用表扬某个或某类学生的方式,来批评另一些学生。当着参加劳动的全体学生的面说"第三小组的同学积极肯干,认真负责",除了是在对第三组学生的劳动态度表示嘉许之外,更多的可能是在批评其他小组。年龄稍大一些的学生都能听出这种表扬的言外之意。

3. "好"的评价性含义与描述性含义

从语言上看,表扬是包含褒义词的评价句,批评是包含贬义词评价句。其中,"好"和"坏"分别是最常用的表扬词和批评词。两词意思相反,为了简便起见,这里着重考察"好"一词的用法和含义。

"好"是个一般性的表扬词。有时我们从道德的意义上使用它,如把一辈子助人为乐、热心公益的人称作"好人"。表扬某种行动的正当性,或者表扬某人的道德品质时,就是在道德意义上使用"好"一词。有时我们也会用"好"去说某人在某事上出众,如"马拉多纳是个足球好手",显然是说他踢足球技术高超,意识出众,决不是说他是个"好人"。我们评论一些在道义应受谴责的事情时,甚至也会使用

“好”一词。例如“他是个盗窃好手”，意思是说此人擅长偷窃，手段高明，令人叫绝，但不表示我们赞同偷窃，或者认为偷窃在道德上可以接受。

可见，“好”并不是一个纯粹的道德语词，用它表达的价值判断是否属于道德判断，取决于评价所依据的是不是道德标准。“品德好”是个道德判断，而“身体好”、“学习好”则不然。“好人”是一个道德判断，“好孩子”、“好学生”却未必。评判好孩子和好学生的标准并非纯粹的道德标准，有时甚至根本不涉及道德标准。假使家长认为顺从、听话、不哭、不闹的孩子（即乖孩子）就是好孩子，教师认为学习成绩优秀的学生就是好学生，那么，他们说“张三是好学生”，“李四是好孩子”，或者“王五是好学生，但不是好孩子”时，所作的就只是一些非道德性评价，意思说：张三学习好，李四听父母的话，而王五虽然学习好，但不听父母的话。

“好孩子”或“好学生”不等于是“好人”，这种观点容易引起争议。在大多数人心目中，好孩子不但听话，而且不说谎，好学生不但学习好，而且身体好，品德好。因此，说某某某是好孩子或好学生时，其中就隐含着对这个孩子或学生品德的好评。而且，如果一个人在家里是个好孩子，在学校是个好学生，走向社会是个好公民，走上工作岗位是个好职工，就可以说这个人是个“好人”。但是，即使在这样的语境中，“好人”之“好”的含义依然不同于“好学生”之“好”或“好孩子”之“好”，也不等于“好学生”之“好”、“好孩子”之“好”、“好公民”之“好”、“好职工”之“好”的总和。因为，评价好人的标准只能而且必须是道德标准，而评价好学生等的标准包含非道德因素。

“好”一词的用法颇为复杂，教师可能在道德意义上使用它，也可能在非道德意义上使用它；在许多评语中，它既有道德的含义，又有非道德含义。不管是作为道德评价词，还是作为非道德性评价词，“好”除有评价性含义之外，还有描述性含义。例如，有人对我们说“这种草莓好”。假使问“好在哪里？”她进一步解释说：“这种草莓甜蜜、多汁、坚实、鲜红而且个大。”显然，她说“好草莓”不只在对某种草莓作肯定性评价,还在描述这种草莓具有甜蜜、多汁、坚实、鲜红、个大之类的特点。

评价性含义是“好”一词的基本含义,其描述性含义从属于评价性含义,这是因为,对于“好”一词所用于的每一类对象来说,其评价性含义恒定不变,描述性含义却不断变化。当我们为一辆汽车或一幅画叫好时,就是在称赞它们。但是,我们往往出于不同的理由称赞它们,所以,在不同的情况下,“好”一词的描述性含义各不相同。学生从小就知道“好”一词的评价性含义,随着用该词去评论的对象的种类不断增加,学生也在不断地学习在新的描述性含义上使用“好”这个词。“好”一词的评价性含义是它的基本含义的第二个理由是,对于任何一类对象来说,我们都可以用“好”这个词的评价性含义去改变它的描述性含义①。例如,我们说:“十多年前大家公认的好学生其实并不怎么好。”就事实而言,这是因为评价好学生的标准发生了变化;从语言学上说,我们是在为了改变“好”一词的描述性含义,而使用该词的评价性含义。在新语境中,“好”一词的评价性含义并没有变化,改变的只是它的描述性含义,而且这种改变是在我们坚持使用“好”一词的评价性含义的前提下发生的。

虽然在特定语境中一些包含“好”一词的判断可能既有很大的信息量,又有很强的赞许力量,但一般而言,“好”一词的评价性力量与其描述性力量成反比:语句中“好”一词的评价性含义越少,其描述性含义很可能就越丰富;反之亦然。“好”一词的评价性含义与描述性含义之间的相对突出地位,依人们用它来赞许的对象的不同而变化。如果某教师说某个学生“身体好”,我们立刻就会知道教师所赞扬的这位学生身体健康,很少患病,体育成绩很可能也非常突出。在这种语境中,“好”一词的描述性含义占突出地位,因为我们对评价身体好有相当固定的标准。如果这个教师接着又说该生“品德也好”,提供的描述性信息就少得多,因为评价品德的标准相对来说比较模糊。

---

① 黑尔,1964年,第113—114页。

当然,不能以为“身体好”完全是描述性的,而“品德好”完全是评价性的。教师说学生“身体好”毕竟是一种赞扬,而我们听说该生“品德也好”,就有理由认为他决不是一个打架斗殴、考试作弊的学生。

一般说来,标准越固定、越为人所接受,包含“好”一词的评语所传达的信息就越多。由于道德评价的标准不那么固定,能为人广泛接受的又不多,教师在评价学生操行时,不能以“好”或“坏”简单了事。为了教育学生本人及其同伴,教师除了对学生的品德作出好或坏之类的评价之外,还需要向学生传达更多具体信息,说明好在哪里或坏在哪里。这就涉及其他评价词的使用。

4. 褒义词与贬义词

具有肯定性含义的评价词称“褒义词”或“表扬词”,具有否定性含义的评价词称“贬义词”或“批评词”。在我们的语言中,差不多每一个词都可以偶尔用作评价词,而通常只有考察一个词所处的语境,才能确定它的用法。但有些词本身就具有明显的褒贬、评价色彩,这类词可称作静态评价词。据我国出版的一部小词典的统计,现代汉语中常用的静态评价词有 1103 条,其中褒义词 518 条,贬义词 585 条[①]。与各地方言口语中实际使用的评价词相比,这不过是沧海一粟,教师在进行道德教育时使用评价词,余地甚大。可是,许多教师表扬或批评学生时,囿于使用“好”、“很好”或者“不好”、“坏”等一般化的评价词。久而久之,学生就会觉得老师的表扬或批评没有什么意思,甚至连教师本人也不知道自己在说什么。为了对有关的人或事作出恰当的评价,教师不但需要掌握恰当的评价标准,还需要扩大词汇量,表扬好人好事时不再简单地说“好”或“很好”,而代之以丰富多彩的评价句型。表扬同一个人同一件事可以用不同的词句,例如:

(1) 对有关的学生你可以这样说:“你又做成了!”“我

① 郭先珍等,1992 年。

可不希望什么事情做不到家!”“你真是一个细心的人啊!”

(2) 关于作业质量可以这样说:“这实在令人佩服;”“它看来是完美无缺的;”“这正是我所期望的。”

(3) 涉及这个学生的同伴可以说:“过来,看看约翰做的;”“我们都为你所做的感到骄傲;”“我要把它钉在我们的布告栏里”。

(4) 涉及与这个学生有特殊关系的人时可以说:“我敢断定,你的父母看到它时会激动的;”“我相信校长会知道你的成绩的;”“让我们把它送去参加竞赛。”①

上述语句都避免用“好”来表扬学生,但无一不是对学生的好评。据此可以把评价词分为两类:一类包括“好”和“坏”、“高尚”和“卑鄙”、“光荣”和“可耻”等,这类语词多少带有描述性含义,但其评价性含义是第一位的;另一类包括“勤劳”和“懒惰”、“勇敢”和“怯懦”、“诚恳”和“虚伪”等,人们常用它们表示赞许或批评,但也可以不带任何褒贬倾向说某某人“太勤劳了”或“太勇敢了”。这类语词的描述性含义相当具体和固定,而它们的评价性含义则是从描述性含义派生出来的,从属于描述性含义。作为评价词,它们的评价意味远不及“好”或“不好”之类语词充分,可是由于描述性含义明确,其教育效果强于“好”或“不好”之类的语词。这是因为,教育工作并不是进行道德裁判,教师不但要使学生知道什么是“好”、什么是“不好”,更要使他们明白“好”在哪里、“坏”在哪里。

(三)解释性用语

在道德教育中,告诉学生什么是对的或错的、该做什么或不该做什么、好在哪里或不好在哪里,是不够的,还要向学生说明为什么对或错、为什么该或不该、为什么好或不好。儿童不仅对自然充满好奇

① 参见江加伦,1982年,第114页。

心,对社会和人类自身的行为也充满探究欲望。多年来,德育效果甚微,原因之一就在于压制了儿童这方面的好奇心。孩子有许多道德问题,诸如“为什么我受罚而他没有?”“那样公平吗?”这些问题需要教师向他们作出合理的解释。解释并不是简单地“填塞”,而是同他们进行有关人类高尚道德的对话。当教师对学生说:“是的,你们都做了错事。但他主动认错,你却说谎。罚你并不是因为你做错了别的事情,而是因为你说谎。”正是这种对话才使学生受到启示,才使学生具有人的品性。

二、榜　　样

道德最终落实在行为上,行为示范比言语指导更具教育力量。如果说语言是最经常性的教育手段,那么榜样就是最有效果的教育手段。

(一)行为示范与观察学习

榜样是一种学习对象,有好坏之别。在学校教育中,好榜样是被认为值得学习并安排学生学习的好人好事,而坏榜样是学生模仿的坏人坏事。榜样无论好坏,对学生的行为都有很大的影响。这是因为榜样具有行为示范作用,学生通过观察榜样在一定情境中的行为及其结果(如受到奖励或惩罚),无需要直接的强化,往往就会习得类似的行为。美国心理学家班杜拉(A. Bandura)把这种学习称作“观察学习”或“替代学习”。他在实验中发现,让儿童观看榜样对塑料娃娃又踢又打的影片之后,当他们单独玩同一种玩具时,虐待塑料娃娃的攻击反应比没有看过上述影片的儿童多。这些儿童并没有受过攻击行为训练,也没有受到直接的强化,却习得了攻击性行为。在另一项实验中,他让3组儿童分别观看3部影片,同样有踢打塑料娃娃的场面,不同的是影片中出现的第三者对虐待塑料娃娃的榜样分别给予奖赏、惩罚或不给予奖罚。结果,观看榜样受到惩罚的影片的儿童,其攻击行为少于另外两个组。

班杜拉的研究表明,攻击行为可以通过观察学习获得,利他行为和亲社会行为也可以通过观察学习获得。道德榜样是一种重要的教育手段,它可以使道德准则和行为规范具体化、形成化、人格化,具有很强的感染力、吸引力和鼓动性,为历代教育家所重视。

(二)教师树立的榜样与学生择定的榜样

教师的权威使教师能够通过所树立的榜样影响学生的品德成长。教师向学生提供的道德榜样大致可以分为4类:(1)历史上的英雄人物或伟大人物;(2)现实中公认的先进模范人物;(3)学生的家长和教师;(4)学生中的先进分子。学生自己选择的学习榜样大致也是这4种类型。所不同的是,教师倾向于鼓励学生向圣贤、英雄、伟人、先进和模范人物学习,而学生倾向于选择身边的同伴或师长作为道德学习的标榜。

学生通过模仿榜样的言行举止可以习得其中隐含的道德价值取向和行为规范,其模仿倾向有赖于学生对榜样的情感。如果对榜样持积极情感,便有模仿的倾向;如果对榜样持消极情感,就不会出现模仿倾向,教师为学生树立的榜样就不会有实际的教育效果。对于年龄较小的学生来说,远离其生活的好人好事一般比较抽象,不容易产生模仿的倾向。为他们树立的学习榜样,宜尽可能取自于他们身边的好人好事。同伴、家长、教师是儿童主要的学习榜样或观察学习的对象。

(三)师德与德育

在教师为学生树立的所有道德榜样中,教师自身的行为示范对学生最具感染力。因此,学校德育特别强调教师在言行举止上起道德表率作用。为了实现教师在道德上的表率作用,学校特别重视教师的品德修养和师德建设。

1. 师德的专业精神

不同文化背景下的师德传统各具特色,但也存在一些共同的特点,例如:

(1) 服务精神。教师向社会和个人提供教育服务,教师的工作实际上是一种服务性工作。学生是教师的教育对象,也是教师的服务对象。教师与学生的关系,是教育者与受教育者的关系,又是服务人员与服务对象的关系。教师靠向学生提供教育服务换取生存和发展的条件,学生是教师的饭碗,教师以造福学生为职责。因此,教师的专业道德中特别强调为学生服务的精神。

教师提供的教育服务和警察、消防员提供的服务一样,属于公共服务,是一种被国家买断、向全社会提供的服务。教师作为国家公务人员由国家支付劳动报酬,不容许利用与学生的专业关系谋取私利,收受不正当利益。

教育服务的公共性,还要求教师对服务对象一视同仁,不容许教师出于个人的好恶不公平地对待任何学生。

(2) 奉献精神。非专业人员(如蓝领工人)可以拒绝八小时之外加班,教师作为专业人员却不能这样做。教师像医生那样,在必要时常常牺牲自己的业余时间向服务对象提供专业服务。任何一种专业都要求从业人员具有一定的奉献精神。专业工作者在必要时,还可能牺牲自己的声誉甚至生命提供专业报务,而营利性行业要求从业人员牺牲自己的声誉和生命去营利是不可取的,专业工作者作出类似的牺牲却被认为理所应当。

(3) 敬业精神。教育服务和其他专业服务一样具有重大的社会价值,它为教育专业团体和个人赢得了较高的社会声誉和经济待遇。教育专业实践和其他专业实践一样属于高度理性化的活动,对教师的自我发展具有内在的价值。对于教育专业人员来说,教育工作不仅是一种生活手段,而且是一种生活方式。教师敬重所事专业的价值和尊严,作为师德规范的"敬业精神",是教育实践固有的专业特性。

"敬业精神"意味着教师必须竭尽全力提高专业标准,促进鼓励行使专业判断的风气，争取条件以吸引值得信赖者从事教育工作，帮助阻止不合格者从事教育工作。“敬业精神”要求教育工作者忠诚自己的专业，尊重自己的同事：“不得出具不符事实的专业资格证明”；“不得帮助明知在品格、教育或其他有关品质上不合格者混入本专业”；“不得在有关某一专业职位候选人的资格的陈述上故意弄虚作假”；“不得在未经准许的教学实践中帮助非教育工作者”；“如非出于令人信服的专业目的或者出于法律的要求，不得泄露专业服务过程中获得的有关同事的信息”；“不得故意作有关同事的虚假的或恶意的陈述”；等等[①]。

(4) 团队精神或协作精神。在许多专业领域，内部职能分工并不复杂，从业人员个人可以独立开业，向社会提供专业服务。运用社会公德规范和私德规范，几乎就足以调节和处理这些专业的从业人员之间的关系，无需在专业伦理规范中单列出专门的条款。在教育专业领域，由于服务面广，且长期采取集体教育形式，内部职能分工较细，教师个人几乎已难以对学生进行全人生指导，教育服务基本属于团体服务。因此，教师不但要和同事和睦相处，而且要团结一致，相互协作。“团队精神”和“协作精神”，是现代教育实践固有的专业特性。

(5) 以身作则。教育服务有其独特性。医生运用自己的医学知识和医疗技术，向病人提供专业服务；律师运用自己的法律知识，向委托人提供专业服务；教师则运用自己全部的素养特别是道德素养，向学生提供专业服务。如果说大部分专业服务属于技术性服务的话，那么教育服务归根结底是道德服务，自然会向教师提出更高的道德要求。

一般的专业道德规范只涉及专业行为和专业角色，并不涉及专业人员严格意义上的私人生活，也不涉及专业工作者纯粹作为公民的社会公共生活。因此，专业道德规范中一般不提公德要求和私德

① National Education Association, 1975.

要求。教师的专业道德规范也一样。在师德规范中，列出“七不规范”，或者列出一大堆家庭美德规范，是十分可笑的。但是，教师的专业道德与其他专业道德又有很大的差别。一个医生在社会公共生活或者在私人生活中道德败坏，一般不影响他向病人提供医疗服务，只要他具有起码的医德，具有高明的医术。可是，一个教师在公共生活和私人生活中严重的道德问题一旦败露给学生，他就部分地失去了教育学生所必需的道德力量，甚至完全丧失教育学生所必需的道德力量。原因就在于教育服务是一种道德服务。所以，教师不但在专业服务中要保持高度的道德水平，而且在可能与专业服务发生直接联系的社会公共生活和私人生活中“为人师表”，至少做到在公德和私德上无可厚非。

上述五大专业精神既是对教师提出的要求，也是教师专业生活的真实写照。千千万万教师在平凡的工作岗位上兢兢业业，与同事团结合作，为学生服务，向学生奉献人类最美好的精神财富，以自己的表率教育学生为人处事。社会舆论经常把“敬业精神”、“服务精神”、“奉献精神”、“以身作则”，看成教师个人多么高尚的道德境界。其实不然。这些都是教师的专业美德，而不是教师的个人美德。教师在教育过程中表现出这样一种道德水平，是教师的工作特点所致。

2．师德的教育意义

几乎所有专业的道德规范同它们的服务内容都没有内在联系，道德规范仅仅是指导专业服务的外部准则。唯独教育专业服务的内容与师德规范的内容存在高度的一致性，对学生的道德要求首先必须成为对教师的道德要求。师德不但是约束、鞭策和指导教师的道德手段，也是鼓励和教育学生的道德手段。因此，师德在学校生活中具有双重影响：一方面，师德对教师的专业行为具有激励、指导和约束作用；另一方面，师德对学生具有教育作用。师德通过影响教师的专业行为，影响学生的道德发展。

一个品行卑劣的教师企图进行身教，那是痴心妄想；过于好为人师，身教的效果也不会好；但是，在大多数情况下，教师的身教是一种自然而然的身教,对学生的品德可以起到潜移默化的作用。教师在一般情况下之所以能够自然而然地实施身教,并不是因为教师天生就是道德教育家,而是教育活动的特殊性使然。生儿育女,教书育人,这些事情会使人努力克服人性中的弱点,展示人性的优点;而教育情境也确实使人更加大方展现自己的美德。另一方面,处在教育情境中的学生,一般都认为自己的老师确实应当以身作则,为人师表,因此正常情况下不会对教师的道德示范产生抵触情绪。其实,学校德育的成功,最终取决于教师的人格和行为表现。没有教师的"身教",就没有真正的德育,学校教育就不可能实现它的道德目的。

三、情　　境

教师除用言语和榜样教育学生外,还经常使用其他教育手段,如道德教材、学校和课堂环境以及学生的生活体验等。

"道德教材",确切地说,是道德教育的材料或资料,有别于一般意义的"学科教材"。道德教育的素材形形色色,可以是学生感兴趣的话题,或者是直接经验材料(如学生的作文、日记或班组日志等),也可以是间接经验材料(如有关学生的调查报告、老师自编的资料、传记、民间故事、寓言、谚语、随想、社论、报章杂志的报道、电影、幻灯、电视、录像等)。如果从道德教育的需要出发对这些素材加以选择、推敲和组织,用以帮助学生领会道德价值-规范,这些素材就成了"道德教材",就能发挥教材的作用①。

道德教材至少有两种表现形式——文字和情境。这种区别是相对而言的,情境经常也需要用文字来叙述。而且,在实际应用中,文字教材和情境教材往往交织在一起。

前面实际上考察过文字教材,这里着重考察情境性道德教材。情境教材,顾名思义,是包含人际互动情境或社会生活情境的道德教

① 筑波大学教育学研究会,1982 年,第 368 页。

材。这种教材在传授道德价值－规范，特别在是培养学生的道德敏感性，促进学生的道德判断力的发展上，往往可以起比文字教材更好的教育效果。

（一）说明情境

道德教育中使用最多的情境，是一些富有道德寓意的童话、神话和故事。如用《三个和尚》、《蚂蚁搬家》等传统故事，可以生动地向年幼的学生说明“团结合作”的道理（见图 6－1，图 6－2，图 6－3）。

不妨把这种比直接而严格的论证效果更好的情境称作“说明情境”。“蚂蚁搬家”寓意是人多力量大，而“三个和尚”则说明人多未必力量大（一个和尚挑水喝，两个和尚抬水喝，三个和尚没水喝），两者分别从正反两个方面说明“齐心协力、团结合作力量大”的道理。前者可谓“正面说明情境”，后者可谓“反面说明情境”。

（二）实验情境

道德教育中的实验情境也是为了说明某个道理，但与一般的说

图 6－1　蚂蚁搬家
（引自吴铎，1995 年，第 23 页）

图 6-2　三个和尚没水喝
（引自《北京晚报》1996 年 6 月 18 日，汤献斌作）

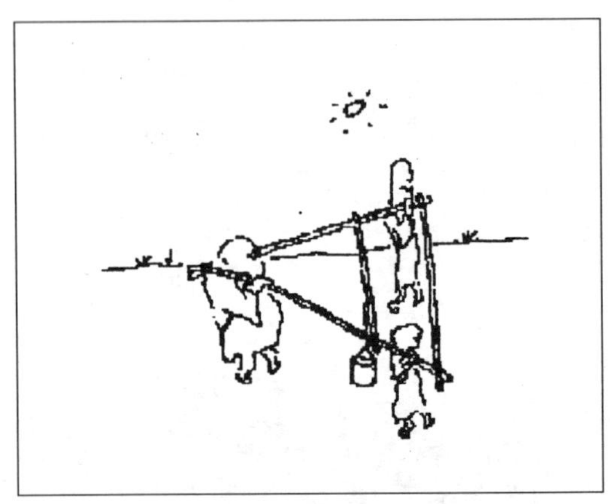

图 6-3　三个和尚有水喝
（引自《中国漫画》1996 年第 2 期，卜愚作）

明情境稍有不同。教师通常运用说明情境直接向学生阐明某种道德要求，而在使用实验情境中，教师指导学生通过实验形成或巩固某种道德认识（见教例 6-3）。

教例 6－3

集 体 力 量 大

师：……现在我们再来做一个小实验，让它也来帮助我们懂得一个道理。（教师拿出一捆游戏棒，抽出其中的一根）谁能把这根游戏棒折断？（学生纷纷举手）我请全班力气最小的曾泓小朋友来试试。（曾泓上来，轻轻一折，把一根游戏棒折断了。老师抽出两根游戏棒。）谁能把两根游戏棒折断？就请力气不大的董明吧。（个子矮小的董明上来，手拿两根游戏棒，一折两断了。老师举起一捆游戏棒。）这一捆游戏棒，谁能把它折断呢？（学生把手举得高高的，都想试一试。）就请力气最大的白敏吧。（全班最高大的白敏，走上了讲台，搓了搓双手，使劲地折了起来，他脸都涨红了，折来折去折不断。全班同学带着疑惑的目光，流露出紧张的神情，为他加油。白敏使尽了力气还是折不断。）大家看，白敏多么认真呀，他使出了全身的力气，可还是折不断。为什么一根、两根游戏棒一下子就折断了，而一捆游戏棒却折不断呢？

生：因为一根、两根力量小，一捆力量大。

生：一捆游戏棒一根靠着一根，团结起来力量大。

生：一根游戏棒好像一个人，力量小。一捆游戏棒好像好多人，力量大……

（节选自毛蓓蕾，1995 年，第 37 页）

（三）体验情境

教师有时还设置或利用一些教育意图比“说明情境”和“实验情境”更隐蔽的情境，使学生获得某种道德体验（见教例 6－4）。它们通常是日常生活、游戏、学习中学生之间真实的互动情境，或者是一些与“做”有关的情境性“练习题”。

教例 6-4

站 报 纸

严老师为学生设计了“站报纸”游戏，要求 6 人一小组，同时站在一张报纸上，坚持 10 秒钟就算成功。教师宣布游戏开始后，学生们争先恐后，报纸片刻间被踩得稀烂。失败之后，有的小组在相互指责，有的小组在商量对策。第二次，总结经验的小组在默契配合方面仍欠缺一点，依然没有成功；相互责怪的小组继续失败。第三次，前者成功了，在欢呼雀跃；后者开始醒悟……若干次后他们终于成功了。严老师在一旁饶有兴趣地看着一个个小组获得成功，她不需要说什么了，学生们在游戏中已经领悟到“相互配合”的意义，对“团结合作”产生了积极的心理倾向。

教例 6-4 中隐含一个富有教育意义的人际互动情境。设置这种情境，意在使学生在行动中获得对某种道德要求的切身体验，因此可以称之为“体验情境”。

上述三种情境教材在教育意图上虽有明暗之别，但都是传授道德知识的德目教学的辅助手段。在传授具体的德目时，运用情境进行教学，往往也比脱离情境进行教学的效果好。其实，在培养学生道德敏感性，提高学生道德判断力上，情境教材作用更大。但是，它们不同于主要用以形成学生道德观念的情境教材。

（四）道德两难情境

“道德两难情境”是远比传统的“说明情境教材”、“实验情境教材”、“体验情境教材”更为复杂的道德情境。它涉及两条或多条道德规范，而且，这些道德规范在情境中发生了不可避免的冲突。例如，忠诚、诚实、遵守校纪校规，都是学生在学校生活中必须遵守的规范。可是，在对待朋友考试舞弊时，这些规范就会发生无法回避的冲突，"朋友考试舞弊该不该揭发?"就成了两难问题。面对这种情境的学生，不得不认真思考，深入探究，作出艰难的抉择。道德发展动因的研究表明，冲突的交往以及包含冲突的生活情境最适用于促进儿童的道德判断力的发展。儿童在思考和讨论道德两难问题中，接触到各种不同的道德推理方式。面对比自己稍高的推理方式时，他们会发生认知失衡。在寻求新的认知平衡的努力中，终将理解和接受高于自己一个阶段的同伴的道德推理，拒斥低于自己道德阶段的同伴的道德推理。例如，甲、乙、丙三人都主张不揭发考试舞弊的朋友，甲的理由是：揭发会遭到朋友的报复；乙的理由是：朋友帮助过自己，现在就要帮他；丙的理由是：朋友之间应当保守秘密，否则就不是好朋友。三个学生意见一致，但理由各异。根据道德认知发展理论，他们的道德思维方式存在质的差别：甲的判断以惩罚和服从为定向，处于阶段 1；乙的判断以工具性的相对主义为定向，处在阶段 2；丙的判断以人际和谐或"好人"为定向，处在阶段 3(详见第九章"认知性道德发展模式")。这三个学生在一起交流和讨论时，甲和乙的道德判断力发展都有可能跃进到更高的阶段——甲会逐渐接受乙的理由和推理方式，乙会接受丙的理由和推理方式，却不会满足甲的理由和推理方式。当然，也可能有学生主张揭发考试舞弊的朋友，他们的理由也可能各不一样。这些学生在一起讨论和交流时，也会接纳那些比自己高明和充分一点的理由和道德推理方式。总之，道德两难情境是促进学生道德判断力发展的一种有效手段。

道德两难问题是开放性问题，每个难题都没有标准答案，而存在多种可能的选择。这些答案互不相容，相互对立，使得这类问题对学生的思维极具挑战性，刺激学生对它们作出认真思考，使真正的探究成了可能。在这个意义上，可以把道德两难情境教材称作"探究性问题情境教材"。道德两难问题的开放性还表现在：它们在思维方式上没有排他性。它们确实是一些道德难题，但人们不必等到具备相当高的思维水平就可以思考道德两难问题。从小学到大学每个阶段的学生都可以思考和讨论同样的道德两难问题。当然，对同一难题答案即便一样，所持的理由也可能各不相同，体现出来的思维方式也不尽一样。当学生发现自己和别人的答案相同理由却不同时，自然会产生一种探究欲望，思考别人提出的理由的合理性，检查自己的理由的充分性。如果发现别人的理由更加合理，就会逐渐放弃自己的理由，接受别人的理由和道德推理方式。这就意味着判断力的提高。

道德两难情境是一种颇具教育效果的道德教材,不仅可用于促进学生道德判断力发展,也可用于提高学生的道德敏感性,使他们更加自觉地意识到各种不同的道德规范在现实生活中可能存在的矛盾和冲突,意识到自己同别人在道德价值取向上可能存在的矛盾和冲突,还可用于提高学生在道德问题上的行动抉择能力,深化学生对各种道德规范的理解,提高学生的道德认识。

(五)体谅情境

第五章曾经强调道德敏感性的培养是当代学校德育一个新课题。由于道德敏感性有赖于个人的切身体会,是在人际交往和社会生活中逐渐形成的,教师似乎只能在引导学生处理现实的人际问题和社会问题中,培养学生的道德敏感性。人际－社会问题的发生带有偶然性和即时性,这就限制了教师在培养学生道德敏感性上的主动性和创造性。然而,教师可以创设和利用人际或社会问题情境,培养学生的人际和社会意识。根据英国德育专家麦克费尔(P. McPhail)的研究(详见第十章"体谅模式"),以及我们在小学的一些试验,至少有3类情境教材可用于提高学生对人际和社会问题的道德敏感性,它们是体谅情境、后果情境和冲突情境。作为情境性道德教材,它们有如下特点:

第一,每一种情境均包含一个人与人之间或个体与群

> 体之间或群体与群体之间的互动事件。
>
> 第二，这些互动事件均发生或者可能发生在学生身边，包含学生遇到过或者可能遇到的人际问题或比人际问题更为复杂的社会问题，颇具真实性。
>
> 第三，每一种情境包含的人际问题或社会问题，均有多种答案甚至无数种答案，给学生自由想象和探索留下了相当大的空间。
>
> 第四，情境不但可以用文字叙述，还可以用图画描绘，但通常是图文并茂。
>
> 第五，情境的叙述方式和问题的呈现方式，使学生与事件联系在一起，作为当事人或事件评价者，介入情境之中。
>
> 第六，事件的叙述简明扼要，情境问题因而具有很大的弹性和开放性，使学生有可能根据亲身经历，对事件的细节加以补充，从而调动学生参与的积极性。

体谅情境包含家庭、学校或社区生活中发生的种种人际互动事件。其叙述方式和提问方式，使学生作为当事人身临其境。设置这类情境，目的在于培养学生对人际关系的敏感性，以及对一切表明人的需要、利益及情感的言语信号和非言语信号的观察和理解能力，使学生善解人意，对人际问题作出成熟而敏感的反应，即学会体谅人(见表6-4)。

教师从学生校内外生活中可以获得大量人际互动素材，据此提炼成体谅情境教材；也可以利用语文、社会、历史等学科的课文中描述的人际互动事件，加工成引导学生学会体谅的道德教材。如教例6-5是根据文学作品改编的一篇小学四年级阅读课文，但是，小学生年幼，更没有做教师的经历，理解这篇课文其实有相当的难度。为了突破这个难点，无锡市扬名中心小学一名教师设计了一篇作文——《第一次讲话》，要求学生模仿教师的口吻，说一席话，写一篇发言稿。这对于学生来说，是有吸引力的，也是有挑战性的。学生为了说得像，写得像，认真研读课文，探讨这位新教师的内心世界，用心体会她的思想和情感，同时结合自己与老师交往的经验，想象和设计这位新教师教学生涯的第一次讲话。这样一来，就使语文教学(阅读、说话、作文)与德育(“学会关心”课题)融为一体。因为，理解和体谅到他人的思想和情感，正是懂得关心人的基础。

表 6-4 体谅情境及其教育目的

情境问题	成熟而敏感的反应(举例)
情境 1：你不小心损坏了同学的书包。那是一只破旧的书包，你的同学却抱着书包，伤心地哭了起来。你怎么办？	意识到这只书包对这位同学有特殊的意义，例如是某个重要人物送给他的。
情境 2：你的同桌因为手臂骨折休学一段时间，现在吊着骨折的手来上课了。你和你的同学们围着他，察看他受伤的手，问他痛不痛。你还帮他做这做那。可是，你的同桌看上去并不高兴。你怎么办？	意识到大家的围观和过分的热情，使这位受伤的同学感到难堪或不舒服。
情境 3：你到敬老院，告诉里边的爷爷奶奶说：你和你的同学要来给孤寡老人送温暖。他们听了，不但不表示欢迎，甚至显得有些生气。你怎么办？	意识到这些老人特别忌讳被人看作是“孤寡老人”。
情境 4：你对你爸爸妈妈说一件你觉得非常重要的事情，可他们根本就没有用心听你在说什么。你怎么办？	意识到父母可能心情不好，或者，在做更加紧要的事情。

(引自江苏省无锡市扬名中心小学“学会关心”课题研究报告)

教例6-5

种子

我有点儿不高兴。讲桌上堆放的洋槐树籽有浅黄的,甚至还有豆绿的。籽粒里掺杂着荚皮和角柄。不过还好,每个人交的树种都挺多。我扫视全班同学一眼,想说点什么,可是没有说。

我刚被分配到这所学校,担任这个班的班主任。初来乍到,我不便说什么。

这时,走上来一个小女孩,穿一身素雅的秋装,显得落落大方又略带羞涩。她走到我跟前,冲我抿嘴一笑,低下头,把手伸进裤兜里。

"怎么,没采到?"我问。

"不,可是没有他们那么多。"她的脸刷地红了,撩起眼皮看了我一眼,惭愧地站在那儿。

"那,你采的呢?"我又问。

她从兜里掏出一个小葫芦,又从兜里掏出一张纸,在桌上展平,然后凝望着那小葫芦的嘴儿,小心翼翼地往外抖。一颗,两颗,三颗……我看着她倒出来的树种,不由得心里一动。那种子一般大小,有如饱满的黑豆,每一颗都闪着乌亮的光泽。

我想她一定是用那双小手挑了又挑,选了又选,树种才能如此一般大小,闪闪发光!我被一颗虔诚的童心感染了,心里充满了温暖。望着她那俊秀的脸颊,专注的样子,我仿佛看见在茫茫的山川原野上,一棵棵洋槐树正在茁壮成长,为辽阔的大地撑起一柄柄绿色的大伞。

"就这么一点儿。"她摇晃一下小葫芦,抬起头来,目光正好和我凝注的眼神相遇。我笑着点点头。她害羞地一笑，轻轻掠下乌黑的短发，拿着小葫芦回到自己的座位上。

我扫视一下全班同学，发现几十双眼睛都在注视着那白纸上不多的槐树籽。我小心翼翼地把这些槐树籽包起来，唯恐丢失一颗。

我站在讲台上，开始了教师生涯的第一次讲话。

思考·练习

(1) 阅读课文，回答问题。

(2) 顺着课文的结尾想一想，"我"会讲些什么？

（节选自人民教育出版社小学语文室，1995年，第40—43页）

小明到邻居王爷爷家找小刚，看到一只药瓶很好玩，就拿去玩了。接着可能发生什么事？

图6-4　药瓶

丽丽看到冬冬放在铅笔盒里的钥匙挂件很好看，就拿去玩，弄丢了。接着可能发生什么事？

图 6-5　钥匙串

（根据杜文艳，1999 年，第 46 页）

（六）后果情境

后果情境问题不同于体谅情境问题。后者的叙述和提问方式使学生介入事件之中，去体察他人的心情和处境；前者的叙述和提问方式则使学生超然于事态之外，以客观的方式评估人际互动的行为后果（如图 6-4，图 6-5）。设置后果情境问题的目的，在于激发学生采取旁观者的立场，对人际互动的后果客观地进行思考，增强学生对行为后果的想像、理解、推测的能力。

（七）冲突情境

冲突情境问题，可以包括性别冲突、代际冲突、职业冲突、民族冲突、文化冲突、宗教冲突、生活习惯冲突、心理冲突等方面的问题。这类情境问题的设计，使学生卷入特定的冲突之中，目的是鼓励学生在采取行动之前，扮演与之发生冲突一方的角色，设身处地为对方着想（如教例6-6）。

教例6-6

情　境

学生1：我和你一起玩的时候，不小心弄破了你的书包。你知道我不是故意的，可你还是抱着书包哭了起来，让我很难堪。不就是一只旧书包，我赔你一只新的好了。

学生2：这是我妈妈离开我们的时候送给我的，你赔得起吗？

问　题

（1）试把你自己置于学生1的立场上，你会怎么办，比方说，你会有什么感受？对于这种情况，两人能够接受的解决办法是什么？

（2）试把你自己置于学生2的立场上，你会怎么办，比方说，你会有什么感受？

（引自江苏省无锡市扬名中心小学“学会关心”研究报告）

有些人际冲突情境其实也是道德两难情境，但若教材编写者和使用者所抱教育意图各异，设计上就会不同，所产生的教育效果也各不一样。比较教例6-7中的两种方案，不难发现它们的区别，尽管所用的情境完全相同。

教例 6-7

取消比赛资格

三班来了一个姓包的实习老师,能歌善舞,对学生特别和蔼。她来到学校不久,就在班上组织了一支舞蹈队,准备代表学校参加市团委组织的“自编韵律操大奖赛”。因为班里的男同学不够,包老师从她实习的另一个班里抽调了7名男生一道参加排练。韵律操由包老师编排,参加排练的同学也提出了许多修改意见。老师和同学们都很兴奋,都很认真,三个星期以来,几乎每天下午放学之后都自动留下来,伴随着优美的乐曲,排练了一遍又一遍。比赛前一天(星期六),大家牺牲休息时间,聚在一起,进行了最后的排练。校长还特地前来看望大家,勉励同学们为学校争光。同学们笑着向校长表示有信心获奖,一定会给学校争得荣誉。

可是,在比赛前发生了一件意外的事情。一个评委走到队阵前,问站在前排的冬冬:“你们是几中队呀?”冬冬说:“有两个中队。”结果被取消比赛资格,包老师还受到批评。原来,按市团委要求,必须以中队为单位参加比赛。包老师向评委道歉,并且告诉他们:我们事先不知道必须以中队为单位组队参加比赛,我们是因为一个中队的男生不够,才从另一个中队抽了几个人的。评委们了解事情的真相之后,还是不让参加比赛。

大家默默无语,跟着包老师离开了赛场。许久,才有几个同学说话。有个同学说:评委太不近人情了,我们又不是故意的,一个机会也不给。另一个说:我表弟那所学校从全校挑选学生参加比赛,没有查出来,我们真是冤枉,白忙了几个星期不算,反过来让学校受了批评。还有一个同学压低声音说:是呀,要是冬冬不实话告诉他们,一点事也没有。说不定,这会儿我们都站在领奖台上了。马上有个同学制止说:这事不能怪冬冬,要是老师知道不能两个中队参加就好了……

这些议论包老师和冬冬都听到了,冬冬涨红着脸,放慢了脚步,一个人落在后面。包老师把这一切都看在眼里,觉得有许多话要跟同学们讲,跟冬冬讲。

方案一

问题

1. 同学们离开赛场时为什么默默无语?假如你是队中一员,当时有什么感受?你会对同学、对包老师、对冬冬说些什么?同学们的议论对不对?为什么?
2. 冬冬为什么涨红了脸,放慢了脚步,一个人落在后面?假如你是冬冬,心里有什么样的感受?你会对老师和同学们说些什么?
3. 当时包老师是怎么想的,她心里的感受是什么样?假如你是包老师,你会对冬冬说些什么?会对同学们说些什么?
4. 评委为什么批评包老师?包老师说明原由之后,评委为什么还坚持取消冬冬他们的比赛资格?假如你是评委,你会怎么办?你会对包老师说些什么?

扮演

1. 校长和参赛队员的对话。
2. 包老师和评委的对话。
3. 离开赛场后同学们的议论,冬冬对老师和同学们说的话,包老师跟冬冬及同学们说的话。

社会剧

以上述事件为素材编写并排演一场社会剧。

方　案　二

1. 班会讨论:冬冬该不该说实话?为什么?
2. 辩论赛。正方:冬冬该说实话;反方:冬冬不该说实话。

很显然,方案一强调人际和谐,引导冲突各方设身处地,意在培养学生的道德敏感性;方案二强调并加剧冲突,意在促进学生道德判断力的发展。

综观情境性道德教材,它们与传统意义上的文字性道德教材有相当大的区别。它们类型多样,各具特色,所发挥的教育效能也不尽相同。相对而言,说明情境和实验情境有助于提高学生的道德认识,体验情境有助于学生道德信念和行为习惯的养成。道德两难情境、体谅情境、后果情境、冲突情境均属问题情境。其中,前一种问题情境适于激发学生进行道德探究,发展道德思维能力;后3种问题情境适于激发学生的道德想像力,培养和增强学生的人际－社会意识或道德敏感性。不同的情境教材服务于不同的教育目的。当然,适用于道德教育的人际和社会情境教材远不止上述7种类型,开发和使用情境性道德教材的余地还相当大。

四、环　境

品德主要不是直接教会的,而是潜移默化的结果的。学校影响学生道德成长,主要依靠两种手段:一是教师能够起道德表率作用的行为,二是学校的道德环境,特别是具有道德感染力的集体生活气氛。正如诺尔特(D. Nolte)所言:如果孩子生活在批评里,他将学会谴责；如果孩子生活在敌意里，他将学会暴力；如果孩子生活在嘲讽里，他将学会害羞；如果孩子生活在羞耻里，他将学到罪恶感。如果孩子生活在鼓励里，他将学会自信；如果孩子生活在赞美中，他将学会欣赏；如果孩子生活在公平里，他将学会处事公正；如果孩子生活在安全感里，他将学到信心；如果孩子生活在肯定中，他将学会自爱；如果孩子生活在被接纳和友谊中，他将学会喜爱这个世界。学校和课堂是个小社会，有自身的传统、规范、礼仪、权力关系及学生的行为和表现的标准。在有效的道德教育氛围中，学生相互尊重，相互影响。创造和利用这样的道德环境，正是好教师不同于平庸教师之处。

五、体　验

在道德情感、道德信念形成的过程中，学生的体验是非常重要的。学校应该有计划地向学生提供这种体验，引导学生通过践行来学习道德。例如，组织学生围绕死刑问题展开道德讨论，学生可以从这种体验中习得一定的道德准则和态度。教师还可以运用更为直接的做某事的体验来教育学生。例如，创造机会让儿童为小同学提供经常性的服务。学生在为弱小服务的体验中，把自己看作能够帮助别人的人。让学生为处境困难的人提供服务，不仅教给学生有效的助人技能，也使得他们明白自己是和别人联系着的个体，从而产生道德认识和道德行为相结合的需要。

六、奖赏与惩罚

教师主要利用言语、文字或情境教材、榜样、环境、体验等手段实施德育，另一方面辅之于其他手段。例如，教师在用口头语言鼓励学生的高尚行为、指导学生的正确行为、约束学生的不规行为时，往往配之以一定的语气、表情、体势，在表扬学生时给予一定的奖赏，在批评学生时偶尔给予一定的惩罚。在各种辅助手段的有效配合下，教师的言传身教更具效果。

人们常常把奖赏等同于表扬，把惩罚和批评混为一谈，认为表扬是一种精神奖赏，而批评是一种特殊的精神状态的惩罚。这种观点值得推敲。表扬是教师对学生品行的一种肯定性评价，而奖赏通常是伴随这种评价的外部刺激，包括物质奖赏和精神奖赏。如果说表扬是学校德育的一种基本手段，那么奖赏就是表扬的辅助手段。同样的道理，教师在对学生的表现进行否定性评价时，可能同时予以惩罚。但批评与惩罚毕竟不是一回事。如果说批评是学校德育的一种基本手段，那么惩罚有时可能成为批评的辅助手段。

(一)奖赏与道德行为的强化

奖赏与表扬相配合，常可以强化受嘉奖的行为。表扬只要实事求是就可以多用，奖赏却不能滥用。滥用奖赏，会使这一辅助性手段失灵。社会心理学家费斯廷格等 1959 年做过一项实验，他们让被试从事一项单调乏味的工作，要求一组被试对下一个待试者说工作有趣，并获得高报酬。结果发现，这组被试虽然当时撒了谎，事后却仍然认为这是无趣的工作，即未改变原先的态度；而另一组获得低报酬的被试撒谎之后，却真的认为这项工作有趣，态度发生了变化。这项实验表明，行为的外部诱因越小，态度变化越大。后来的一些实验表明，使用大量外部奖赏作为教育手段，反而会减少活动的吸引力；如能给学生提供能激发其进行学习的奖赏，便会增加其对学习的内在兴趣，从而提高学习成绩。奖赏运用的“由小致多效应”，同样经常发生在道德教育领域。对学生的奖赏，以恰好能够引起符合要求的态度或行为为度。

(二)惩罚与失范行为的抑制

人天生具有好奇心和求知欲，儿童本该对知识怀有浓厚的兴趣，渴望上学，渴望老师把他们引入文明的殿堂。果真如此，学校和课堂生活中一切外部的学习纪律都显得多余。不幸的是，现在的许多孩子是怀着在对学校生活的恐惧走进学校大门的。在学生不是自己想上学的情况下,教师应当作为知识和道德上的权威行事,通过自己的权威创造和维持学生学习所必需的外部纪律。而不应当马上诉诸诱骗或强制性手段,去维持学校学习所必需的条件。教师还可以利用其他一些方法,例如仪式、传统、校纪、班规等,来创造和保障学习所必需的环境。可是,即便是最好的教师,有时也会遇到不遵守校纪班规、不服从管教的学生,或者从另一个教师那里接手一个还没有形成纪律和传统的班级。在这样的场合下,教师的权威本身对学习纪律的维持起不了多大作用。为了形成和维护学习进步所必需的最低限度的条件,教师必须得到权力的支持。这就自然地引入了学校的惩罚问题。

惩罚是学校生活中难以避免的事情,不管仁慈的教育家们对惩罚持何种态度,学校生活中存在大量惩罚现象依然是事实。虽然体罚遭到普遍的反对,但大多数家长和教师同样不赞同绝对禁止惩罚。问题是:何为惩罚?惩罚是不是维持纪律?教师要求做错作业的学生重做是不是惩罚?教师报复学生是不是惩罚?刁难学生是不是惩罚?第二个问题是:为什么要惩罚犯错误的学生?惩罚犯错误的学生理由何在?是因为惩罚可以教育学生吗?有谁从学校的惩罚中受到了教育?第三个问题是:学校和教师应当怎样惩罚犯错误的学生?学校可以不可以像工厂惩罚犯错误的工人那样惩罚学生?可以不可以像惩罚罪犯那样惩罚学生?

1. 惩罚的含义

对于什么是惩罚,教育界有许多错误的认识。例如,反对惩罚的人有时把教师对学生的恶意刁难或报复叫做“惩罚”,甚至把教师要求做错作业的学生重做也叫做“惩罚”。

惩罚是维持学校和课堂纪律的一种手段,但是维持纪律不等于纪律本身。纪律是一个一般概念,与遵守规则有关;惩罚是一个特殊概念,与违反规则有关。惩罚首先包含有意对违反规则的学生施加痛苦的意思。

这种痛苦必须是有权实施惩罚的权威人物(教师)施加的,否则就不能把“惩罚”与“报复”区别开来。无权惩罚学生的人,可能也会利用学生的过错,给学生施加某种痛苦或不快,这不是“惩罚”,而可能是“报复”。

有权惩罚学生的人,当然也有可能凭一时之念,造成学生的痛苦或不快。但是,如果这种处置不是学生违反规则的后果的话,就不能叫做“惩罚”。给没有违反规则的学生造成痛苦,不是“惩罚”,而是恶意的“刁难”。

有权惩罚学生的人可能会给犯错误的学生五块钱,作为他违反规则的一种后果。如果这种奇怪的做法没有给学生带来痛苦或不快的话,就不能算作是“惩罚”事件。

因此,学校中的一个事件要称作“惩罚”的话,必须满足三个基本条件,换句话说,“惩罚”有三条基本标准:

第一,它必须是学生违反规则的后果;

第二,它必须对违反规则的学生有意施加某种痛苦或不快;

第三,它必须由权威执行。

从上面的分析上可以看出,“惩罚”实际上是违反规则的一种报应。从逻辑上说,“惩罚”概念与“报应”概念存在着密切的联系。报应论相信“以牙还牙,以眼还眼”的原则,而“惩罚”的含义正是权威对违反规则的学生有意施加某种痛苦或不快。违反规则者给别人造成了痛苦或不快,惩罚所带来的痛苦和不快是违反规则的报应。从定义上说,惩罚是报应性的。因此,人们在定义“惩罚”概念时,坚持报应论的观点。

根据上面的标准还可以看出,“惩罚”不同于“报复”,不同于“刁难”,也有别于执行学习的内部纪律和外部纪律。教师要求做错练习的学生订正或重做不是“惩罚”,教师仅仅是在执行学习的内部纪律而已,无意于藉此使学生感到痛苦或不快。同理,教师要求忘记打扫教室的学生补扫也不是“惩罚”。无意于施加痛苦的处理,不是“惩罚”。当然,教师也可能有意用强迫学生抄写生字或打扫卫生的方式，使学生感到羞辱或痛苦，但那是另一回事。

2. 惩罚的理由

世界多数国家在学校该不该惩罚违反规则的学生上，意见比较一致。多数家长和教师主张，对违反规则的学生应该进行适度的惩罚。但是，他们为学校惩罚辩护的理由各不一样。概括起来说，大致可以分为三类理由：一类可以叫做“报应论”，一类叫做“改造论”，一类叫做“惩戒论”。

(1) 报应论的辩护及其批判

善有善报，恶有恶报。报应论坚信，犯了罪错承受痛苦，在道德上是合理的；相反，犯了罪错得不到报应，正义的天平将失去平衡，这在道德上是不可接受的。像赞美玫瑰花那样赞美罪错者，是不可理喻的。但是，这种观点不是不证自明的。

按照个人功用主义者的观点，快乐是善，伤害和痛苦是恶。罪错给人造成伤害和痛苦，因此是恶，是错误的，应该予以谴责；但是，惩罚也给罪错者造成了痛苦，同样是恶，是错误的，同样应该加以谴责。

(2) 改造论的辩护及其质疑

改造论坚信，惩罚对犯错误的学生具有改造和教育作用。所谓“改造”，就是使学生从退步的状态，恢复到原有的发展水平；所谓“教育”，就是使学生超越原有的发展水平，进入新的境界。惩罚可以使学生幡然醒悟，改过而迁善，不但改正错误，而且形成社会期望的行为方式。

英国教育哲学家彼得斯(R. Peters)对改造论的理由提出了质疑。按照他的意思：第一，惩罚并不一定具有改造的作用。虽然惩罚之后，可能出现预期的结果，但这不一定是惩罚带来的；第二，惩罚更不一定具有教育作用，相反惩罚容易导致师生关系疏远和紧张，妨碍教育的实施。事实上，学校和教师惩罚违反规则的学生，既不是出于改造学生的理由，也是不出于教育学生的理由。惩罚往往反而使学生远离教育。

(3) 惩戒论的辩护

惩戒论承认,惩罚必然带来痛苦,而使人痛苦是恶。但惩戒论认为,使罪错者遭受少量的痛苦,相对于由于违反重要的社会规则不实行制裁而引起的更多人更大的痛苦来说,恶要少一点。以社会功用主义观点看,惩罚罪错者在道德上具有合理性。因此,惩罚的理由在于惩戒:第一,惩罚的威慑力可以制止罪错行为,不但制止罪错者的行为,而且制止其他人犯类似的罪错;第二,某些惩罚(例如把学生暂时赶出教室、开除)可以把罪错者隔离起来,使他不再以同样的方式伤害或干扰他原先所在的群体。

惩罚是否必定能够起到制止罪错行为的作用,也是一个值得怀疑的问题。但总的来说,惩戒论对学校惩罚的理由作出了比较切合实际的解释。因为,惩罚对于未成年的学生确实具有威慑力量,可以起到一定的惩戒作用。在学校生活中,惩罚不能使学生变得更好,甚至使他们更加远离真正的教育,但是惩罚事实上是维持学校教育所必需的秩序体系的重要手段。当前的学校教育还有许多不尽如人意的地方,教师依靠学生的学习自觉性和教师自己的权威身分,还不足以维持学校纪律和课堂纪律。在学校和家庭中盛行的惩罚传统,也使得教师不得不使用惩罚,否则就会出现严重的纪律问题,或者被学生、学生家长或其他教师所嘲弄。换句话说,教育制度和教育传统中的某些缺陷,也成了惩罚学生的理由。

3．学校惩罚的伦理原则

为了形成和维持学校和课堂生活的正常秩序,学校和教师迫不得已,会对犯有严重过失的学生实施惩罚。但是,惩罚学生必须遵循许多原则。其中,最重要的是伦理原则。

第一,必须按正当的程序实施惩罚。学校和教师在惩罚学生之前,必须有充分的根据,确认该学生犯有严重的过错;允许学生申诉,并且认真听取学生的申诉。

第二,必须结合改造和教育实施惩罚。学生身分特殊,不同于犯有过错的一般的社会成员,更不同于罪犯。学生之所以为学生,是因为他在教育情境中处于受教育的地位,这种身分本身就意味着他在认识上、道德上、行为上具有不成熟的一面。因此,对学生的过错在一定意义上应该予以一定程度的原谅。学生的过错,如果要追究责任的话,教育者应当承担一部分责任。因此,不能像对待罪犯那样,对待违反规则的学生。“惩罚与罪错对等”的原则,不适用于学校生活的情境。

学校一方面需要尽可能减少不必要的惩罚,而代之以劝诫和教育或其他手段,特别禁止体罚或变相体罚,以免给学生的身心造成严重伤害;另一方面在不得不实施惩罚时,应当尽可能减轻惩罚的严厉程度,并且结合改造和教育措施予以实施。

学校生活规则不纯粹是一套惩罚制度,其教育价值更为重要。惩罚虽不能直接起到改造和教育的作用,但与改造、教育相结合,不但可以增强惩罚的惩戒效果,也可以增强改造和教育的效果。正是在这个意义上,我们认为惩罚是教育的一种辅助手段。

第三,惩罚必须仅针对学生的道德过失。在学校生活中,“惩罚”归根结底是一个伦理概念,它暗含对某种行为方式的否定,认定某种行为方式是不合乎道德的。说学校惩罚是一个伦理概念,意味着学校惩罚针对的是学生在道德上的行为过失。对于学生的非道德性过失,不得以惩罚的方式处理。例如,学生做错练习,只能要求学生重做和改正,而不能惩罚学生。在认知领域,惩罚有过错的学生,违背教育的道德原则,在道德上是不可接受的。学校把惩罚限制在道德领域,而不把惩罚扩散到非道德领域,这一点与非学校生活有很大不同。例如,在工厂劳动中,工人违反操作规程尽管属于技术错误,不是道德错误,依然要受到惩罚。但对于学生来说,违反学习的内部规则或者做错作业,不应该受到惩罚,而应该受更多更好的教育。学校惩罚只针对学生的道德错误,而做错练习在通常情况下是个认知问题,不是道德问题。

第四,必须以恰当的方式惩罚学生。许多善良的教师可能都有同感:学生犯了错误,必须予以惩罚,否则,他们不能记取教训。但他们还是孩子,重罚他们,于心何忍?! 罚他们多抄二十遍生字,或者罚他们放学后多学习一个小时,是较好的惩罚。一则学生遭受了适度的痛苦,感到羞耻,他们将因此而记取教训;再则学生因受惩罚还增加了学习时间,可以说是一种补偿。岂不两全齐美? 这种做法表面上非常合理,但实际上问题很大。教师以学习的方式惩罚学生,无意之中就在学习与痛苦、耻辱之间建立起了一种人为的联系,造成学生对学习的憎恶。这种仁慈的代价太大了! 因此,学校惩罚方式的选择和实施不纯粹是个技术问题,其中还有伦理问题。

[作业与思考题]

1. 道德义务判断与道德价值判断的区别。

2. 规范性用语与评价性用语的区别。

3. 道德倡议与道德指令的区别。

4. 试论师德与德育的关系。

5. 教师要求做错作业的学生订正或重做是不是惩罚？为什么？

6. 学校和教师惩罚违反规则的学生是否合理？为什么？

7. 试析教例 6-2 中的教育用语。

8. 假定你就是教例 6-5 中的那位新教师，试以《我教学生涯的第一次讲话》为题，拟写一份演讲稿。

9. 搜集 100 条表扬好人好事的话，分析其中所用的褒义词和句型。

10. 搜集 100 条批评坏人坏事的话，分析其中所用的贬义词和句型。

11. 试调查好孩子、好学生、好人的特征或标准，并对三者进行比较。

[主要参考资料]

1. 亚米契斯著、李紫译：《爱的教育——一个意大利小学生的日记》（1866 年），国际文化出版社公司 1997 年版。

2. 斯蒂文森著，姚新中、秦志华译：《伦理学与语言》（1944 年），中国社会科学出版社 1991 年版。

3. 黑尔著、万人俊译：《道德语言》（1964 年），商务印书馆 1999 年版。

4. W. Frankena, *Ethics*. 2nd edition. Englewood Cliffs, N. J.: Prentice - Hall, 1973. 参见弗兰克纳著、黄伟合等译：《善的求索——道德哲学导论》，辽宁人民出版社 1987 年版。

5. National Education Association, 1975, Code of Ethics of the Education Profession. In *NEA Handbook* 1979—1980. Washington, D. C., the Association, 1979, pp. 285—286.

6. Dwight Boyd, The Moralberry Pie: Some Basic Concepts. In *Theory into Practice*, Vol.16, No.2, April 1977.

7. 夏甄陶：《关于目的的哲学》，上海人民出版社 1982 年版。

8. 日本筑波大学教育学研究会编、钟启泉译：《现代教育学基础》（1982 年），上海教育出版社 1986 年版。

9．郭先珍等编:《常用褒贬义词语详解词典》,商务印书馆 1992 年版。

10．H. Sockett, *The Moral Base for Teacher Professionalism*. New York, N.Y.: Teachers College, Columbia University, 1993.

11．人民教育出版社小学语文室编著:《九年义务教育六年制小学教科书·语文·第七册》,人民教育出版社 1995 年版。

12．吴铎主编:《九年制义务教育课本·思想品德(二年级第二学期)》,上海教育出版社 1995 年第 2 版。

13．毛蓓蕾:《集体力量大》,吴慧珠主编:《名师授课录·小学思想品德》,上海教育出版社 1995 年版,第 33—40 页。

14．杜文艳主编:《九年义务教育六年制小学教科书·思想品德(第 3 册)》,江苏教育出版社 1999 年版。

第七章　德 育 方 法

教师如何运用语言、榜样、情境、环境、体验等手段对学生进行道德教育？这是方法问题。一种手段往往有多种用法，一种方法也可能运用多种手段。我国学校德育常用的方法有说服教育、情感陶冶、实际锻炼、榜样示范、修养指导等，西方学校则推崇道德讨论、案例研究、角色扮演等。这里从实现学校教育的道德目的出发，着重推荐和考察其中的几种教育方法。

一、说　　服

教师借助语言劝导学生，根据学生的认识水平，充分地陈述理由，使学生理解并接受某种道德观念，改变或形成某种态度，这是道德教育中最常用的一种方法——说服。

（一）说服与压服

说服与压服截然不同。说服强调以说理的方式使人心服，压服则用权威、权力、暴力、专制、威胁、恐吓等强制性手段迫使人屈服。在正常情况下，教师宜以说理的方式使学生听从教导。不过，说服需要经历一个较长的过程。情况紧急时，慢条斯理的说服就会延误时机，甚至造成危害。教师应该当机立断，运用自身的权威，命令学生按要求行事。仅此而言，压服并非一无是处。用强制手段压服，在对象的力量不足以反抗的情况下，一时可以奏效。但学生毕竟是迫于压力而屈从的，内心并未理解更未接受压服者的要求，当压力消减时，这种要求就不会有约束力。说服虽然需要较长的时间，效果却比较牢靠。因为理由充分的要求，更容易被学生理解和接受，内化为学生的自我要求。

用说服而不用压服的办法改变或形成学生的态度或行为，不全是因为从长远看说服更有效。人有理性思维的能力，所以人和人交流要说理。对学生说理，以理服人，暗含一种假设——把说服对象视为有理性的人，并且希望他们更具理性。教师用说服的方法进行道德教育，本身具有示范作用，潜移默化之中，学生逐渐倾向于用理性的方式待人处世。所以，尽管压服之类的非理性方法有时更能迅速改变学生的立场和态度，取得一时之效，解救燃眉之急，教师还是应当尽可能运用理性的方法，耐心说服学生。多费口舌也在所不惜。

对强势者，以理服人，自不待言；难的是，对于弱小，也以理服人。在师生互动中，教师一般居于强势地位，情急之下，往往凭借自己的强势迫使学生听从教导。教师需要自觉地克服强势心态，说服学生，而不压服学生。只有把学生当作有理性的人加以教导，才能把他们培养成为真正富有理性的人。

（二）说理的逻辑

说服的关键在于说理。说理的过程其实就是证明的过程，即运用证据进行论证并得出结论的过程。有说服力的论证，有赖于充足的证据和合理的论证。合理论证的根本，是合乎逻辑的推理。从思维的形式说，推理主要有三种模式：从一般到特殊的演绎推理，从特殊到一般的归纳推理，从特殊到特殊的类比推理。

1. 演绎推理

简单的演绎推理，是直言三段论，它以两个包含共同项的性质判断为前提，推导出一个新的性质判断——结论。这是一种从一般到特殊的推理，论证的结论不会出现论证的前提中未包含的信息，结论中所有的项都必定包含在前提之中。例如，“所有的人都会死，苏格拉底是人，所以苏格拉底会死”。这是一个有效的论证，其结论中的两个项（“苏格拉底”和“死”）均在论证的前提中出现过。“所有的人都会死，苏格拉底会死，所以苏格拉底的狗会死。”这是一个无效的论证。“苏格拉底的狗会死”的确是一个合乎事实的断定，但它不是从论证的前提中推导出来的，因为前提中没有提及苏格拉底的狗。

有效的论证告诉人们从前提中推出来的结论，而且只有前提中就有的东西才能推导出来。这条规则同样适用于道德推理。如果要通过演绎推理有效地得出一个包含道德判断的结论，那么，论证的前提中必须至少有一个道德判断。如教例 7－1 和教例 7－2 的结论，分别包含一个义务判断（“大家要对人礼貌”）和一个价值判断（“羞辱人是不对的”）。教例 7－1 依据的大小前提分别为义务判断（“大家要尊重人”）和价值判断（“对人礼貌是尊重人的表现”），教例 7－2 依据的大小前提则分别是价值判断（“使人痛苦是不对的”）和事实判断（“羞辱使人痛苦”）。只有从“使人痛苦是不对的”这一价值前提出发，才能根据“羞辱使人痛苦”这一事实断定进行推理，有效地得出“羞辱人是不对的”这一结论。假使有人（如虐待狂）不赞同“使人痛苦是不对的”这一价值判断，就无法根据“羞辱使人痛苦”这一事实，说服他“羞辱人是不对的”。

	教 例 7－1	教 例 7－2
大前提	大家要尊重人，	使人痛苦是不对的，
小前提	对人礼貌是尊重人的表现，	羞辱使人痛苦，
结 论	所以，大家要对人礼貌。	所以，羞辱人是不对的。

仅仅从事实出发，不能有效地推出伦理结论。任何只包含事实前提的论证，都不可能有效地得出“应当是什么”或“应当做什么”的结论。这种论证在结论中都有前提中所没有的某种新观念——价值观念或义务观念。道德推理总是要有价值或规范前提。因此，在运用演绎推理的方式说服学生改变态度，说服学生做或不做某事时，教师需要把主要的精力放在寻求恰当的价值前提和规范前提上，并努

力揭示这一基本前提与其他前提(包括事实性前提)的关联。

2．归纳推理

演绎的前提不能凭空虚构,要靠归纳或类比得来。

归纳推理即从个别性前提出发推出一般性结论,包括完全归纳推理和不完全归纳推理。完全归纳推理的前提涵盖一类事物的全部个别现象,结论的断定不超出前提所断定的范围,结论是由前提必然推出的。例如:“奴隶社会禁止偷盗,封建社会禁止偷盗,资本主义社会禁止偷盗,社会主义社会禁止偷盗,所以,存在私人财产的社会都禁止偷盗。”这可以说是一个完全归纳推理。这种归纳推理的前提和结论之间的关系是蕴涵关系,因而是一种必然性推理。

完全归纳推理要求考察一类事物的全部个别现象,因而只适用于个别现象有限且为数不多的对象。由于道德问题的复杂性,完全归纳推理在伦理说服中的应用范围受到相当大的限制。运用归纳法的道德推理多属不完全归纳推理。不完全归纳推理包括简单枚举归纳推理、科学归纳推理和统计归纳推理等。教师说服学生时,多以简单枚举法归纳普遍性的道德判断。例如:“科学研究要有团结协作的精神,工程建设要有团结协作的精神,连做游戏也要有团结协作的精神,总之,做任何事情都要有团结协作的精神。”这种归纳推理只考察一类事物部分对象的情况,推出的结论会超出前提陈述的范围,所以结论具有或然性,不完全可靠。尽管从逻辑上说简单枚举归纳推理得出的结论未必有效,但在教育上简单枚举法(例证法)是一种常用的说理方法。对于中小学生来说,生动的事例往往比严密的演绎推理更具说服力。

3．类比推理

类比也是一种常用的说理方法。类比推理既不同于从一般到特殊的演绎,也不同于从特殊到一般的归纳,它是一种从特殊到特殊的推理,即对比两类或两类以上的事物,根据它们在某些属性上相同,推出它们在其他属性上也相同。

类比推理像简单枚举归纳推理,结论不一定可靠,却是教师说服学生常用的方法。特别在和学生面对面交锋时,教师无暇作细致深入的分析,类比就成了说服学生最方便有效的武器(见教例7－3)。

教例7－3

未熟的李子

中学生中的早恋现象时有发生。虽然班主任时时敲警钟,但仍有人"明修栈道,暗度陈仓"。一位学生甚至说:"毛主席说过,要想知道李子的滋味,必须亲口尝一尝。""但是,李子还小就摘下来吃,是什么滋味?"我问。"又酸又涩。""长成熟了呢?""甜的。""同学们,我们为什么不等到李子成熟了再享受呢?"形象的比喻,深入浅出地阐明了一个道理,不死板,不生硬,很容易为学生所接受。

(转引自 hitp://www.chinaedu.edu.cn
"基础教育"栏1999年11月29日版)

(三)结果论与非结果论

说理除了涉及推理的一般逻辑规则之外,还涉及道德推理特有的一些思维方式。

教例7－4

互　谅

甲生不小心踩在乙生脚上,乙生疼痛不已,两人因此发生冲突,闹到班主任那里评理。班主任了解事情的原委之后,对乙生说:"甲不是故意的,请你原谅他。"接着对甲生说:"你虽然不是故意的,但你还是踩痛了乙,你该主动向他道歉,请他原谅你。"

教例 7-4 中，班主任一方面从甲生的行为动机出发，劝乙生原谅甲生；另一方面又从甲生的行为后果出发，劝甲生向乙生道歉。同是劝说学生相互谅解，说理所用的道德推理方式却截然不同。如果把这两种道德推理方式极端化，只根据行为的后果来说服学生按要求行事，或者接受某种道德价值观，就是“结果论”的说理方式；反之，不从行为的后果出发说服学生，而只根据普遍的伦理原则或道德义务，为各种行为规范辩护，就是“非结果论”的说理方式。

结果论强调行为的善恶取决于行为的后果，某种行为道德或不道德由它的结果来决定。要想评判学生的所作所为对不对，就必须了解学生行为的后果。当然，仅仅知道学生所做事情的后果是不够的，还要知道产生什么样的后果才是好的。劝导学生做 A 还是做 B，既要知道行动 A 和行动 B 的后果，又要知道哪种后果更好。

结果论的主张是，正确的行为是使善最大化的行为。这一主张应用于社会就是著名的社会功用主义，强调为最大多数人谋求最大福利。社会功用主义提醒我们，如果根据行为的后果来评价行为的道德性，就必须考虑行为对每个人的后果。但是，功用主义容许为了大多数人的利益而牺牲少数人的利益，这在道德上可能会产生严重的恶果。

让我们想像一下：有一打虐待狂，他们有幸逮着一个可能的受害者。他们正在争论，花一个快乐的夜晚折磨他们的俘虏对不对。这伙人中有一个这样论证道：“我们必须承认折磨这个人会造成一定数量的痛苦。可想一想，我们会给自己带来多大的快乐。而且我们有 12 人。尽管这个人的痛苦可能会超过我们当中任何一个人的快乐，但肯定超不过我们所有人的快乐。所以，折磨这个人会增加平均功用，我们应该这么做。”假定这些对折磨人的后果的判断是对的，还推得出道德结论吗？如果有人认可功用主义，就似乎推得出。可我们猜想，我们的道德敏感性会反对这样一种论证。如果功用主义能够为这样的行为辩护,也许我们就该对它有点怀疑了。①

不考虑行为背后的动机,把行为后果直接与品行善恶等同起来,是荒谬的。无主体意识的行为,无论产生什么样的结果,均无品行善恶可言。撇开行为的动机,就不能对行为本身作道德评价。

从行为者的动机或意愿出发进行说理的方式是"非结果论"的推理方式。这种推理方式认为道德与行为结果无关,尽管道德的行为往往会产生好的结果。凡是动机善良、从普遍的伦理原则或道德义务出发的行为,不论造成何种结果,都是道德的行为。

非结果论强调道德规则具有普遍性,没有例外,适用于所有人的规则适用于每个人,不许任何人将自己视为特例。这种普遍性对道德判断提出了一致性的要求,不能根据环境来承认或反对某种道德规则。道德判断必须始终如一,不论情况怎么变化,不论造成什么结果,都必须得出一样的道德判断。

按照这种思维方式说理,经常会用到孔子提倡的恕道——"己所不欲勿施于人"(《论语》),或者,用到西方一条金科玉律——"你们愿意人怎样待你们,你们也要怎样待人"(《圣经》)。你要是把某种规则运用于别人,你愿意该规则以同样的方式运用于自己吗?你要是撒谎,你愿意别人对你撒谎吗?你要是偷盗,你愿意自己被盗吗?如果你愿意撒谎却不乐意别人对你说谎,就说明你不愿意把这条指导自己行为的规则视为人类行为的普遍规则。教师这样给学生讲道理时,就是在进行非结果论式的道德推理。

非结果论的说理方式隐含一个重要的伦理假设,那就是,要把人视为目的,而不视为手段。人有内在的价值和尊严,所以要尊重人。道德的一致性要求设定了人人有权受到尊重。如果只把自己看成是目的,而把别人看成是手段,我们就不必操心要不要像希望别人对待

① Strike and Soltis, 1985, p.16.

我们那样对待别人。既然他人不是自在的目的,我们不必受尊重他人的道德法则支配,就可以把他人当作达到我们的目的的手段,而无需在乎他人的目的。结果论的推理和说理就存在这种倾向,把一部分人视为达到另一部分人的目的的手段。社会功用主义主张为绝大多数人谋求最大的福利,岂不是说只要能为绝大多数人谋求最大的福利,就可以拿少数人的福利同多数人的福利作交易吗?这不是在把一些人的不幸当作其他人幸福的手段吗?

非结果论似乎比结果论更加合理,但是这种思维方式一旦绝对化,就会遇到推理上的困难。例如,一个人凭什么来决断自己愿不愿意使撒谎成为一条普遍的行为规则呢?如果有个学生争辩说,他很乐意使撒谎成为一条普遍的行为规则,而不在乎别人是否对他撒谎,对于这种学生,教师会说些什么呢?教师很可能会这样劝导学生:不能承认撒谎是一条普遍规则,是因为撒谎会造成种种令人不满的后果。如果大家为人不诚实,就不能和睦相处。可是,这么说理,不是又站在结果论的立场上了吗?这就给坚持以非结果论方式说理的教师提出了一个难题:如果他们一概不承认行为的后果与其道德评价相关,就难以说明我们怎么能够决断某些道德原则可以普遍地受到意志的支配;如果他们谈论行为后果的话,非结果论的说理方式跟结果论的说理方式又有什么两样呢?

结果论和非结果论是两种截然不同的伦理思维方式,无论以哪种方式进行道德推理都有一定的说服力,但两者的说服力都不充足。理想的说理方式是把它们有机地结合起来,综合考察行为的动机和结果,以说服学生接受某种道德观念或行为方式。从理论上说,结果论和非结果论是对立的。但在实际的说服工作(如教例 7－4)中,两种推理方式并不一定冲突。可以针对不同的说服对象,不同的道德问题,可以采取不同的道德推理方式。

中国有句古话:“百善孝为先,原心不原迹,原迹贫家无孝子;万恶淫为首,论迹不论心,论心世上无完人。”广而言之,对于有价值的东西,只要承认它、接受它、追求它,即使力不能及,也不失为一个有价值、有道德的人;对于罪恶,只要识别它、警觉它、抑制它,虽然不能完全消除欲望,但只要不在行为上表现出来,就是一个有操守的人。就是说,对待恶,我们采取结果论的方式,论“迹”不论“心”,抵制“恶迹”,但不苛责“恶意”;对待善,我们采取非结果论的方式,原“心”不原“迹”,追求“善心”,但不苛求“善迹”。正如孔子所言,仁德并不是一种高不可及的道德境界,“我欲仁,斯仁至矣!”(《论语》)毛泽东在《纪念白求恩》中也说:“白求恩同志毫不利己专门利人的精神,表现在他对工作的极端的负责任,对同志对人民的极端的热忱。每个共产党员都要学习他……我们大家要学习他毫无自私自利之心的精神。从这点出发,就可以变为大大有利于人民的人。一个人能力有大小,但只要有这点精神,就是一个高尚的人,一个纯粹的人,一个有道德的人,一个脱离了低级趣味的人,一个有益于人民的人。”所采取的都是非结果论的思维方式,在善的追求上,但求心意,不论结果。这是一种非常通情达理的开明态度。

(四)事实判断与价值判断、义务判断

说理除了要重视论证之外,还要重视论据。说服学生,须有理有据。缺乏论据,不可能说服学生。

事实和价值或规范都可以作为论据,用于道德论证。但是,事实依据和价值-规范依据在道德论证中的地位和作用不同。如教例7-2,根据“使人痛苦是不对的”和“羞辱使人痛苦”,推演出“羞辱人是不对的”,其中大前提是价值判断,小前提是事实判断。这两个性质不同的判断,在教例7-2的推理中都不可缺少。实际上,教师有时只需对学生说“羞辱使人痛苦,所以羞辱人是不对的”,就能使学生信服。这样论证之所以有效,是因为它隐含了一个价值前提——“使人痛苦是不对的”;这样说理之所以使学生信服,是因为学生认同其中隐含的这个价值前提。教师和学生清楚双方共同持有的价值或规范取向时,说服工作的重点确实可以放在“摆事实,讲道理”上。正如结果论显示的那样,行为后果方面的经验性事实,是道德推理的重要

依据。没有相应的事实根据,往往难以形成伦理结论。

但这并不表示从事实判断出发可以推导出伦理结论。仅仅靠事实依据,教师不可能说服学生该做什么或不该做什么,也不可能使学生信服什么是对的或什么是错的。要对一个道德判断进行辩护,说服学生,必须依据一定的道德判断(道德价值判断或义务判断)。

价值判断签定事物的价值,告诉学生什么是好、什么是坏,什么有价值、什么没有价值,什么可取、什么不可取,什么是道德的、什么是不道德的,什么叫高尚、什么叫卑鄙,什么叫光荣、什么叫可耻。义务判断指导人们的行为,告诉学生该做什么、不该做什么,什么是正当的行为、什么是不正当的行为。事实判断是对可以观察的情况或事件所作的判断,是可以通过经验加以证实或证伪的判断。它只告诉学生世界的实际情况是什么样子,不告诉学生世界应该是什么样子,也不告诉学生应该做什么。事实判断只描述事实,没有评价功能和规范功能。许多人说过谎,但不能因为这个事实断言“应该说谎”;说谎造成了人与人之间的大量的不信任和不团结,但我们无法仅仅根据这样的事实,断言“说谎不对”,除非我们认为人和人之间不信任、不团结是不可取的。如果学生不在乎人和人之间的相互信任和团结,我们就无法根据说谎经常造成人与人之间的不信任和不团结这种事实,向他们证明说谎不对。

可见,伦理论证的根本依据,是价值取向或规范取向,而不是事实。教师对学生说理,首先要考虑的不是“摆事实”,而是寻求或建构双方都认可的价值或规范取向。以学生未认可的价值判断或义务判断为前提演绎出来的伦理结论不易为学生接受,根据学生信服的判断或学生信服的人所赞同的意见推导出来的伦理结论才能使学生信服。

(五)单面论据与双面论据

道德是一个争议颇多的领域,任何道德判断几乎都可以找到支持和反对它的论据。教师习惯用正面论据说服学生,其实,反面论据在说理中有时可以收到特殊的说服效果。

教例 7－5

继续战斗

美国的霍夫兰德(C. L. Hovland)等人在第二次世界大战末期，曾根据美国政府的要求，希望说服士兵们相信对日本的战争还可能要延长，以防止他们产生日本会提前投降的幻想。霍夫兰德等人准备了两种不同的说服信息。第一种是只提供正面论据，强调日本军队人数多，士气高，有武士道精神，还控制了不少当地资源。而美国到太平洋盟军基地的补给线很长，不容易迅速供应补给品，因而战争可能要继续两年。第二种是提供正反两面的论据。除了介绍上述第一种论据外，还强调了不利于日军继续作战的因素。如“盟军的海军力量强于日本”、“在过去两次海战中，日本海军损失惨重”等等，结论还是战争要继续两年。结果发现，对于受教育程度较高士兵来说，提供正反两方面论据比较容易改变态度。而只提供正面论据更有助于受教育程度较低的士兵改变态度。这可能是因为受教育程度较低的士兵理解能力较差，分不清正反两方面论据中，哪些是正确的，哪些是不正确的，因此，他对正反两方面的论据感到无所适从，较难改变态度，而受教育程度较高的士兵，理解能力较强，能对相反的论据进行客观分析，而且还会对说服者产生公正感，从感情上倾向于说服者，因而较易改变态度。

（引自皮连生，1997 年，第 203—204 页）

说服学生，既可以仅向学生提供支持自身观点的正面论据，亦可同时提供与自身观点相悖的反面论据。采取何种策略，依具体情况而定。

第一，依学生的理解能力而定。教例 7－5 提示教师，说服低年级学生，宜以正面论据为主；说服高年级学生，则可以考虑提供正反两方面的论据。

第二，依学生的实际态度而定。教师提出自己的观点之后，如果学生没有相反的意见，则教师只需提出正面论据，促进学生形成肯定的态度。在这种情况下，如果再提出反面的观点和材料，则会引起学生对反面材料的兴趣，进而怀疑正面观点和材料，不利于形成积极的态度。如果学生本来就有反面的观点，教师就要主动提出正反两方面的观点和材料，并用充分的论据证明反面的观点和材料是错误的。这会使学生感到教师是公正的，容易改变态度，并增强对错误观点的免疫力。

第三，依具体的任务而定。如果说服的任务是解决当务之急，只提供正面的观点比较有效。这时提出反面的观点和材料，会延长学生作出正确反应的时间。如果说服的任务是培养学生长期稳定的态度，提出正反两方面的观点和材料比较有利。

（六）说服与说教

说服法强调对学生讲道理，但说理不等于说服。证据充分，推理合乎逻辑，并不足于使学生心服。若要使学生接受，陈述的道理以及说理的方式必须能为学生所理解。脱离学生的生活经验，超越学生的认识水平，说理就会变成空洞的说教。我们可以找到许多理由为“考试不许作弊”的规定辩解，例如：作弊是一种自欺欺人的行为，而且对其他考生不公平，假如人人考试作弊，学校成何体统？这些理由均能成立，可是，用它们去劝说道德思维处于“前习俗水平”的学生考试不要作弊，与其说是“对牛弹琴”，不如说是“空洞说教”（详见第九章）。不顾学生的接受能力，一味地向他们讲述远远高于其发展水平的人才能理解的道理，这些大道理即使被学生背得烂熟，也不会被他们的认知结构同化，自然也不能作为一种内在的道德价值观体现在学生的实际行动上。

为了避免“说理”变成“说教”，教师需要针对学生已有的态度和认识水平，选择说服学生的理由及陈述理由的方式。据研究，师生原有的态度之间的距离，是影响学生态度改变的一个重要因素。如果双方态度差距小，学生容易发生同化判断，即具有自觉地缩小自己与教师之间态度差距的倾向，其态度容易改变。如果双方态度差距大，那么学生具有不自觉地扩大自己与教师之间态度差异的倾向，即容易产生异化判断，而使态度改变发生困难(见“教例7-6”)。所以，为了有效地改变学生的态度，必须先了解其原来的态度，估计与说服者态度的距离。若两者差距悬殊，就从较低要求开始，然后逐步提高，不断缩小两者的差距。急于求成，一开始就提出不切实际的高要求，不但难以改变学生的原先的态度，还容易产生对立情绪。

教例7-6

睡眠时数

1966年，有人做过一个改变学生对睡眠时间的传统态度的实验研究。实验者先询问被试者最恰当的睡眠时数，平均数为7.89小时，作为被试原先对睡眠时数的态度。然后根据被试的回答将他们分为7个组，每组被试都读一篇三页长的文章，并告诉他们文章的作者是一位获得诺贝尔奖的著名心理学家。各组的文章分别认为，从健康和工作效率考虑，每天最恰当的睡眠时间应该为零至8小时。读完文章后，要求回答两个问题。一是你是否相信作者所讲的道理？二是你现在认为，最恰当的睡眠时数是多少？结果发现，文章提倡的睡眠时数与被试者的原先态度比较接近，其态度就会发生改变。若两者超出了一定限度，被试仍会坚持原来的态度。

(引自皮连生，1997年，第206页)

(七)说服中的理性因素与情感因素

道德推理的论据和结论都包含带有倾向性和情感色彩的道德判断,说服过程因而不纯粹是理性过程,还是情感过程。说服人的艺术在于情理交融,以情动人,以理服人。但情感和理智在说服中所起的作用各不一样。说服中的情感因素对态度的改变容易起到立竿见影的效果,但这种影响往往不能持久;说服中的理性因素则会产生长期的效果。

说服中的情感因素与理智因素在改变学生态度上,受到学生成熟度的制约。年幼的学生更容易接受富于情感色彩和引人入胜的教育内容,而对于有一定抽象思维的学生来说,理由充分、逻辑性强的教育内容更具说服力。对于一般学生来说,说服开始时加强情感色彩有助于引起学生的兴趣(动之以情),然后再用充分的材料进行说理论证(晓之以理),会产生长久的说服效果。

二、示　　范

说服法运用的手段主要是语言,示范法运用的手段主要是榜样。如果说言语的运用重在说服力的话,榜样的示范则重在感染力。

(一)以德服人

使学生改变态度,按要求行事,有三种办法:以力服人,以理服人,以德服人。以力服人,系权宜之计,不得已而为之;以理服人,才是上策;以德服人,则是上上策。

“以力服人,非心服也,力不赡也。”(《孟子·公孙丑上》)靠强力迫使学生屈从,这种服从是表面的、短暂的,不是心服。怎么才能使学生心服?以理服人。靠讲道理说服人,自然强于压服。然而言辞的力量并非万能,漂亮话并不总能服人。“仁言,不如仁声之入人深也。”(《孟子·尽心上》)道德言论固然重要,但仁德的行为所赢得的声誉(“仁声”)则会不胫而走,深入人心。不依靠言辞,也不仰仗武力,而凭借自身的道德表率感化学生,这是道德教育的最高境界。“以德服人,中心悦而诚服也。”(《孟子·公孙丑上》)其教育效果牢固而持久。

(二)直接示范与间接示范

以德服人是一种直接示范。教师以身作则,在工作、公共生活和私人交往中为人师表,躬行对学生的道德要求,努力成为学生的道德表率,这就是一种直接示范。儿童通过观察教师的行为,发现成年人是如何待人处世的,并且模仿教师的行为方式待人处世。教师的行为对学生会产生强有力的影响,学生从教师所作所为中习得的东西,甚于从教师所教中学到的东西。

此外,教师称赞的历史人物或现实中的人物,其言行举止对学生也有示范作用。教师以历史上或现实生活中的道德典范为样板,鼓励学生见贤思齐,效法他们的行为方式和思维方式。相对于教师本人的示范,这是一种间接示范。

直接示范的教育效果强于间接示范。给学生树立的榜样,也应该是教师本人的学习榜样。这样的榜样对学生才真正具有感染力。教师与其号召学生学雷锋,不如和学生一道学雷锋。教师向学生的榜样学习,成为向榜样学习的榜样,本身就是一示范。间接示范完全可以同直接示范结合起来使用。

三、讨　　论

通过教师本人的言传身教影响学生的品德,一直是学校德育的优良传统。自集体教育制度形成以来,学生集体其实也是影响学生个体品德发展的重要因素。教师组织和指导学生以班级或小组为单位,围绕一定的道德问题展开讨论,就是一种通过学生集体教育学生个体的方法。

道德讨论的教育意义首先在于,经学生集体共同讨论决定的公约、规则,有助于学生个体态度的改变。它们使集体中的每个成员承担了执行规定的责任,因而对学生个体会产生约束力。这种约束力,随学生觉察到的集体意见一致程度的提高而增强。一旦某个学生出现越轨行为,就会遇到集体有形或无形的压力,迫使他们改变自己的态度。据裴宁同(D. Penigton)等人研究,如果集体讨论和集体决定在程序上结合进行,集体中的意见一致性越高,就越有可能引起集体成员态度的改变。所以,如果教师期望有效地改变学生的态度,使用集体讨论后作出集体决定的办法,肯定是有益的。

道德讨论的教育意义不限于讨论的结果——形成对集体成员有约束力的集体决议,即使集体讨论没有达成明显共识,讨论的过程也可能影响学生品德的发展。

教例 7－7

善待布赖恩

帮助有学习缺陷的儿童融入普通班之中,在美国是一项得到优先考虑的教育措施。某校某班,有个名叫布赖恩的9岁小男孩,他患有轻度小儿麻痹症,是全班捉弄的对象。他松不开夹克衫拉链,课间休息在操场上动作不协调,诸如此类的事情常使他遭人取笑。每当布赖恩不停地遭到嘲笑时,常见他整堂课哭哭啼啼。

有一天,布赖恩没来上学。华伦太太抓住这个机会,要求全班学生讨论一下她认为班上存在的这个严重问题。学生们听到老师说存在一个"问题"时,似乎都感到十分惊讶,但他们还是围在一起展开了讨论。

华伦太太解释说:"有的人天生就有病,不能像正常人那样运用自己的肌肉,要他们像正常人那样行动是很困难的。我不知道,各位如果你们自己不能做一些事情,还被其他小朋友取笑,你们会是什么样子?"

教室里一片安静。华伦太太说话的语气不愠不火，但充满了关怀和敏感性。

有个女孩开始说话了:"蒂姆和杰克取笑布赖恩的时候,我感到非常难过。"

杰克马上应道:"我不是想伤害他呀。"

讨论继续进行着,几乎每个学生都发了言。有些学生站在布赖恩的立场上看问题,杰夫说:"如果有人那样取笑我,我会很生气,很难过。"珍尼特提出了"公平"问题:"那不公平——就像我们做游戏时那样,故意跑得那么快,而布赖恩没有办法跑快,我们是在作弊。"

这是一场没有答案的情感性讨论。第二天,布赖恩回到学校,有好几个学生主动上前帮他拉夹克衫拉链。课间休息时,布赖恩和大家一起打球,三次安全上垒。日子一天天过去,取笑人的现象再没有发生。

(引自 Hersh, Paolitto, and Reimer, 1979, pp.4-5)

教例7-7描述的这场班级讨论表面上没有形成任何集体意见,实际上却导致了全班学生态度和行为的变化,更可喜的是学生道德思维方式也在发生变化。尽管这个班的学生都倾向于"要善待布赖恩,不要取笑他",但是,他们的理由和推理方式不尽相同。珍尼特的意见,对班上大多数学生的道德认知结构很可能会产生冲击,造成认知失衡。珍尼特的思维方式一旦被他们理解和接纳,其道德判断力将进入更高一级的发展阶段。研究表明,儿童通过对道德难题特别是两难问题的讨论,能够理解和同化高于自己一个阶段的同伴的道德推理,拒斥低于自己道德阶段的同伴的道德推理。因此,围绕道德难题的班组讨论,是促进学生道德发展的一种有效方法。

这种旨在促进学生道德判断力发展的道德讨论,除了要使用能够引起学生认知冲突的道德两难情境之外,还有其他要求,如:讨论的班组必须由处于不同的道德认知发展阶段的学生混合而成,使学生有机会接触高于他们推理水平的道德判断，触动其原来的道德经验结构，产生不满足感，以达到改变自己原有的道德经验结构的目的；教师应具备儿童道德发展的理论知识，并根据儿童道德发展的阶段特点，启发学生在班组讨论中积极思考，主动交流和辩论，作出判断，寻找自己认为正确的答案。教师还要鼓励学生在讨论中考虑别人的观点或意见，协调与他人的分歧（详细分析参见第九章）。

四、角色扮演

人生活在群体之中，担当着各自的角色。角色是在社会中的位置，也是想象中的自身社会形象——别人会怎样看待我？角色与行为有密切联系，人一旦确定自己的角色，也就确定了自己的行为方式。就像演戏，角色按照脚本演出，也用脚本来衡量演出是否得体，是否成功。一个女人在孩子面前扮演母亲，在父母面前扮演女儿，在丈夫面前扮演妻子，都要遵循不同的行为方式，否则就会闹笑话。可以对丈夫撒娇，训斥孩子。如果对孩子撒娇，训斥父母，就会惹人耻笑，自己也感到不得体[①]。角色控制着行为，角色扮演因而成了道德学习的一种方式。角色扮演是儿童社会化的一部分，有助于学生的社会化，学生通过这种活动学习各种不同的社会行为方式。

人们有时对自己担当的角色不满，有时因为不了解别人的角色或不理解他们为什么扮演这种角色，而误解他们的态度和感情。立场相同的人可能行为截然不同，追求一样的目标，却可能因为一方的行为被另一方误解而不能达成目标。为清楚地了解自己和他人，重要的是要了解各种角色，并懂得如何扮演这些角色。要做到这一点，就必须能够设身处地为别人着想，尽可能体验别人的思想和感情。借助移情，就能够比较准确地解释各种人际互动关系和社会事件。

角色扮演就是一种引导学生担当别人角色的教育方法。它向学

① 龚文庠，1994年，第197页。

生提供各种以经验为基础的学习情境,通过人际或社会互动情境,再现学生现实生活中可能发生的人际或社会难题。它使学生以参与者或观察者的身份,卷入这种真实的问题情境中,作出相应的反应。而由扮演所引起的一系列言语或行动、理智或情感反应,又成了学生道德探索的直接经验。借助这些经验,学生可以去探究和识别自己及他人的思想、感情,洞察和理解自己及他人的立场、观点和内心感受,形成解决人际或社会问题的技能和态度。总之,角色扮演有助于培养学生对他人处境、需要、利益的敏感性,以及设身处地为他人着想的移情能力(详见第十章),有助于引导学生学习处理人际冲突,改善人际关系(如教例 7-7),有助于改变学生的态度(如教例 7-8)。

教例 7-8

风纪股长

有个小学女老师最近很烦恼,因为自己担任班主任老师的二年级四班有一个非常调皮的小孩,他在上课会作怪,常弄得小女生泪汪汪的,让班里的风纪股长对他恨之入骨,非常麻烦。

她问别班的老师该怎么办,这个老师告诉她一个方法,就是让这个顽皮的学生担任风纪股长。她对这个办法到底有没有效,也是半信半疑的,总之她还是试了这个办法,结果这位调皮的学生态度整个变了过来。上课时,如果其他小孩在讲话,他也会当场就叫那些小孩不要讲话,弄得老师只有苦笑的份了。

(高桥绅吾,1998 年,第 134 页)

学生(特别是小学生)往往站在自己的立场上考虑人际互动的行为后果。角色扮演可以变换学生的位置,体会别人(角色)的行为造成的后果。西方警察局对酒后开车者的一种教育方式是在“学习班”

里让其扮演处理交通事故的警察,或者扮演被酒后开车撞死的人的家属。“警察”对违规驾车者的批评,“死者家属”泣诉,都会给扮演者留下深刻的印象。让乱扔纸屑的学生扮演卫生监督员,与此同理。角色扮演有助于学生认识和了解人际互动行为的后果。

表 7-1 角色扮演模式的结构序列

阶段	内容
第一阶段 使小组活跃起来	认定或提出问题。 使问题明确起来。 解释问题,探讨争端。 说明角色扮演的经过。
第二阶段 挑选参与者	分析角色。 挑选角色扮演者。
第三阶段 布置舞台	划定表演的行动路线。 再次说明角色。 深入到问题情境中去。
第四阶段 培训观察者	决定要注意什么。 指定观察任务。
第五阶段 表演	开始角色扮演。 继续角色扮演。 中止角色扮演。
第六阶段 讨论和评价	回顾角色扮演的表演(事件、观点、现实性)。 讨论主要观点。 设计下一次的表演。
第七阶段 再次表演	扮演修正过的角色,提出此后的步骤或行为的选择的建议。
第八阶段 讨论和评价	同第六阶段
第九阶段 共享经验与概括	把问题情境与现实经验同现行问题联系起来。 探索行为的一般原则。

(源自 F. Shaftel and G. Shaftel,1967;引自丁证霖等,1991 年,第 317 页)

简单的角色扮演,只要求学生扮演问题情境中的角色,采取实际行动,处理情境中的人际或社会问题。复杂的角色扮演,如谢夫特(F. Shaftel and G. Shaftel)设计的角色扮演,还包括表演前对问题的描述,表演后对问题的讨论。而且让学生轮流充当角色扮演者和观察者,分别负责设计和表演,以及对角色扮演进行观察、分析和评论。观察者如果有新的建议,就有可能成为下一轮的角色扮演的参与者。无论扮演者还是观察者,都要求设身处地为别人着想,并尽可能同其他角色扮演者交往[①]。

从表 7-1 勾勒的角色扮演模式中不难看出,讨论法也在其中发挥重要作用。角色扮演只是一种教育方法,不是为表演而表演,因此,表演前对问题情境的认识和探讨,表演中的观察,表演后的分析和评论,与角色扮演本身同等重要,这些活动同样有助于学生对社会角色的认识。

其实,德育方法很少单独使用。正如角色扮演经常夹杂着讨论,榜样示范往往伴随着言语上的说服,说服中也时常有讨论和角色扮演。相对而言,说服重在提高学生的道德认识,示范重在向学生展现适当的行为方式,道德讨论特别有利于提高学生道德判断力,角色扮演则有助于培养学生的道德敏感性。每一种方法在实施学校德育的某个方面都具有一定的优势,在另外一些方面则可能有局限性。单单依靠其中的任何一种方法,都不足于实现学校教育全部的道德目的。学校德育有赖于教师根据学生的道德发展水平和道德发展规律,灵活机动地使用各种教育方法,并把它们有机地结合起来。

---

① F. Shaftel and G. Shaftel, 1967.

[作业与思考题]

1. 说服与压服的区别。
2. 说服与说理的区别。
3. 说服与说教的区别。
4. 试评析和比较结果论和非结果论的说理方式。
5. 试论事实判断和价值判断、义务判断在道德推理中的地位和作用。
6. 试比较直接示范与间接示范。
7. 试分析并比较说服、示范、道德讨论、角色扮演的教育意义。
8. 比较教例 6-2 与教例 7-7。

[主要参考资料]

1. F. Shaftel and G. Shaftel, *Role-playing for Social Values: Decision - making in Social Studies*. Englewoods Cliffts, N. J.: Prentice - Hall Inc., 1967.

2. Richard H. Hersh, Diana Pritchard Paolitto, and Joseph Reimer, *Promoting Moral Growth: From Piaget to Kohlberg*. New York: Longman Inc., 1979.

3. K. Strike and J. Soltis, *The Ethics of Teaching*. Teachers College, Columbia University, 1985.

4. 丁证霖等编译:《当代西方教学模式》,山西教育出版社 1991 年版。

5. 龚文庠:《说服学——攻心的学问》,人民出版社 1994 年版。

6. 江苏省教育委员会教学研究室编著:《九年义务教育六年制小学试用课本·语文(第二册)》,江苏教育出版社 1996 年第 2 版。

7. 皮连生主编:《学与教的心理学》,华东师范大学出版社 1997 年第 2 版。

8. 高桥绅吾著、李良编译:《洗脑》,陕西人民教育出版社 1998 年版。

第八章　直接道德教学与间接道德教育

提起德育，我们首先联想到的是小学的“思想品德课”、中学的“思想政治课”、大学的“政治理论课”或者别的道德课。其实，在学校当中，对学生道德发展更具影响力的，与其说是道德课，不如说是各科教学、党团少先队组织的各种课外活动以及其他形式的集体活动。因此，对学校德育途径的探索，不能局限于每周只有一两课时的道德课，渗透在学科教学和学校生活中的道德影响才是我们关注的焦点。

一、从“以学为本的德育”到“以教为本的德育”

古代教育以伦理为本,而且是个别教育。这种个别化教育以学生的自我修养和道德实践为主,教师只在学生自修和践行中相机施教。教师的“教”,直到近代才逐渐成为德育乃至整个教育的基本途径。

古代教育虽以伦理为本，但诉诸个体对权威和习俗的盲从，强调行为习惯的训练。这种非理性德育，在近代西方受到挑战。18世纪以来，在启蒙思想的影响下，人们反对宗教的道德教育，追求理性的道德教育，要求道德教育建立在知识教育和理性发展的基础之上。

理性德育势必要求通过教学来实施。教学诉诸理性和知识,通过教学可以使学校德育具有一定的理性基础。所以,近代教育家特别强调通过教学进行道德教育。例如，康德把教学（教导、教养、陶冶）与养护、管束并列在一起，视之为实现教育的道德目的的基本手段或途径[①]。但在康德时代，“教学”依然不是一个明确的概念和术语。

“教学”作为教育界的一个基本概念，是由赫尔巴特明确提出来的。他把“教学”和“训育”看成是两种基本的教育措施或途径。其中，教学以培养儿童多方面的兴趣为直接目的，训育以培养儿童性格的道德力量为直接目的，两者均以道德为最终目的或最高目的。赫尔巴特特别强调教学与教育不可分割的联系，断言不存在“无教学的教育”，也不存在“无教育的教学”，主张“通过教学来进行教育”[②]（显然，赫尔巴特所说的“教育”就是“德育”）。人们按照这种思想构建学校教育，教学与德育才逐渐形成一种固定的联系，成为实施德育的一条基本途径，也成了学校的一项主要工作。

教学在近代成为德育的基本途径，是“非理性德育”向“理性德育”演变的历史使然，也与当时教学内容主要是古典人文学科有关。这类学科包含大量道德内容，通过教学进行道德教育比较容易，也相当自然[③]。总之，教学与德育的关系相当密切、和谐。

二、直接道德教学

通过何种途径实施德育，在近代并非难题。通过古典人文学科的教学，自然地渗透道德教育，可谓学校德育的传统。然而，随着自然科学知识大量涌入学校和教室，学科教学逐渐与德育疏远，仿佛成了专门实施智育的途径，教育界不得不另辟蹊径实现学校教育的道德目的。这条新途径就是直接的道德教学。

---

① Kant, 1803.

② 赫尔巴特，1806 年，第 12—18 页。

③ 余秀兰，1995 年。

(一)道德课的由来

1872 年,日本颁布《学制》,要求小学开设“修身”课,中学开设“修身学”课。1882 年,法国在西方率先以法令形式规定“道德课”为学校的正式课程。此后,许多国家纷纷效法,在学校设置专门的“道德课”或“公民课”、“公民道德课”、“修身课”、“道德与社会关系课”、“共产主义道德品质教育课”、“道德价值教育课”、“人格教育课”,希望通过专门的道德课,系统地向学生传授道德知识和理论。杜威(J. Dewey)把这种德育途径称作“直接道德教学(direct moral instruction)”或称“关于道德的教学(instruction about morals)”①。直接的道德教学途径的开辟,使教学与德育的关系又密切起来。

我国自 20 世纪初开始设置道德课。1902 年,清政府颁布《钦定学堂章程》(即“壬寅学制”),规定蒙学堂和小学堂均开设“修身”课,分别教以“孝悌、忠信、礼义廉耻、敬长尊师、忠君爱国”,及“《曲礼》、朱子《小学》”和“性理通论、伦常大义”等。1904 年,清政府颁布并实施的《奏定学堂章程》(即“癸卯学制”),把“修身”课列于小学课程之首,规定“其要义在随时约束以和平之规矩,不令过苦,并指示古人之嘉言懿行,动其欣慕效法之念,养成儿童德性,使之不流于匪僻,不习于放纵,尤须趁幼年时教以平情公道,不可但存私吝,以求合于爱众亲仁、恕以及物之旨。此时具有爱同类之知识,将来成人后即为爱国之根基”。其内容,初等小学为“摘讲朱子《小学》、刘忠介《人谱》、各种养蒙图说,读有益风化之极短古诗歌”;高等小学为“讲‘四书’之要义,以朱注为主,以切于身心日用为要,读有益风化之古诗歌”。

清廷曾把“修身”课改为“道德要义”,但国民政府成立之后又恢复“修身”课的称呼。1923 年改“修身”课为“公民”课,后来又改为“三民主义”和“党义”等课,1932 年改为“公民训练”,1942 年改为“团体训练”,1948 年恢复“公民训练”课。

另一方面,共产党领导的苏区小学设置了“共产主义”或“共产主

---

① Dewey, 1909, p. 268.

义浅说”、“政治常识”、“社会进化史”等课。抗日根据地的中小学设置“政治常识”或“政治”、“公民训练”或“公民”、“边区建设”等课。解放区的中小学则开设“政治”或“政治常识”、“公民”、“民主政治”、“民主建设”、“青年问题”、“时事研究”、“政治经济学”、“新民主主义论”、“政策”、“中国革命运动史”、“哲学”、“社会发展史”、“时政讲话”“社会科学”等课。

中华人民共和国成立后，按照老解放区的经验，在中学开设政治课。1950 年，教育部颁发《中学暂行教学计划(草案)》，规定中学 6 个年级均开设“政治”课。1951 年 6 月，教育部下达通知，调整中学教学计划，取消“政治”课，初三开设“中国革命常识”课，高二及高三上学期开设“社会科学基本知识”课，高三下学期开设“共同纲领”课。11 月通知，再作调整：初三开设“中国革命常识”课，高一、高二开设“社会科学基本知识”课，高三开设“共同纲领”课；从初一到高三增设“时事政策”课。

1954—1955 学年，中学各年级的“时事政策”课被取消，决定在初二增设“中国革命常识”课，但因无适当教材暂未开设，初三继续上“中国革命常识”课，高一、高二继续上“社会科学基本知识”课，高三改上“政治常识”课。

1955—1956 学年，变化较大。初三的“中国革命常识”课改为“政治常识”课，高三的“政治常识”课改为“中华人民共和国宪法”课，高一不设“社会科学基本知识”，高二的“社会科学基本知识”改为“社会科学常识”，教材内容为社会科学常识和辩证唯物主义与历史唯物主义基础知识。

1957—1958 学年，初三继续开设“政治常识”课，高一和高二继续开设“社会科学常识”课。另外，还有三个变化：恢复“政治”课名称，以它统摄“青年修养”、“政治常识”、“社会科学常识”等课；在初一和初二开设“青年修养”课；高三的“中华人民共和国宪法”课改为“社会主义建设”课。

1958—1959 学年，原先的“政治”课全部取消，各年级均开设“社会主义教育”课。后来,又恢复使用“政治”课的名称。1963 年全日制中小学教学计划规定,中学必须开设“政治”课,初一设“道德品质教育”,初二设“社会发展史”,初三设“中国革命和建设”,高一设“政治常识”,高二设“经济常识”,高三设“辩证唯物主义常识”。

“文革”前的 17 年里,“政治”课名称虽然时用时废,教育内容也因形势而不断变化,但在中学设置专门学科进行政治思想品德教育的做法,却始终如一。这一传统“文革”之后在中学得以继承,并在小学得以发扬。

1978 年,教育部颁发《全日制十年制中小学教学计划试行草案》,规定在小学四五年级开设“政治课”,对学生“进行初步的共产主义思想教育和必要的政治常识教育”;中学各年级均开设“政治”课,对学生进行“社会发展简史、无产阶级革命和无产阶级专政理论、政治经济学、辩证唯物主义等基本观点的教育”。

由于小学四、五年级的政治课脱离学生思想实际,效果不尽如人意,1981 年颁发的《全日制五年制小学教学计划(修订草案)》把“政治”课改为“思想品德”课,要求各年级开设,“紧密结合学生的思想实际,进行生动活泼的初步的共产主义思想品德教育和形势教育”。中学的“政治”课也在改革,同年发布的《全日制六年制中学教学计划(试行草案)》规定:初一开《青少年修养》,初二开《法律常识》,初三开《社会发展简史》,高中开《政治经济学常识》、《辩证唯物主义常识》等。

1986 年颁布的《义务教育全日制小学初级中学教学计划》规定:小学统一开设“思想品德”课,“进行以爱祖国、爱人民、爱劳动、爱科学、爱社会主义为中心的社会公德教育和社会常识教育,从小培养良好的思想品德和行为习惯”;初中统一开设“思想政治”课,“进行道德、民主和法制、纪律教育,进行社会生活和社会发展规律以及社会主义建设常识的教育,培养爱国主义思想和社会主义人道主义的道德品质,以及高尚的审美情趣。初步树立社会主义民主、社会主义法制和纪律的观念,对我国社会主义社会的实际情况和发展方向有初步认识,培养学生对社会的责任感”。与之相应,高中的“政治”课也改为“思想政治课”，包容高一的“经济常识”、高二的“哲学常识”和高三的“政治常识”。

这就基本奠定了我国中小学现行“思想政治”课和“思想品德”课的格局。从所确立的教学目标（见表8－1）上看，我国小学思想品德课基本上属于“道德课”，而中学思想政治课则大大超出了道德教学的范围，属于广义的“德育课”。

表8－1　我国小学思想品德课和中学思想政治课教学目标

	年级	教　学　目　标
小学	一二	采取以图为主的形式，生动、具体地对学生进行日常行为规范的教育。通过具体的行为指导，帮助学生养成良好的行为习惯。
	三四五	通过典型事例或故事，以图文并茂的形式对学生进行道德品质教育。使学生在基本的道德问题上知道是与非，知道应选择正确的行为。
	六	以夹叙夹议的形式，较系统地对学生进行道德规范教育，使学生知道社会生活中必须有道德，并能对社会生活中遇到的道德问题进行比较，做出正确的道德选择，从而提高道德行为的自觉性。
初中	一	对学生进行良好心理品质、高尚道德情操和正确思想方法的教育，使他们懂得磨炼意志、优化性格、自尊自信、陶冶情操、严格自律对个人成长的意义；引导他们正确对待社会，培养健全人格；使他们具有面对挫折的承受能力和对待成功的正确态度，以适应现代社会生活的需要。
	二	对学生进行法律常识的教育，使他们了解法律在治理国家中的重要作用，知道宪法是国家的根本大法，懂得法律与公民生活的密切关系；逐步培养学生运用法律武器维护国家、社会利益和公民合法权益，依法同违法犯罪作斗争的能力；帮助学生初步形成适应现代社会生活所必需的法律意识，自觉遵守宪法和法律，依法规范自己的行为。
	三	在历史课教学的基础上，对学生进行社会发展常识和我国基本国情的教育，使他们了解社会发展的一般过程，初步懂得用生产的观点、阶级的观点、群众的观点观察社会，知道社会主义代替资本主义是社会发展的必然趋势，理解中国走上社会主义道路的根本原因，明确建设有中国特色社会主义是当代青年的历史使命，帮助学生树立崇高的社会理想，增强社会责任感，立志做社会主义事业的建设者和接班人。

（续表）

	年级	教学目标
高中	一	经济常识：根据马克思主义经济学说的基本观点，以邓小平建设有中国特色社会主义理论为指导，讲述与公民的经济生活密切相关的社会主义市场经济基本知识。使学生明确社会主义公有制是我国社会主义经济制度的基础，知道社会主义市场经济的基本特征，了解国家进行经济建设的概况；能够初步说明最常见的经济现象，提高参与经济活动的能力；在党的政策的指导下，依据国家法律自觉规范自己在经济生活中的行为，逐步树立为社会主义现代化建设作出贡献的志向。
	二	哲学常识：根据马克思主义哲学和毛泽东哲学思想的基本观点，以邓小平建设有中国特色社会主义理论为指导，对学生进行科学世界观、人生观和价值观的教育；引导学生用辩证唯物主义和历史唯物主义的立场、观点、方法去观察事物、分析问题，逐步提高适应时代发展、社会进步和参与社会实践的能力；使学生能够面对改革开放、建立和完善社会主义市场经济体制的新要求，进行正确的价值判断和选择，确定正确的人生目标和道路。
	三	根据马克思主义政治学说的基本观点，以邓小平建设有中国特色社会主义理论为指导，讲述我国的人民民主专政、人民代表大会制度、中国共产党领导下的多党合作和政治协商制度，以及我国民族、宗教、外交的基本常识，使学生了解我国的基本政治制度及治理国家的基本原则；引导学生用马克思主义的立场、观点和方法分析社会政治现象，提高参与政治生活的能力；使学生树立正确的政治方向，增强民主意识，自觉维护国家利益，以饱满的热情积极投身于社会主义民主政治的建设。

（根据国家教委，1996年，1997年）

（二）道德课的结构与内容

道德课是模仿数学和语文等学科的教学建立起来的。稍微比较一下道德课和语文课的结构，就不难发现它们何其相似。

教例 8－1

初等小学二年级修身科教授案

如皋马塘沙村小学教员　黄彦昌

教材：不拾遗（商务印书馆简明修身教科书第四册）

教具:绘图

一、预备(五分钟)

师:本校有遗失品安置处,诸生已知其意,试说明之。

生:他人遗失之物未知主名,有拾得者必告之于师而置于其处。

师:何以不自取之?

生:闻师说过,他人之物非己所有,虽一钱不可取。

师:诸生当知此遗物虽一时不知主名,必为校中人或同学者所失,久久自有认之者,故置于一处以待之耳,毋苟得。在校内如是,在校外亦当如是也。

二、目的指示

师:今日为诸生讲一不拾遗之事实。(书"不拾遗"三字于黑板,令诸生读之。)

三、提示(三十分钟)

师揭图于堂指示曰:此童子,不拾遗之人也,即王华。不特不拾遗,且为遗物者任保护之责,尽指点之劳,诚可谓不苟取也。试为诸生详言之。(书王华二字)

所谓王华者,即此童子之姓名,明时浙江人。(知浙江乎? 不知者教之)所拾为何? 则极贵重之金也。王华六岁时,行于河畔,见地上有囊,囊中藏金。华知为人所遗也,已不取,亦不告人,以其金投诸水,不即归。(问)诸生知华之不取遗金,其意若何?

生:亦非己有之则不取之意。

师:投之水中何为乎?

生:欲取之,则非己有,欲不取,恐被他人持去,故投之水中。(以上二问皆班决)

师:诸生知否? 天下无论何物俱有人我之界。人不能无故取我之所有, 故我亦不能无故取人之所有也。途中之物虽与无主之物同,然自爱者亦不取。华殆深明此理乎独是。此金既遗于地。我既不取,失者未必知之。我拾之而以问人,又恐非真失金者。投之水中,一时之权宜也。(问)华以金投水后,竟去之乎?

生:必坐待失者。

师:坐待何意?

生:将为之指点。(以上二问皆班决)

师:诸生所答甚有理。盖不拾遗固为正理,然不顾而去之,他人必拾去,取而询诸人,他人亦不免冒认,皆不利于失者也。投诸水而待失金者来寻,不负此金矣。未几,失者果仓皇而至。华审知确是失主,乃指而还之。本不苟取之心以行事,何其廉介又何其周密也。(以上第一段)

接书原文于王华之下。指数生逐句令读之,不能者教之。

师:能解之否?

指数生令解之,不能者代讲之,误者正之,俟讲毕为诸生复讲之。(令取书读)

(以上第二段)

四、应用(十分钟)

师:金本贵重之物,华竟不取,在他人将如何?

生:必喜而取之。

师:华年甚幼,殆不知为贵重之物乎?

生:亦知之。

师:然则何不取?

生:人已之别甚严,不论贵贱也。

师:然则华之不苟取可谓难矣!诸生之年,有长于华者,有倍之者,愿学其为人否?

生:甚愿。

师:不独当学其廉介也,更有当学者在。

生:有主意。

师:颇是。然则诸生在校或在外无主之物可取之否?

生:不可。

师:他人之物可不告而取之否?

生:无主之物且不可,况有主者乎?

师:由此推之他之物一介不可妄取也,明矣。不得已而必须是物,当如何?

生:借于其主后必归还之。

师:然则诸生无论在校在外,须知凡物莫不有主,即使无主而既非己物,亦不可取。勿谓微物不关大事,勿谓取之不害他人,时时存一不苟取之心可也。否则徒明此义而临事茫然,则诚不若六龄之童子矣。王华人也,我亦人也。诸生勉乎哉!

(引自《教育杂志》1909年第8期)

教例8-2

《谦让》一课教学结构

《谦让》——(人教版)课文是"孔融让梨"

一、利用故事导入新课,揭示课题

教师边放幻灯边讲两只羊过独木桥不谦让,全部掉进河中央的故事。一方面吸引学生的注意力,激发他们学习本课的兴趣;另一方面使他们初步感受不讲谦让的害处,而后揭示课题。教师提问:两只羊为什么都掉到河里去了?这两只羊怎样才能过河?边总结学生的发言,边板书课题"谦让"。

二、学习课文,讲明道理

从讲解课文故事入手,图文结合,引导学生观察课文插图中人物的动作、表情,分析人物的内心活动。在学生理解课文内容的基础上,启发他们讨论三个问题:1. 全家人一起吃梨,爸爸让孔融先拿,他是怎么做的?2. 孔融上有哥哥下有弟弟,他为什么不挑大梨,只拿一个最小的?3. 孔融拿了小梨为什么还很高兴?

通过讨论,启发学生总结出两点:(1)在好处面前,不抢先,能主动让别人,这就是讲谦让;(2)谦让是一种美德,会给别人带来快乐,增进友谊和团结。所以,我们要从小做到讲谦让。

三、联系实际,辨析导行

1. 播放《一只苹果的故事》的故事录音,幻灯片出示故事的主要场景:在战火纷飞的夜晚,几个志愿军战士在战壕里分吃一个苹果,互相谦让。使学生从中获得道德情感的陶冶,产生学习榜样的动机。

2. 夸赞本班同学中讲谦让的人和事,并请讲谦让的同学说一说这样做的好处。

3. 结合练习一"两只公鸡为争一粒小芝麻,斗成一对秃尾巴"的事例,说说不讲谦让的害处。

4. 辨析:(包括练习二的内容)

(1) 下课了,水龙头前3个同学去接水,该怎么做?

(2) 汽车上有个空座位,两个同学都很累,怎么做才对?

(3) 下课了,你正在荡秋千,跑过一个比你小的同学想玩,你该怎么做?

先做小表演,再逐题讨论。

四、总结全课,提出希望

1. 学儿歌:讲谦让的孩子人人夸,遇事想着别人家。

不学小羊桥上撞，不学公鸡争芝麻。有好处，有方便，学习孔融让人家。

2．总结谈话：通过今天的学习，同学们懂得了什么？

对！谦让是一种美德，是心中有他人、关心他人的表现。我们应该从小懂得谦让，在好处、方便面前不抢先，主动让人。老师希望每个同学都能做讲谦让的好学生，在家里、在学校、在社会上都能讲谦让。

（引自人民教育出版社政治思想品德室，1995 年，第 105—107 页）

两则教例相距 80 多年，所用的教学方法和手段虽然稍有不同，结构却如出一辙。

表 8－2　教例 8－1 与教例 8－2 的结构之比较

教　例　8－1	教　例　8－2
一、预备（导入新课）	一、导入新课，揭示课题
二、目的指示（揭示课题）	二、学习课文，讲明观点（讲解课文）
三、提示（讲解课文）	三、深化认识，辨析导行（应用）
四、应用（含总结和期望）	四、总结提高，提出希望

就方式和方法而言，直接的道德教学几乎完全模仿学科教学。所不同的是，直接的道德教学涉及的德目相当广泛，内容也比较系统（见表 8－3，表 8－4），这是其他学科教学所不能及的。

表 8－3　日本 1945 年修身课中的德目

德　　目	课数	德　　目	课数	德　　目	课数
勤勉勤学	23	勇气	14	尊师	7
孝行	23	守纪律、守法令	13	振兴产业	7
忠义忠君	22	独立生活	12	进取心	6
公益	21	度量宽大	12	祖先	6
诚实正直	19	友谊	12	健康	6
勤学学问、知识	17	节约勤俭	10	博爱	6

（根据日本文部省，1962 年，第 98 页）

表 8-4　我国小学六年级思想品德课教学内容

	教　学　内　容	课时
一、个人生活中的道德规范	1. 做一个道德高尚的人。自立自强,不依赖他人,积极进取,不甘落后。	2
	2. 诚实,讲真话、表里如一、真诚不虚假。守信,遵守诺言、重信誉。	1
	3. 为人善良,有同情心,推己及人,助人为乐。待人宽厚。为人正直,说话、做事公道。	4
	4. 要有责任感。做事认真负责。勇于承担责任。	1
	5. 勤劳节俭。	1
二、家庭生活中的道德规范	遵守家庭生活中的道德规范。孝敬父母,尊敬长辈,友爱兄弟姐妹。正确处理与长辈之间的关系。有家庭责任感。邻里团结。	4
三、学校生活中的道德规范	遵守学校生活中的道德规范。热爱集体,遵守纪律,做学校的主人。尊敬老师,建立民主平等的师生关系。友爱同学,同学之间建立真正的友谊。热爱科学,勤奋学习。	4
四、公共生活中的道德规范	遵守社会公德。遵守公共秩序。注意公共安全。爱护公共财物。保护环境。	4
五、国家民族生活中的道德规范	热爱社会主义祖国,树立民族自尊心、自信心、自豪感。立志为祖国社会主义现代化建设作贡献。祖国领土不可分割,实现祖国统一是全中国人民的共同心愿。民族之间互相尊重,平等相待,和睦相处。热爱和平,与世界各国人民友好相处。	5

(根据国家教委,1997 年,第 28—36 页)

(三)直接道德教学质疑

设立单独的道德课,在理论上有诸多难以解决的问题。例如:

(1) 设置独立的道德课,本意是为了加强学校德育。但把道德教学与学科教学相提并论,实际上贬低了学校德育的价值和地位,使德育由学校教育的道德目的转变为学校教育的一项工作(教学)。这在观念上是一种倒退。

(2) 德育领域宽泛而弥散,无明确界限,不能限制在一套固定的课程里进行教学。

(3) 道德课实为关于道德知识的教学,与其说是在实施德育,不如说是在实施智育。而道德不仅仅是知识,难以用像讲授科学知识那样的方法讲授道德。安排一门独立的课程实施德育,道德教学不免流于宗教式的说教或劝诫,沦为道德灌输。

(4) 难以确定谁有资格担任道德课教学。在传统的学科教学领域,教师的资格源于教师对所教学科的知识一定程度的了解。数学老师之所以为数学老师,是因为他对数学知识有一定程度的了解;历史教师之所以有资格教历史课,是因为他对历史知识有一定程度的了解。但是,谁能够决定哪个人在道德方面已经好到了足于向别人提供某种道德教学的程度呢?一个教师未必比一个清洁工更有资格从事道德教育①。

(5)现代学校学科教学的任务繁重,教师和学生的大部分时间必须放在发展智力上,留给道德教学的时间非常有限(见表 8 - 5)。如果仅仅通过道德课进行道德教育,学校教育的道德目的就极有可能落空。

表 8 - 5　我国小学思想品德课授课时数

	思想品德课授课时数	总课时数	百 分 比
1978 年	136	4735	2.87%
1981 年	180	4860	3.70%
1986 年(五年制)	170	4556	3.73%
1986 年(六年制)	204	4964	4.11%

① 李玢,1991 年。

事实上，直接的道德教学作用相当有限。1928—1930年，美国的一项实验研究表明：美国中小学开设的品德教育课和宗教教育课对儿童的道德行为没有影响，直接的道德教学并未培养出道德品质或道德良心之类的东西。50年代和60年代，美国的另两项调查也表明：美国一些大学单独开设的"美国政府课"和"公民课"与学生的民主态度基本不相关。正如杜威所言，直接的道德教学对学生行为即便有所改善，其数量也是有限的，其程度也是比较轻微的[①]。

直接的道德教学不但效果很差，甚至没有效果，而且会产生消极的后果。道德教学与其他学科教学相提并论，客观上造成了教师在"道德教学"和"学科教学"之间的分工。担任学科教学的教师，可能会认为自己在德育方面没有责任，把德育推诿给担任道德教学的教师，导致学校大多数教师不管德育的现象。杜威还进一步指出：如果把品德发展作为学校教育的最高目的，同时又把学科教学与学校德育割裂开来，认为必然占学校主要时间的获得知识和发展理解力与品德无关，学校的道德教育就没有希望。在这样的基础上，道德教育不可避免成为一种教义问答式的教学，或者说，成为"关于道德"的课。

> 所谓"关于道德"的课当然就是别人有关德行和义务的想法的课。只有在学生以同情和尊重之情关注别人的思想感情并受到激励时，这样的课才有效果。如果没有这种关注别人感情的态度，这种功课对性格的影响不会大于关于亚洲山脉的知识对他的性格的影响；如果只有一种奴性的关注，就会增加对别人的依赖，而把行为的责任交给有权势的人。事实上，直接的道德教学只有在少数统治多数的社会群体中才有效果。之所以有效，不是由于教学本身，而是由于整个政权加强这种教学，教学不过是一件小事情。在民主主

① Dewey, 1909, p.268.

义的社会中,企图用"关于道德"的课产生类似的结果,就是依靠感情用事的魔术。①

(四)为直接道德教学辩护

人们对直接道德教学的批评意见,在实践中不断得到验证。可是,当今世界几乎没有哪个国家的中小学撤销了道德课。

设立单独的道德课,进行直接的道德教学,在实施德育上存在若干优点。在学科教学日益智育化,且未寻找到有效的办法通过学科教学实施德育的形势下,单独设立道德课,至少可以使学校德育的实施在课程和时间上得到最低限度的保证。况且,开设单独的道德课,有利于系统地全面地向学生传授道德知识和道德理论,提高学生的道德认识(见表 8 - 3,表 8 - 4)。通过其他途径,则难以取得类似的效果。学校各科教学虽然都承担了道德教育的任务,但是,它们的重点在于知识和技能的授受,不会有太多时间专门处理道德事务,因而不可能充分引导学生去探讨较为复杂的道德问题。学生要学会复杂的道德判断,就必须学会以特定的方式探究特殊的道德问题,以特定的方式进行道德推理,而这些都需要安排专门的时间进行教学。

之所以要进行直接的道德教学,一个更为重要的理由是,道德教育是一种道德事业,必须奉行诚实原则。既然教育工作者的职责就是使学生成为有道德的人,就应该坦诚地向学生表明自己对道德教育目的、理性地解决道德难题所需要的品质、应当怎样形成这些品质的看法。对学生隐瞒自己在道德教育上的意图和观点,既不诚实,又很愚蠢。英国教育哲学家威尔逊(J. Wilson)甚至断言:如果我们不直接向学生传授道德知识,就是"根本不把学生当人看待"②。

长期以来,人们相信道德不能像知识和技能那样直接地教给学生,而只能通过知识和技能的教学间接地教给学生(详见第四章)。

---

① 杜威,1916 年,第 371 页。

② Wilson, 1990, p. 189.

随着德育研究的不断深入,新德育模式的不断涌现,上述信念开始遭到挑战。认知性道德发展模式、体谅模式、社会行动模式等表明,确有一些比较直接的教学方法,可以迅速地促进学生道德思维能力、道德敏感性、道德行动能力的发展(详见第九至十一章)。但是,这些直接的道德教学方法都是非常专业化的教学方法,有赖于教师对人类道德事务的深刻理解,有赖于教学方法上的专业培训。传统的道德课的教师确实未必比品德高尚的普通劳动者更有资格教道德,品德高尚者也未必有能力培养人的道德思维能力、道德敏感性和道德行动能力。因此,直接道德教学的问题不在于它的可能性,关键在于形成一套专门方法,并使道德课教师掌握它们。

三、渗透在学科教学中的道德影响

所有的批评和辩护都表明,仅仅依靠直接道德教学不足于实现学校的道德目的。学校教育的道德目的的实现,与其寄希望于一周一两课时的道德课,不如寄希望于更加经常性的、范围更加广泛的、更具活力的学校集体生活以及学科教学。如果说道德课是实施德育的直接途径,那么,学校生活和学科教学就是实施德育的间接途径。

(一)间接道德教育

所谓“间接道德教育”,主要指在学科教学和学校集体生活的各个层面对学生进行道德渗透。通过学科教学和学校生活对学生进行的道德教育,对教师而言,是在有意识地影响学生的道德发展,但它是一种间接的道德渗透,不是直接的道德教导。语文课或历史课中直接的道德教导,不属于间接德育的范畴。教师在语文课中进行直接的道德教导,与其说是在上“语文课”,不如说是在上“思想品德课”。为了保持学科自身的特点,遵循学科教学自身的规律,学科教学中唯一可行的德育是间接的或渗透式的德育(如教例8-3)。

教例 8-3

生　存　权

马克是十一年级的学生，读过《一个叫勇士的人》一书。此书系威廉·斯蒂文森所作，记叙了许多理智地操纵第二次世界大战的秘密事件。马克选择这本书，在英文课中写了一篇非小说性质的读书报告。在历史课上，当赫克先生讨论到战争一结束邱吉尔就失去了英国人民的支持这件颇有讽刺意味的事件时，马克表现出比往常更浓厚的兴趣。

马克举手发言："英国人民抛弃邱吉尔，这好像不公平。他在大战期间，作过为人所不知的了不起的决定。"

赫克先生应道："什么决定？"

马克答道："唔，有一次，英国刚刚破译德国人的密码之后，邱吉尔发现希特勒要轰炸考文垂市。他不得不作出决定，自己是该向考文垂的市民示警说有空袭(这么做就会使德国人知道密码已经被破译)，还是该保持缄默，利用所知道的密码早日结束战争。他保持沉默，后来密码的翻译帮助盟军在欧洲反攻成功。"

马克的朋友贾森问道："可是考文垂那些因为没有得到示警而丧生的市民又怎么样呢？"

乔恩说："这跟杜鲁门轰炸广岛没有什么两样。"

"可是，邱吉尔和杜鲁门都相信，他们这样做，能救更多人的生命。"马克回答说。

赫克先生问道："为了救一些人的命而牺牲另一些人的生命，对吗？"静了整整一分钟之后，赫克先生重述了他的问题："马克说，邱吉尔和杜鲁门关心的是拯救人的生命，可是，他们俩为了救一些人的命而有意让另一些人死

> 去。为了救一些人的命牺牲另一些人,对吗?"
>
> 学生们依然保持沉默,尽管有几位学生肯定地点了点头。得到这种无言的回答之后,赫克先生问道:"为什么?"
>
> 苏珊首先开口:"我想,如果从长远来说你可以救更多人的命,这么做可能就是对的。"
>
> 费尔说:"战争就是这么回事。"
>
> "只要你救的是自己的同胞,这么做就对了。"艾尔斯顿补充说。
>
> 赫克先生首先对艾尔斯顿的回答作出反应:"艾尔斯顿,你自己的同胞是不是比别人有更多的生存权?"
>
> (Hersh, Paolitto, and Reimer, 1979, pp.5—6)

道德学习不同于知识学习和技能学习。道德学习虽然包含知识和技能学习的成分,但其核心是态度或价值观的学习。知识学习的基本方法是理解和记忆,教师可以通过口授式的教,直接帮助学生获得知识;技能学习的基本方式是模仿和练习,教师可以通过示范和训练式的教,直接帮助学生获得技能。教师却不可能通过口授式的教以及示范和训练式的教,直接帮助学生获得某种态度或价值观,而只能通过知识与技能的教学,间接地影响学生的态度或价值取向。换言之,如果说知识和技能可以直接地教,态度或价值观就只能间接地教。学生从直接的道德教学中获得的主要是关于道德的知识,而不是美德。这正是道德课作用有限、效果不佳的原因,也是强调以学科教学作为学校德育的基本途径、在学科教学中间接渗透道德影响的理由。

可以从教师、教法、教材、课堂生活气氛等多个方面,考察在学科教学中进行道德渗透的机制。

(二)渗透在教材中的道德影响

1. 教材中的思想内容

学科教学对学生最显而易见的道德影响体现在教材中,尤其是语文、历史等文科教材包含大量思想内容,是进行道德教育的重要资源。1993年3月26日我国正式颁布的《小学德育纲要》强调"各科教学是向学生进行思想品德教育最经常的途径",并就各科教学实施德育提出了指导性建议(见"表8-6"),从中不难体会学校教材对学生思想品德的影响力。

表8-6　在小学各科教学中实施德育的基本要求

学科	基　本　要　求
语文	语文教学要贯彻文道统一的原则,将语言文字的训练、句段篇章的学习与思想品德教育统一于教学过程之中,利用课文内容中丰富的思想品德教育因素,充分发挥感染、陶冶作用,使学生受到教育。
数学	数学最易于渗透辩证唯物主义观点的启蒙教育,并要通过数学训练,培养学生认真严谨、一丝不苟的学习态度和积极思维的良好习惯。
历史常识	历史常识教育最易于具体、形象、生动地对学生进行热爱祖国、热爱共产党、热爱社会主义的教育。要通过教学,帮助学生了解中国古代科学技术、文化艺术方面的一些重大成就和对人类的杰出贡献;知道近代史上帝国主义列强野蛮侵略我国的主要罪行以及中国人民受欺凌的主要史实;知道中国人民抵御外侮、捍卫中华的重大斗争和一些仁人志士、革命先烈的事迹;知道中国人民在中国共产党的领导下,为建立新中国英勇斗争的主要史实和社会主义建设的重大成就。教育学生学习中华民族的光荣传统和中国共产党的革命传统,激发他们的爱国情感,增强民族自尊心和自豪感。
地理常识	地理常识教学易于具体、形象地对学生进行国情教育。要通过教学帮助学生初步了解我国和家乡的自然环境和建设成就,激发爱祖国、爱家乡的感情;初步了解我国和家乡的主要资源及其利用情况,初步认识合理利用资源和保护环境的重要,初步了解我国和家乡人口数量和发展状况;初步懂得控制人口的重要性;初步了解我国是一个统一的多民族的国家,各民族一律平等,要共同维护祖国统一。
自然常识	自然常识教学要在讲授自然常识的同时对学生进行热爱科学、反对迷信的教育,培养学生尊重科学、相信科学的精神和学科学、用科学的志趣及能力。

（续表）

学科	基 本 要 求
音乐美术	音乐、美术教学要充分发挥艺术教育寓教于乐、生动形象、感人的优势，向学生展示中华民族的优秀艺术传统，培养健康的审美情趣，陶冶情操，增强学生的民族自豪感，激发热爱祖国、热爱中国共产党的感情。
体育	体育教学要在体育技能技巧训练的同时，培养学生良好的卫生习惯、锻炼身体的习惯以及朝气蓬勃、不怕困难、勇敢顽强的精神。并通过体育活动进行集体主义教育，培养集体荣誉感、组织纪律性和合作精神。
劳动	劳动教学要把传授劳动知识技能和培养良好的劳动习惯结合起来，通过劳动实践活动，培养学生热爱劳动的思想、吃苦耐劳的精神、珍惜劳动成果的感情和对工作的责任心，养成劳动习惯。

［根据国家教委编订:《小学德育纲要》(1993 年 3 月 26 日颁布)］

2. 教材暗含的价值取向

各科教学大纲或课程标准对学科教学的“德育目标”的说明还要详尽细致。尽管如此，学校的德育大纲或纲要以及各门学科的教学大纲或课程标准，依然没有穷尽学校教材影响学生道德成长的各种可能性。

譬如，有人对 1995—1996 年人民教育出版社出版的新版小学语文课本(12 册)中的人物作过统计(见表 8－7)。据此分析，发现这套教材隐含有“男性中心”、“成人中心”、“官本位”、“面向过去”等倾向。可见，教材除了有显而易见的思想内容之外，还有暗含的价值取向，它们都对小学生道德价值观的形成起着潜移默化的作用。

表 8－7 人民教育出版社 1995—1996 年版小学语文课本人物统计

插图人物		中心人物			人物年龄		年代			国别	
男	女	男	女	群	成年	未成年	古近代	现代	当代	中	外
752	473	100	23	154	100	67	97	105	51	243	45

（根据佐斌，1998 年）

3．课程价值观

教材对于学生品德的影响，还与教材编写者或教师的课程价值观密切相关。同样的教材在不同学校和不同的教师手中，对学生就具有不同的影响。

重视课程内在价值的教师，把教材看成是满足学生好奇心、求知欲、探究欲望以及促进理性进步的手段，鼓励学生学以致知，并在求知求真中获得乐趣。强调课程工具价值的教师，把教材看成是谋求个人或社会福利的手段，鼓励学生学以致用，为完满的个人生活或社会生活而学习。

社会取向的课程工具论者，又不同于个人取向的课程工具论者。后者（如斯宾塞）强调教材的个人价值，前者（如杜威）强调教材的社会性质。

强调教材的社会性质，意味着把教材看成是引导学生了解社会活动情境和促进社会进步的手段。站在社会的立场上看，学校中任何一门学科既讨论社会生活的实际结构，又关注社会自我维持和自我发展的各种工具和方法。相对而言，文科教材重在引导学生对社会生活结构的意识，理科教材重在教给学生社会进步的手段。如杜威所言：数学及自然科学本身并不是目的，它们只有被运用于认识和改造社会，才具有道德的意义。当物理学、化学、生物学、医学等有助于诊断人类所遭受的各种痛苦，有助于医治这些痛苦，有助于缓和人类的艰难处境时，它们就成了道德探究的工具。当学校不再为真理而去追求科学知识，而是出于其责无旁贷的社会意义去追求科学知识时，自然科学就摆脱了与人文学科的分离，而具有人文的特征。当道德生活的重心集中在运用理智去诊断和消除社会生活情境中的各种不幸时，理智的事物本身就变成了道德的事物①。

总之，教材对学生品德的影响，不仅来自教材本身的思想内容和价值取向，更来自使用教材的教师本人的课程价值观。课程改革的

① Dewey，1920，p. 178—179.

关键与其说是编写新教材，不如说是转变教师及整个社会的课程价值观。以应试为基本取向的教材或课程，无论编写得如何精致，都无助于学生品德的发展。

（三）渗透在教法中的道德影响

在学科教学中渗透道德影响，不但要利用教材固有的思想内容，诉诸教师的课程价值取向，还要使教学方法有助于社会精神的培养。学科教学如果一味地灌输，其重心如果放在学生被动的学习、自私的吸收和排他性竞争上，学生养成的将是个人主义的意识和习惯。学生的社会精神不但得不到进一步的发展，而且将因未得以充分利用而逐渐萎缩；由于被个人主义学习动机所取代，学生反而会逐渐养成反社会的倾向。相反，学科教学的重心如果放在学生主动参与、积极贡献、相互合作和互惠共享上，学生养成和不断发展的将是民主生活的意识和习惯。学科教学引进诉诸学生主动的建设能力、生产能力和创造能力的方法，意味着教学重心从自私的吸收转移到社会性服务上来。这种转移并不纯粹是方法论意义上的转移，还是教学方法道德重心的转移。

如前所述，道德目的应当普遍存在于一切教学之中，并在一切教学中居于主导地位。否则，一切教育的最终目的在于形成品德，就会成为空谈。在现代学校生活中，教师和学生的大部分时间和精力都集中在知识的授受上，直接的道德教学即使十分成功，也不可能在时间分配上居于优先考虑的地位。教师在学科教学中，也不可能经常地直接考虑教材中的道德因素。但是通过诉诸学生主动参与、积极贡献、相互合作、互惠共享的教学方法，无时不刻地渗透道德影响，却是可能的。

（四）教师的道德表率作用

研究表明：教师在课堂生活中，如果采取民主的方式领导学生集体，对待学生，学生将向着情绪稳定、态度友好、具有领导能力等方向发展；如果采取专制的方式领导学生集体，对待学生，容易导致学生情绪紧张、态度冷漠、攻击性强、自治能力差；如果采取放任方式领导学生集体，对待学生，将易于使学生向无组织无纪律方向发展①。可见，民主教育的最佳方式是教师以民主作风对待学生。同样的道理，教育学生平等待人的最好方式是教师平等地对待学生，教育学生关心他人的最有效方式是教师关心学生。教师在课堂生活中对待学生的态度和作风，对学生品德形成和发展的影响，远胜于他们口头上的道德教导的影响。

(五)课堂生活气氛的道德感染力

道德是富有感染力的。学生长期生活在团结友爱的课堂中，耳濡目染，将习得关心他人、体谅他人、乐意合作、乐意分享等亲善品质。相反，学生长期生活在人际关系紧张、相互戒备、充满敌意和排他性竞争的课堂气氛中，形成的将是自私、偏狭、互不信任、互不合作、相互攻击等破坏性品质。

教例 8-4

课堂是一个小社会。师生之间，同学之间，有许多关系的处理直接影响到学生行为规范的形成。例如，学习是以个人竞争为动力，还是为了社会发展？同学之间除了考试的竞争，是否应该加强合作？师生之间如何做到平等相待，如何使学生感到课堂的温暖？这些，已不仅是数学课所独有的了，一切学科都要为形成良好的课堂文化而尽力。我曾看到日本的数学课堂上，把学生对数学题的优良解法，冠以该同学的名字写在黑板上。该同学在课堂上介绍自已的解法，犹如做学术报告。说得好，大家鼓掌表示欢迎，介绍者连声道谢，并弯腰鞠躬，呈现出一片温文尔雅的交际景象。

(引自张奠宙，1996 年)

① 林崇德，1989 年，第 210 页。

总之,渗透在学科教学中的道德影响,主要来自教材、教法、教师以及课堂生活气氛。在学科教学中建立间接德育的机制,可以从4个方面努力:一是确保教材的社会性质。注意发掘教材固有的道德内容,以此引导学生的社会意识;注意教材的社会功用,引导学生理解并掌握控制社会和促进社会进步的理性手段。二是确保教法与现代社会生活的基本精神相一致,在教法的运用上诉诸学生主动参与、积极奉献、相互合作、共同分享的精神和能力,避免造成学生被动学习、自私吸收、排他性竞争的态度和习惯。三是诉诸教师的道德表率。四是营造具有道德感染力的课堂生活气氛。

四、来自学校集体生活的道德影响

所谓"学校集体生活",是学校各级各类机构自发地或自觉地组织的各种活动的总和,包括学校、年级、班级以及共青团、少先队、学生会和其他学生群体(如兴趣小组、社区服务小队)组织的课外活动和校外活动。这些活动,是我国学校实施德育的重要途径。

学校集体生活中时时处处渗透着道德的影响,集中体现在集体舆论、校风和班风、教师的作风和态度等对学生品德发展的影响上。学校集体生活的方方面面对学生品德均有潜移默化的作用。但是,如若不有意识地组织和利用学校的道德环境感染学生,集体生活并不会自动地成为学校实施德育的途径。

近几十年来国内外的研究表明,学校生活中存在大量学校和教师未加控制和利用的领域,这些领域十分现实地影响着学生品德的形成和发展。这种影响是自发的,同学校德育可能相一致,也可能相抵触。人们把这种自发影响叫做"隐蔽课程"。这方面的研究表明,利用学校集体生活渗透道德影响的可能空间还相当大,教师可加努力的方面还非常多。利用学校集体生活渗透道德影响,有赖于教师个人的道德意识和道德敏感性,还需要遵循若干一般的教育原则。

首先是集体教育原则[①]。通常人们强调学校的思想工作需要细致地落实到每一个学生身上，这固然是对的。但是，不要忘了，现代教育制度是集体教育制度，学生集体本身就是一种重要的教育力量。成功的道德教育，是在学生集体中进行的教育，是通过学生集体影响学生个体的教育，是为了集体而进行的教育(集体主义教育)。

其次是学校即社会的原则[②]。有意识地利用学校集体生活渗透道德影响，还意味着教师要和学生一道共同努力，确保学校生活的社会性质。这是建构学校集体生活道德氛围的基本原则。对于学校和社会来说，不存在两套截然不同的道德规范：一套是为学校内部生活设立的；另一套是为校外的社会生活设立的。学校从本质上说是一种社会机构，它以种种净化的和典型化方式反映和组织社会生活的基本原则，因此学校是一种雏形的社会。“学校即社会”的道德原则要求学校：必须从它在社会上的道德地位以及它对社会的道德职能出发，全面审视学校的整个结构以及各项具体工作。也就是说，学校必须把学生作为社会成员予以教导和关怀，根据学生全面的社会关系来确定学校的全部工作和道德目标，使学生能够明智地认识自己的一切社会关系，而且能够全面地实现其社会关系。

受教育者在学校生活中的身份是学生，学校首先应当把他们当作学校中的一员来对待，把他们当作学生加以指导和关怀。但是，这不是受教育者的唯一身份。他们将成为公民，参与国家和社会的政治生活。他们是家庭中的一员，而且有朝一日他们将为人父为人母，肩负起抚养和教育后代保持社会延续的责任。他们将成为一名自食其力的劳动者，从事某种有益于社会并且能够维护自己的独立和尊严的职业。他们还将成为某个特定邻里和社区的一员，与邻居和睦相处，为社区文明添砖加瓦。受教育者如此丰富的社会关系和社会角色，要求学校生活不能与世隔绝。参与社会生活，与社会生活相一

① 吴式颖等，1985 年。

② Dewey, 1909.

致，确保学校生活的社会性质，是学校生活基本的道德原则。学校如果背离这一原则，自闭为一种孤立的机构，就会丧失其指导性的道德原则和道德目标，学校生活就不会成为学校实施德育的渠道。

五、全方位德育

综上所述，学校集体生活和课堂教学是学校德育实施的重要途径。由于学生大部分时间是在课堂生活中度过的，可以说，教学是学校德育的基本途径。这里的教学包括道德教学和学科教学，它们相辅相成，构成学校德育的主渠道。此外，学校尚有思想工作、管理工作、辅助性服务工作等，这些工作也是学校德育不容忽视的渠道，所以我国学校不但强调"教书育人"，还提倡"管理育人"，"服务育人"。

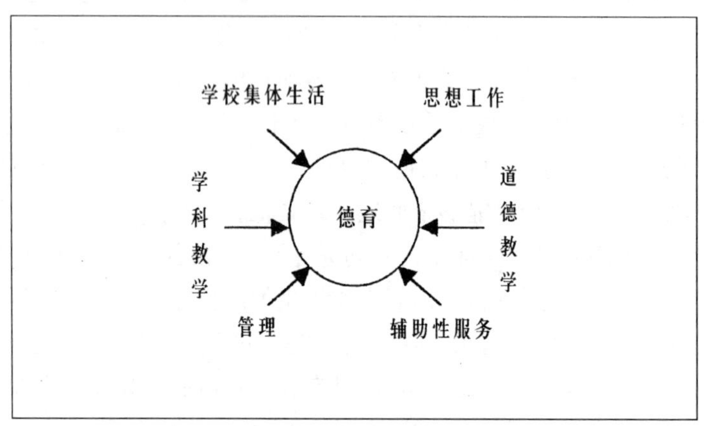

图 8-1 全方位德育示意图

总之，学校的课程、教学中所采用的方法以及学校中每一样工作、学校生活中发生的每一件小事，都充满了进行道德教育的可能性。如果学校生活在它自身的精神实质上代表一种真正的社会生活，如果学校纪律、学校管理、学校秩序体现出社会生活内在的精神，如果学科教学所采用的方法诉诸学生主动的和建设性的能力，使学生有所贡献、有所服务，如果教材的选择和组织目的在于提供材料，使学生意识到他必须在其中承担职责的那个世界，意识到他必须实现的各种社会关系，那么，学校就在道德的基础上组织起来了，学校教育就有可能实现它的道德目的①。

然而，这一切取决于教师的道德意识和教育意识。学校通过教学、管理、辅助性服务工作以及学校生活的各个层面实施德育的余地虽然十分宽广，但受到教师道德意识和教育意识的限制。教师如果道德平庸，或者对自己的工作缺乏道德敏感性，就不可能通过这些间接的渠道促进学生的道德发展。较之于直接的道德教学，间接德育虽然范围更广，更具活力和生气，但更难控制。

① Dewey, 1909, p. 285.

[作业思考题]

1. 试论教学与德育的关系。

2. 结合实际分析道德课的利与弊。

3. 有人认为,文科教学是学校德育的基本途径,而理科教学则不是学校德育的主渠道。试用有关的事实和理论分析和评论这种观点。

4. 为什么说学科教学是学校德育的基本途径?

5. 教例8-5是根据英国作家斯坦雷的作品改编的一篇小学语文课文,改编者在原文末尾添加了一段议论,还围绕课文设计了预习指南和思考练习题。试运用有关理论评析这篇课文的设计。

教例8-5

6 小 珊 迪

预习

我们都有幸福美好的童年。小珊迪在饥饿痛苦中挣扎。他没有幸福的童年,却有纯洁美好的心灵。读一读课文,你一定十分同情小珊迪的悲惨遭遇,一定会被小珊迪的高尚品质所感动。读的时候,自学生字新词,想想课文主要讲了什么事,开始怎样,后来怎样,结果怎样。

故事发生在爱丁堡。

有一天,天气很冷,我和一位同事站在旅馆门前谈话。

一个小男孩走过来,他身上只穿着一件又薄又破的单衣,瘦瘦的小脸冻得发青,一双赤着的脚冻得通红。他对我们说:"先生,请买盒火柴吧!"

"不,我们不需要。"我的同事说。

"一盒火柴只要一个便士呀!"可怜的孩子请求着。

"可是我们不需要火柴。"我对他说。

小男孩想了一会儿,说:"我可以一便士卖给你们两盒。"

为了使他不再纠缠,我答应买一盒。可是在掏钱的时候,我发现身上没带零钱,于是对他说:“我明天再买吧。”

“请您现在就买吧! 先生,我饿极了!”男孩子乞求道,“我给您去换零钱。”

我给了他一先令,他转身就跑了,等了很久也不见他回来。我想可能上当了,但是看那孩子的面孔,看那使人信任的神情,我又断定他不是那种人。

晚上,旅馆的侍者说,有个小男孩要见我。小男孩被带进来了,我发现他不是卖火柴的那一个,但可以看出是那个男孩子的弟弟。小男孩在破衣服里找了一会儿,然后才问:“先生,您是向珊迪买火柴的那位先生吗?”

“是的。”

“这是您那个先令找回来的4个便士。”小男孩说,“珊迪受伤了,不能来了。一辆马车把他撞倒了,从他身上轧了过去。他的帽子找不到了,火柴也丢了。还有7个便士也不知哪儿去了。说不定他会死的……”

我让小男孩吃了些东西,跟着他一块儿去看珊迪。这时我才知道,他们俩是孤儿,父母早死了。可怜的珊迪躺在一张破床上,一看见我,就难过地对我说:“我换好零钱往回跑,被马车撞倒了,轧断了两条腿。我就要死了。可怜的小利比,我的好弟弟! 我死了他怎么办呢? 谁来照顾他呢?”

我握住珊迪的手,对他说:“我会永远照顾小利比的。”

珊迪听了,目不转睛地看着我,好像表示感激。突然,他眼睛里的光消失了。他死了。

直到今天, 谁读了这个故事不受感动呢? 饱受饥寒的小珊迪的美好品质,将永远打动人们的心。

思考·练习

默读课文,回答问题。

(1) 小珊迪是怎样要求"我"买他的火柴的? 他为什么这么做?

(2) 小珊迪换好零钱往回跑,发生了什么事? 他临死前最挂念的事是什么?

(3) 小珊迪的哪些美好品质打动了你的心?

(引自人民教育出版社小学语文室,1995 年,第 30—34 页)

[主要参考资料]

1. I. Kant, 1803, *Education*. Translated by A. Churton. The University of Michigan Press, 1983.

2. 赫尔巴特:《普通教育学》(1806 年),李其龙译:《普通教育学·教育学讲授纲要》,人民教育出版社 1989 年版。

3. J. Dewey, 1909, *Moral Principles in Education*. In *The Middle Works of John Dewey* (1899—1924), Vol.4 (1907—1909). Southern Illinois University Press, 1971. 参见杜威:《教育中的道德原理》,赵祥麟等译:《学校与社会·明日之学校》,人民教育出版社 1994 年版,第 142—164 页。

4. 杜威著、王承绪译:《民主主义与教育》(1916 年),人民教育出版社 1990 年版。

5. J. Dewey, *Reconstruction in Philosophy*. In *The Middle Works of John Dewey* (1899—1924), Vol.12. Southern Illinois University Press, 1982. 参见杜威著、许崇清译:《哲学的改造》,商务印书馆 1958 年修订版。

6. 日本文部省编,吉林师大外研所、日本教育研究室译:《日本的经济发展与教育》(1962 年),吉林人民出版社,1978 年版。

7. Richard H. Hersh, Diana Pritchard Paolitto, and Joseph Reimer, *Promoting Moral Growth: From Piaget to Kohlberg*. New York: Longman Inc., 1979.

8. 吴式颖等编:《马卡连柯教育文集》,人民教育出版社 1985 年版。

9. 林崇德:《品德发展心理学》,上海教育出版社 1989 年版。

10. J. Wilson, *A New Introduction to Moral Education*. Cassell Education Limited, 1990.

11. 李玢:《英国学校的道德教育》,《外国中小学教育》1991 年第 1 期。

12. 人民教育出版社政治思想品德室编著:《小学思想品德教材教法》,人民教育出版社 1995 年版。

13. 余秀兰:《略论"直接德育"与"间接德育"》,《教育理论与实践》1995 年第 1 期。

14. 人民教育出版社小学语文室编著:《九年义务教育六年制小学教科书·语文·第七册》,人民教育出版社 1995 年版。

15. 国家教委编订:《全日制高级中学思想政治课课程标准(试行)》,人民教育出版社 1996 版。

16. 张奠宙:《寓德育于数学课的新思路》,《理想·理论·教育》1996 年第 11 期。

17. 国家教委编订:《九年义务教育小学思想品德课和初中思想政治课课程标准(试行)》,人民教育出版社 1997 版。

18. 佐斌:《小学语文课文内容的社会心理思考》,《教育研究与实验》,1998 年第 1 期。

第九章　认知性道德发展模式

前面对德育的内容、手段、方法、途径，分别加以探讨，重在分析教育活动中各种手段、方法、途径与教育的道德目的之间的关系。从这一章开始，综合考察德育的内容、手段、方法、途径相互之间的关系，旨在阐明这些要素在具体的教育实践中组合方式各不一样，体现出不同的教育取向。

一、德育模式概论

学校和教师在一定的理论指导下，运用一定的方法和手段，通过一定的途径，实施一定的德育内容，就可能形成某种德育模式。然而，德育模式的探讨，涉及一个前提性问题，那就是对儿童道德发展的一般看法。

（一）"模式论"与"情境论"之争

对于儿童品德发展的早期研究，形成两种截然不同的结论。一种观点认为，儿童品德发展存在某种相对稳定的模式，就是说，存在一定的规律性；另一种观点认为，儿童的道德态度和道德行为是一种特殊的反应方式，是个体与周围环境相互作用的产物。换言之，儿童的道德发展并没有多少规律可言，一切依情境而变。

这种分歧可以概括为道德发展的"模式论"和"情境论"之争。这种分歧至今尚存，由于皮亚杰和科尔伯格等人的杰出贡献，"模式论"观点逐渐占据上峰。另一方面，"情境论"虽已失势，其影响依在。如今人们相信道德发展有一定规律,却不教条地理解这种规律,其中无疑有“情境论”的贡献。

(二)德育模式是观察、理解和思考德育的方式

正因为道德发展具有一定的规律性,学校德育模式的探讨才有了可能。

德育模式,实际上是在德育实施过程中道德理论与德育理论、德育内容、德育手段、德育方法、德育途径的某种组合方式,因而为我们观察、理解和思考德育提供了种种综合方式。正如第五章介绍过的,哈什(R. Hersh)等人把品德理解为关心、判断、行动的和谐结合,据此他们把“德育模式”界定为“思考教育背景下关心、判断、行动过程的方式”,强调“一种模式包括一种关于人在道德上如何发展的理论或观点,以及一套促进道德发展的策略或原则。因此,模式既有助于我们理解道德教育,又有助于我们实施道德教育”①。

(三)德育模式的要素

我国一些学校正在着手德育模式的探索,有人尝试对此进行总结,概括出4种典型的模式:体验教育模式、情境教育模式、角色教育模式、讨论式德育模式②。这是一些尚处在形成中的“模式”,或者说,还只是一些“准模式”。

严格意义上的德育模式,除了包含一定的德育内容(教育的道德目的)、手段、方法、途径之外,还以一定的道德理论(道德哲学和道德心理学)和道德教育理论为基础。我国德育模式探索尚处在起步阶段,并未以系统的道德理论和教育理论作为实践基础。为了加强这方面的工作,考察国外一些比较成熟的德育模式的理论基础,尤有必要。

---

① Hersh, Miller, and Feildin, 1980, p.7.

② 王瑜,1997年。

(四)德育模式的分类

上述关于德育模式的要素分解,为我们分析德育模式提供了一个框架。

表9-1 德育模式的分类

侧重的目的	模 式	代 表 人 物
道德认知	认知性道德发展模式	皮亚杰、科尔伯格
	理由建构模式或法理学模式	谢弗、奥利弗
	价值分析模式	库姆斯
	社会探究模式	马夏拉斯、考克斯
	直接教学模式	威尔逊
	案例研究模式	斯特赖克、索尔蒂斯
道德情感	体谅模式	麦克费尔
	价值澄清模式	拉思斯、哈明、西蒙
	训练小组模式	沙因、贝尼斯
	非指导性教学模式	罗杰斯
	群策模式	戈登
	意识训练模式	舒茨、布朗
	课堂会议模式	格拉泽
	直率性训练模式	里姆、马斯特斯
	角色扮演模式	F·谢夫特、G·谢夫特
道德行为	间接德育模式	杜威
	集体教育模式	马卡连柯
	社会学习模式	班杜拉
	社会行动模式	纽曼
	社会模拟模式	内斯比特
	小组调查模式	塞伦
	相倚性管理模式	奥姆、珀内尔
	自我控制操作模式	索森、马哈内

(根据 Hersh, Miller, and Feildin, 1980;丁证霖,1991 年;冯增俊,1993 年;戚万学,1995 年;钟启泉、黄志成,1998 年;等)

由于德育内容、手段、方法和途径的多样性,它们在德育过程中存在诸多可能的组合方式。人们也确实摸索出大量德育模式,如哈什等向人们介绍了6种在美国最具有影响的模式:理由建构模式、体谅模式、价值澄清模式、价值分析模式、道德认知发展模式、社会行动模式[①],一些重在促进学生道德发展的教学模式,称之为"德育模式"也颇为恰当。

可以从不同的角度(目的或内容、手段、方法、途径),对学校现行的各种德育模式进行分类。表9-1是从它们在实现学校教育的道德目的上不同的侧重点出发的一种分类方案。

品德的核心是善意,但是,如杜威所言:光有善意是不够的,还要有坚持执行善意的行动力量。而行动力量本身是盲目的,必须予以理智和情感训练,使之忠于有价值的目标。理智训练,意味着使人对于社会生活各个领域的比较价值具有良好的判断力。情感的训练,意味着使人对于他人和社会的目的和利益具有近乎出自本能的敏感性。因此,道德教育的重点,在于培养学生的道德判断力、道德敏感性、道德行动力量。任何德育模式,都不能忽视这三个基本方面。当然,它们可能各有侧重。例如,下面介绍和评析的认知性道德发展模式、体谅模式、社会行动模式,就分别侧重于促进道德判断力发展,培养道德敏感性,增强道德行动力量。

二、基于道德发展理论的德育观

认知性道德发展模式(the cognitive moral development model),系由瑞士学者皮亚杰(J. Piaget)和美国学者科尔伯格(L. Kohlberg)等人创建。前者的贡献主要体现在理论建设上,而后者的贡献还体现在从实践上开辟了一个可以操作的德育模式。

科尔伯格曾就道德教育的哲学和心理学基础作过专门探讨。可

① Hersh, Miller, and Feildin, 1980, p.7.

以从他关于道德发展和道德教育的基本观点出发，来把握认知性道德发展模式的理论假设。

（一）道德发展论

科尔伯格的道德发展理论，确切地说，是道德判断发展理论。关于道德判断他提出了如下重要假设：

1. 道德判断的结构反映个体道德判断的水平

道德判断有内容与形式之别。所谓道德判断内容就是对道德问题所作的“该”或“不该”、“对”或“错”的回答；所谓道德判断形式指的是判断的理由以及说明理由过程中所包含的推理方式。譬如，对教例9－1“海因兹与治癌药”中的两难问题，从小学生到大学生都只有3种可能的回答——要么说“该偷”，要么说“不该偷”，要么犹豫不决。显然，根据“该偷”或“不该偷”的回答，并不能把学生的道德判断水平区分开来。体现学生道德判断水平的，是他们说明“该偷”或“不该偷”的理由，以及这种辩护中隐含的道德推理方式。

教例9－1

海因兹与治癌药

情境

欧洲有个妇女身患一种特殊的癌症，生命垂危。医生认为，有一种药也许救得了她。这种药是本城一名药剂师最近发现的一种镭剂。该药造价昂贵，药剂师还以10倍于成本的价格出售。他花200美元买镭，而一小剂药却索价2000美元。这位身患绝症的妇女的丈夫名叫海因兹，他向每个相识的人借钱，但他只能筹到大约1000美元，只是药价的一半。海因兹告诉药剂师他的妻子快要死了，并且请求药剂师便宜一点把药卖给他，或者允许他以后再付钱。可是,这位药剂师说:“不行,我发明这种药,我要靠它来赚钱。”海因兹绝望了,想闯进那人的药店,为妻子偷药。

问题

1. 海因兹应该偷药吗? 为什么应该或者不该?

2. 如果海因兹不爱他妻子,他应该为她偷药吗? 为什么应该或者不该?

3. 假定将要死的不是海因兹妻子, 而是一个陌生人, 海因兹应该为陌生人偷药吗? 为什么应该或者不该?

4. (如果你赞同为陌生人偷药:)假定快要死的是海因兹宠爱的一只动物,他应该为救这只宠物去偷药吗? 为什么应该或者不该?

5. 为什么人们应该尽其所能搭救别人的生命? 不论用什么方式都行吗?

6. 海因兹偷药是犯法的,那样做在道德上错了吗? 为什么错了或者没错?

7. 为什么人们一般都应该尽其所能避免犯法,不论什么情况都该如此?

7a. 怎样把这一点同海因兹事件联系起来?

(引自 Hersh, Paolitto, and Reimer, 1979, pp.54—55.)

2. 个体的道德判断形式处于不断发展之中

科尔伯格及其同事设计了 9 个类似“海因兹两难”的道德两难问题, 对儿童的道德判断力进行跨文化的追踪研究。他们的研究表明:

第一,个体的道德判断处于不断发展之中,经历性质不同但相互关联的 3 种水平和 6 个阶段。

道德阶段的定义[1]

Ⅰ　阶段零：前道德阶段

既不理解规则，也不能用规则和权威判断好坏。使他愉快的或兴奋的就是好的，使他痛苦的或害怕的就是坏的。没有义务、应该、必须等概念，即使在外在权威的意义上也是如此；行为受他自身能做什么和想做什么所支配。

Ⅱ　前习俗的水平

在这个水平上，儿童能够区分文化中的规则和好坏，懂得是非的名称，但是他是根据行为对身体上的或快感上的后果来解释好坏的（受罚、得奖和交换喜爱的东西），或是根据宣布这些规则和好坏的人们的体力来分别好坏的。这一水平分为两个阶段：

阶段1：以惩罚与服从为定向。以行为对自己身体上所产生的后果来决定这种行为的好坏，而不管这种后果对人有什么意义和价值。避免惩罚和无条件地屈从力量本身就是价值，而不是尊重为惩罚和权威所支持的那种基本的道德秩序（后者是阶段4的表现）。

阶段2：以工具性的相对主义为定向。正确的行为就是那些可以满足个人需要、有时也可以满足他人需要的行为。人们之间的关系是根据像市场地位那样的关系来判断的。儿童知道了公平、互换和平等分配，但他们总是以物质上的或实用的方式来解释这些价值。交换就是“你帮我抓痒，我也帮你抓痒”，而不根据忠义、感恩或公平来进行的。

① 科尔伯格、杜里尔，1971年，第444—446页。

Ⅲ 习俗的水平

在这个水平上，按照个人的家庭、集团或国家所期望人们做的去行事就被认为它本身就是有价值的，而不管它所产生的直接的和明显的后果如何。这种态度不仅服从个人的期望和社会的秩序，而且忠心耿耿，主动去维护、支持这种秩序，并以与这种秩序有关的个人或团体自居。在这个水平上，有两个阶段：

阶段3：以人与人之间的和谐一致或者“好男孩—好女孩”为定向。凡是讨人喜欢或帮助别人而为他们称赞的行为就是好行为，其中许多符合大多数人心目中定型了的形象或“自然的”的行为。经常用意图去判断行为。第一次把“他的用意是好的”作为行为的一个重要因素。好孩子就会获得别人的赞许。

阶段4：以法律与秩序为定向。行为是服从权威、固定的规则和维护社会秩序的。尽自己的义务、对权威表示尊重和维护既定的社会秩序本身就是正确的行为。

Ⅳ 后习俗的、自主的或有原则的水平

在这个水平上，儿童显然努力在摆脱掌握原则的集团或个人的权威，并不把自己和这种集团视为一体从而去确定有效的和可用的道德价值和原则。这个水平也有两个阶段：

阶段5：以法定的社会契约为定向。总的倾向带有点功利主义的色彩。正确的行为往往取决一般的个人权利和已为整个社会批判考核而予以同意的标准。儿童清晰地意识到个人的意见和价值是相对的，从而相应地强调要求有一个取得一致意见的程序和规则。除了在宪法上民主地同意了的事物，权利是关于个人的价值和意见的事，所以其结

果是强调法律的观点，但同时也强调要根据对社会是否有用的理性思考来改变法律的可能性(不像以法律秩序为定向的阶段4那样死板地维护法律)。在法律领域之外，自由同意和契约乃是遵守职责的一个具有联结作用的因素。这就是美国政府与宪法的"官方的"的道德。

阶段6:以普遍的伦理原则为定向。根据良心作出的决定就是正确的，而所谓根据良心作出的决定就是根据自己选择的具有逻辑全面性、普遍性和融贯性的伦理原则作出的道德决定。这些原则是抽象的和伦理的(像"中庸之道"，绝对命令等等)，而不是一些具体的道德规则，如"摩西十诫"等等。实质上，这些原则就是普遍的公正原则、互惠原则、人权平等原则和尊重个人的人类尊严的原则。

处在阶段1的儿童，从实际问题和解决问题的实际方法出发，进行道德推理，对的事情就是能够避免惩罚的事情，或者是受到惩罚最少的事情。例如，弟弟看见哥哥偷商店里的东西，他该不该把哥哥行为不端的秘密告诉父亲？这个阶段的儿童典型的推理是：如果不告诉父亲，父亲一旦发现，会生气，打他的屁股；如果告诉父亲，哥哥知道之后，也会揍他。如果父亲比哥哥打得厉害，就该把事情告诉父亲；如果哥哥比父亲打得厉害，就不该向父亲告发。

出于同样的推理方式，儿童对"海因兹两难"的回答是：海因兹不该偷药，否则他会被逮捕，受到严厉的惩罚。当然，也有儿童会根据自己生活经验，作出相反的选择。例如，他有一个十分威严的舅舅，他可能会这样回答：海因兹应该偷药，否则的话，他妻子死了，他的大舅子会把他揍扁的！还有的儿童经过权衡认为：海因兹可以去偷药，因为他事先请求过，又不是偷什么大东西，他不会受到惩罚。

这些回答，表面上看十分不同，但反映出来的道德判断水平实际上是一样的。其总的精神是：海因兹必须服从权威，不服从权威就会受到严厉的惩罚；海因兹该不该偷，完全取决于能否避免惩罚，或者能否避免严厉的惩罚。

总之，这个阶段儿童的道德推理，具有十分鲜明的特点：他们认为做得对的事情是可以避免惩罚的事情，是非判断的标准是避免惩罚以及权威的权力和意志。他们的道德思维以自我为中心，不考虑别人的利益，或者不承认别人的利益与自己的利益可能有所不同，而且混淆自己的观点与权威的观点，把权威的观点当作自己的观点。

进入小学时，许多儿童开始进入阶段 2。如果说阶段 1 的儿童根据权威的意志来进行道德判断，那么，阶段 2 的儿童则有了一个新判断标准——公正原则。当然，他们以一种相当实用的对等方式理解公正。对于"该不该揭发朋友考试作弊"这个问题，阶段 2 的典型回答是：一切取决于这位朋友对自己好不好。如果这位朋友以前帮助过我，就不该揭发；如果朋友从来没有帮过我，我就不会让他抄答案，他硬要偷看的话，我就告诉老师。

在海因兹偷药事件上，这个阶段的儿童进行道德推理时，并不会认为丈夫对妻子有一种道义上的责任，也没有意识到其中的法律问题。他们的典型回答也同前面相似：海因兹该不该偷药，取决于海因兹妻子对他好不好。要是海因兹妻子一直对他不好的话，海因兹就没有必要自寻烦恼，冒险去偷药；要是海因兹妻子一向对他好的话，海因兹就应当关心自己的妻子。为救妻子的命，治好妻子的病去偷药，是非常自然的事情。

还有其他回答：海因兹应该去偷药，因为海因兹要与妻子共同生活，而现在他妻子危在旦夕，需要这药救命。妻子死了，谁来照顾他呢？而且，海因兹就是去偷药，很可能不会受到惩罚。不管是什么样的法官，都能理解海因兹为什么偷药。还有什么理由比救自己妻子的命更充分呢？与此相反的回答是：海因兹偷来的药也许可以缓解他妻子的痛苦，但救不了她的命，等海因兹出狱之后妻子早死了，偷药对他没好处，不该偷。

可见，阶段 2 的儿童思考"海因兹两难"时，道德判断和行为抉择完全是从个人观点出发的，要么从海因兹的观点出发，要么从海因兹妻子的观点出发。换句话说，这个阶段的儿童开始意识到，每个人都有自己的利益，人与人之间的利益存在冲突，所以对和错、是和非都是相对的。因此，他们判断对错，都是从具体的个人的观点出发的。

根据调查，小学阶段大部分学生处于阶段 2，初中生处于这个阶段的比例大大下降。在成年人当中，这个阶段的推理方式仍然存在，例如有人说："人不犯我，我不犯人；人若犯我，我必犯人。"若是在非敌我矛盾的人际冲突中采取这种方式，就是阶段 2 这种典型的思维方式。但是，总的来说，对于大部分成年人，这是一个次要的阶段，他们道德判断达到了更高的水平。

综上所述，处于前习俗水平的儿童，在进行道德推理，作出道德判断时，主要从自己的观点出发，或者从具体的个人观点出发，提出自己的理由。当一个人摆脱了自己及具体的个人观点，站在社会的角度思考道德问题时，其道德判断发展就跃进到了一个新的水平——"习俗水平"。

处于习俗水平的人，从全社会观点出发作出道德判断，站在一个社会成员的角度思考和处理道德问题。个体对家庭、群体、社会寄予他的期望表示认可，并且努力使自己的行为符合社会的要求。他不仅努力避免惩罚和指责，而且努力不辜负社会对一个好人提出的要求，不辜负社会对好人所扮演的各种角色提出的要求。这一水平也可以分为两个阶段。

做一个自己和别人心目中的好人，是处于阶段 3 的人的做人标准，也是他们判断是非的标准。他们认为，做得对的事情，就是不辜负与自己关系密切的人对自己的期望，不辜负大家对你所扮演的各种角色提出的要求，做一个好孩子、好兄弟、好丈夫、好朋友，关心别人，与别人保持相互信任、忠诚、尊重的关系。

这样一来，阶段 3 与阶段 2 大不相同。阶段 2 的儿童认为，只要没有不正当地损害别人的利益，单纯追求自己的利益，就是正当的。阶段 3 的人却对自己和别人都提出更高的要求。他们希望建立一种更为积极的人际关系，那就是相互信赖，相互忠诚，相互尊重。这种人际关系,不仅仅是阶段 2 的儿童所能理解的互惠关系,它还包含着相互承担义务。

这种区别在评论海因兹偷药事件时表现得特别明显。阶段 2 的儿童,根本不会意识到海因兹对妻子应尽的义务。在他们看来,海因兹该不该偷药,一切取决于海因兹妻子对海因兹好不好,取决于海因兹爱不爱妻子。阶段 3 的人却认为:海因兹和这个女人结了婚,海因兹就对她承担了一定的义务,因此他应当关心自己的妻子,并且设法挽救妻子的性命。即使他不再爱妻子,他也得承担这种义务,夫妻关系的事实就意味着他应当关心妻子。为救妻子去偷药,只不过做了丈夫该做的事。阶段 3 也有人认为海因兹不该偷药,理由如:做贼会使自己的家庭名声扫地,给自己的家人(包括妻子)带来烦恼和耻辱。

上述两种答案表面上完全相反,但都是从做一个好人(好丈夫或好的家庭成员)的角度思考和处理问题的,思维的方式和性质完全一样。处于阶段 3 的人对于"朋友考试作弊"的态度,与之类似:不该揭发,好朋友应当相互信任,相互忠诚。不为朋友保守秘密,算不上是朋友。另一种意见是:真正的朋友,不会听任对方犯错误,为了帮助朋友改正错误,把偷考的事告诉教师,是正当的行为。或者认为:好学生自己不偷考,还应当与偷考那样的不诚实行为作斗争。

阶段 2 和阶段 3 对于药剂师的评论也大不相同。阶段 2 的学生认为:制药商不免费提供药品,这件事本身没有什么不对。因为他并没有超出追求利润的权利范围。他唯一愚蠢的地方,是没有给海因兹一个救他妻子性命的机会,结果遭到海因兹的报复,把他的药白白偷走了。但是,即使这样,他也没有义务非得免费提供药品。而阶段 3 的人会这样谴责制药商:他还是人吗?他有心肝吗?他可能不认识海因兹,可是,作为制药行业中的一员,他就承担着治病救人的义务。他怎么能这样自私,置海因兹一家不顾呢?这种评论再一次说明:阶段 3 的人已经开始以社会对各种角色规定的传统义务作为标准进行思考,以好人或好孩子的标准进行思考。

大多数成年人的道德判断力发展到阶段 3,就停滞不前。这是因为,依靠阶段3的道德认知水平,足于解决相互认识的人当中出现的道德冲突。但是,当个人必须按照全社会的观点处理问题时,阶段3的思维方式就不够用了。到了阶段4,这方面的缺陷才被克服。

阶段4与阶段3不同。阶段3的回答经常提到的是海因兹作为家庭中的一员应当承担的义务,谴责药剂师没有人性,不履行制药行业对他的要求。他们通常并不关心海因兹偷药会怎么影响社会制度。进入阶段4的成年人,主要关心的是社会制度的作用问题。他们赞同海因兹有帮助和搭救妻子的义务,并且认为制药商的所作所为是极不人道的。但他们同时担心,海因兹偷药也削弱了社会的道德秩序。他们已经懂得,任何社会都受到道德的约束,其中有许多道德协议还编制成法律,强加推行。而破坏这种协议的行为,都会在一定程度上威胁社会制度的巩固。

这不是说阶段4的人反对海因兹偷药,而是说他们真正感到海因兹偷药事件隐含着一个使他们十分困惑的两难选择。事实上,阶段1、阶段2、阶段3的人,在回答海因兹是否该偷药时,并没有多少为难的地方。只有阶段4的人才真正感到左右为难,例如有的人可能会这么想:照理来说偷东西是不对的,但是不这么做的话,海因兹就要对妻子的死负责。另外一些人可能会这么想:海因兹采取非常措施搭救妻子性命是十分自然的事情,但是偷东西犯法。这种左右为难的道德犹豫,正是阶段4比前三个阶段更加高明的明证。

阶段4的人把法律、社会道德秩序置于中心的地位,所以他们不但能够处理人际问题,而且能够处理社会问题。但是,阶段4的人回答不了下列一个问题:一个社会的法律制度和道德秩序,如果全面否定某些人的基本权利,那么,生活在这种社会中的人应当赞同这种法律和道德,还是反对甚至违反这种被公认为不公正的法律和道德呢?回答这样的问题,需要超越习俗的水平。

超越习俗的社会价值观思考和处理道德问题,意味着一个人的道德发展达到了"后习俗水平"。在这个水平上,又可以分为两个前后相继的发展阶段。

处于阶段5的人,根据全社会严格审查和一致同意的普遍的个人权利和标准,来确定正确的行动。他们从社会契约的观点看待道德义务,不再把法律和道德上要求承担的义务看成是一种固定的要求,而把义务看成是双方自愿达成的社会契约。既然是契约,就存在一定的范围,也存在更改的可能。对于海因兹偷药事件,他们可能会这样评论:法律禁止人偷窃,但没有考虑到为救人性命而偷东西这种情况。海因兹不得不偷药救命,如果有什么地方不对的话,需要改正的是现行的法律。稀有药品应当按照公平原则加以调控。或者说:海因兹没有偷药救妻的职责,因为这不是正常的夫妻关系契约中的组成部分。海因兹已经为救妻子的性命尽了力,无论情况多么危险,都不应该采取偷的手段解决问题。但是,海因兹依然去偷药搭救自己的妻子,这是一种超越职责要求之外的一种好行为。这是阶段5典型的道德推理方式。

阶段5把一切法律和道德的规定视为可以改变的契约,阶段6的人则意识到存在一些不可改变的普遍的伦理原则,他们的回答更具有原则性:在那种情况下,海因兹应该去偷药,为救人性命去偷是值得的。对于任何一个有道德理性的人来说,人的生命是最可宝贵的,生命的价值提供了唯一可能的无条件的道德义务的源泉。也有人可能反驳说:海因兹设法救自己妻子的性命,是无可非议的。但是,他考虑过所有人的生命的价值吗?别人是不是也像他妻子那样急需这种药呢?海因兹这样做,对别人是不公正的。

上述判断和推理,不以海因兹同有关人员先前存在的契约为依据,而以无条件的道德义务为依据。诉诸的是超越一切社会契约的普遍的伦理原则:普遍的公正原则,人权互惠、平等的普遍原则,尊重人的生命和尊严的普遍原则。

总而言之,不同发展阶段的人的道德推理方式和性质是不一样的。阶段1强调的是服从和惩罚,认为海因兹不该偷药,因为这样做会被抓进监狱。阶段2是重实效的享乐主义和交换,主张海因兹偷药救妻子,理由是:他需要妻子,而且有朝一日妻子也会为他做同样的事。阶段3强调爱、幸福、仁慈,重视与自身关系密切的人的认可,他们主张海因兹偷药的理由是:男人结了婚就要作一个好丈夫,而好丈夫都爱自己的妻子。阶段4的人尊重法律和秩序,忠于集体道德,维持社会秩序。阶段5是社会契约立宪主义,认为善就是社会福利,把社会设想成具有平等权利的个体的联合,把规则看作是由自由人的契约性协议所构成。阶段6对于普遍的人类价值和正义有一种原则性的义务感,甚至在社会特定的法律协议和契约不主张这些价值和正义时,也是如此。见表9-2。

第二,上述三种水平六个阶段按照不变的顺序由低到高逐步展开。

第三,更高层次和阶段的道德推理能兼容更低层次和阶段的道理推理方式;反之,则不能。

3. 冲突的交往和生活情境最适合于促进个体道德判断力的发展

科尔伯格及其合作者还对道德发展的动因进行了研究,概括出如下结论:

第一,道德发展是学习的结果,这种学习不同于知识和技能的学习。人可以通过几个小时或几天的努力,习得某种知识;也可以通过几天或几个星期的练习,形成某种技能;而道德学习却需要长期的甚至一生的努力。

第二,道德的发展有赖于个体的道德自主性。道德不可能从外部强加于人,而是个体内部状态与外界环境交互作用的产物。

第三,冲突的交往和生活情境最适合于促进个体道德判断力的发展。科尔伯格的合作者布莱特(M. Blatt)认为,儿童通过对假设性的道德两难问题的讨论,能够理解和同化高于自己一个阶段的同伴的道德推理,拒斥低于自己道德阶段的同伴的道德推理。因此,围绕道德两难问题的小组讨论,是促进学生道德发展的一种有效方法。科尔伯格和莱斯特后来在20所学校进行试验,结果证明布莱特的假设成立,并称之为“布莱特效应”。

表 9-2　道德判断发展的阶段

水平	阶段	道德推理的特点	关于"海因兹两难"的道德推理	
			不该偷的理由	该偷的理由
前习俗水平	1	以惩罚与服从为定向	偷东西会被警察抓起来,受到惩罚。	他事先请求过,又不是偷大东西,他不会受重罚。
	2	以工具性的相对主义为定向	要是妻子一直对他不好,海因兹就没有必要自寻烦恼,冒险偷药	要是妻子一向对他好,海因兹就该关心妻子,为救她的命去偷药。
习俗水平	3	以人与人之间和谐一致或"好男孩-好女孩"为定向	做贼会使自己的家庭名声扫地,给自己的家人(包括妻子)带来烦恼和耻辱。	不管妻子过去对他好不好,他都得对妻子负责。为救妻子去偷药,只不过做了丈夫该做的事。
	4	以法律与秩序为定向	采取非常措施救妻子的命合情合理,但偷别人的东西犯法。	偷东西是不对,可不这么做的话,海因兹就没有尽到做丈夫的义务。
后习俗水平	5	以法定的社会契约为定向	丈夫没有偷药救妻子的义务,这不是正常的夫妻关系契约中的组成部分。海因兹已经为救妻子的命尽了全力,无论如何都不该采取偷的手段解决问题。但他还是去偷药了,这是一种超出职责之外的好行为。	法律禁止人偷窃,却没有考虑到为救人性命而偷东西这种情况。海因兹不得不偷药救命,如果有什么不对的话,需要改正的是现行的法律。稀有药品应当按照公平原则加以调控。
	6	以普遍的伦理原则为定向	海因兹设法救自己妻子的性命无可非议,但他没有考虑所有人的生命的价值,别人也可能急需这种药。他这么做,对别人是不公正的。	为救人性命去偷是值得的。对于任何一个有道德理性的人来说,人的生命最可宝贵,生命的价值提供了唯一可能的无条件的道德义务的源泉。

(二)道德教育论

根据道德发展理论,科尔伯格提出了道德教育的基本设想。

1. 道德教育旨在促进道德判断的发展及其与行为的一致性

根据道德发展理论的基本结论,认知性道德发展模式强调,道德教育的目的首先在于促进学生的道德判断不断向更高水平和阶段发展,其次在于促进学生道德判断与行为的一致性。科尔伯格及其同事的实证研究表明:儿童的道德判断普遍存在与其行为不一致的现象,但是,个体道德判断力的发展水平和阶段越高,道德判断与行为的一致性程度越高。因此,道德教育的关键是促进学生道德判断力的逐步提高。

2. 道德教育奉行发展性原则

从发展的眼光看,个体道德判断的成熟并非一蹴而就,而是循序渐进发展的结果。据此,认知性道德发展模式强调,根据儿童已有的发展水平确定教育内容,创造机会让学生接触和思考高于他们一个阶段的道德理由和道德推理方式,造成学生认知失衡,引导学生在寻求新的认知平衡之中,不断地提高自身道德判断的发展水平。

根据发展性原则,认知性道德发展模式实施德育的方法和策略包括:

第一,了解学生当前的道德判断发展水平;

第二,运用道德难题引起学生的意见分歧和认知失衡;

第三,向学生揭示比他们高一阶段的道德推理方式;

第四,引导学生在比较中自动接受比自己原有的道德推理方式更为合理的推理方式;

第五,鼓励学生把自己的道德判断付诸行动。

三、围绕道德两难问题的小组讨论

根据以上理论假设,科尔伯格及其追随者在学校教育实践中,主要做了两项开拓性的工作:一是开发围绕道德两难问题组织小组讨论的策略;二是按照发展性原则重建学校的道德环境[①]。这里重点介绍前一方面的试验和成果。

围绕道德两难问题,组织学生进行小组讨论,首先需要设计出适当的道德两难情境,为讨论提供背景;其次需要设计出恰当的问题(如教例 9-1 中的问题),引导学生展开讨论。前一方面的工作第六章有说明,不再赘述。这里着重考察认知性道德发展模式的提问策略。

组织学生围绕道德两难问题展开讨论,要求教师讲究提问的技巧和策略,以引导学生探究自身主张的逻辑,并在一般的思维方式上,以挑战和质疑的方式与同学相互交流,激发学生的认知冲突和社会角色认取。围绕道德两难问题的小组讨论可分为起始阶段和深入阶段,与之相应,教师的提问也可以分为"引入性提问"和"深入性提问"。引入性提问的策略把师生引进对道德争端的讨论,并不断地发展学生的道德意识;深入性提问的策略重在可能引起道德推理结构性变化的讨论因素。

(一)引入性提问(initial questioning)

教师在讨论的引入阶段中的作用是多方面的,如在教例 9-1 中,教师所要做的是:

(1) 确保学生理解所要讨论的两难问题或难题:既然你们读过海因兹的故事,你能用自己的话,把问题复述一遍吗?

(2) 帮助学生正视难题所固有的道德成分:今天我们要考虑的主要问题是:海因兹该不该偷药?

(3) 引导学生阐明自己所作判断的基本理由:你为什么认为海因兹该去偷药?

(4) 鼓励学生相互交流各自不同的理由:我听到两种不同的观点——一种因为药剂师的财产权,认为海因兹不该偷药;一种认为海

① 科尔伯格,1973 年。

因兹对妻子的责任最重要。让我们更深入来探讨一下其中的差异。

在小组道德讨论的起始阶段,教师可以采取如下策略提问。

(1) 突出道德争端

这类问题经常是对话的引子,要求学生对道德争端表明自己的立场。它们有助于学生把情境看成是需要解决的冲突,或者是需要作出选择的两难问题。它们经常暗含着一个"应当"、"应该"或"对错"的问题:海因兹该偷药吗?偷一个人的药救另一个人的命错了吗?在那种情况下偷盗的人该受惩罚吗?这样的问题揭示出使两难问题成为道德两难问题的特定的情境要素。

(2) 询问"为什么"的问题

你为什么认为自己解决这个难题的办法正确?你决定这样解决难题的主要理由是什么?诸如此类的问题,要求学生解释支持他们在道德争端上采取某种立场的理由。这就给学生以机会,发现自己可能与同学持有相同的立场,却出于截然不同的理由。这种思维方式上的差异可以激发学生的探讨兴趣,并引起学生间的对话和交流。

(3) 使情境复杂化

有两种提问可以使原始的道德难题复杂化。其一,为了增加原始冲突固有的复杂性或认知冲突,给原始难题添加新的信息或情境。如在"海因兹两难"中,可以进一步问:假定海因兹妻子特地要他去(或别去)偷药,你会改变原来的立场吗?假定审理海因兹案件的法官是海因兹的朋友,那会使得海因兹的决定有所不同吗?这样的问题,会激发学生更大的思维分化,从而促使学生不只从单个角度考虑怎么解决道德冲突。其二,为了帮助学生正视而不回避道德争端,可以提出第二种使情况复杂化的问题。有些道德两难问题会使刚刚进入讨论的学生深感不安,他们通常试图改变两难问题的事实,通过取消冲突来回避令人难堪的道德难题。譬如,救生船超载,必须有人跳海,该谁跳?对于这个难题,学生往往设想出用一根绳子把多余的人拴在船边,从而回避掉这个两难问题。为了帮助学生面对此种情形下的道德问题,教师可以说,"可是,等一下,让我们假定不能把他们拴在船边";或者说,"假定救生船上没有绳子"。教师也可以使两难问题本身复杂化,"假定抓住绳子,就会弄沉救生船——如果你不得不在母亲与她18岁的儿子之间作出选择,该让谁跳海?"

学生正对道德难题,直接讨论道德难题,会感到不安。教师要尊重这一事实。对于学生来说,通过道德争端来练习道德推理,往往感到生疏,而且有时会不知所措。教师的作用,就在于推动学生正视道德争端的进程,而不是"迫使"学生这样做。一段时间过后,小组就会帮助学生个人担负起正视两难问题的任务。

(二)深入性提问(in-depth questioning)

当学生阐明自己对道德两难问题的立场和理由之后,小组讨论才有可能真正开始。为了使学生深入地进行讨论和思考,教师提问的策略应当作出相应的改变,促使学生努力对付各种相互竞争的主张和相互对立的理由。有4种深入提问的策略可以利用:升华性问题、突出相邻阶段的论点、澄清与总结、角色认取问题与策略。

1. 升华性问题(refining questions)

这类问题有5种追问策略。

(1) 澄清性追问(a clarifying probe),要求学生解释他们所用的语词。在陈述的意思含糊不清时,或者在陈述没有表达出内容背后的推理时,澄清性追问尤为必要。这样可以避免教师把自己的意思强加在学生的话里。例如:

生:不,他不该告发考试作弊的朋友。他可能会惹麻烦。
师:什么样的麻烦?
生:嗯,他的朋友会不再喜欢他了。那个朋友可能会找机会报复他。

(2) 特定争端的追问(an issues - specific probe),要求学生探究与所讨论的难题有关的某种道德争端,如权威、义务和生命价值等。通

过深入讨论某一特定的争端,学生就有机会充分地探究自身信念的根据。如:

你对陌生人有义务吗? 对家庭或朋友的责任,与对陌生人的责任,有什么差别? 为什么人人都有服从法律权威的责任?

(3) 争端间追问(an inter-issues probe),系促进解决两种道德争端之间冲突的追问。这类追问会激发学生对自己选择一种争端而不选择另一种争端的基本理由的充分性进行检验。如:

忠于朋友和遵守法律,哪个更重要?
如果为了搭救人的性命有必要偷的话,你能证明那项决定合理吗? 怎么证明?

(4) 角色转换追问(a role-switch probe),要求学生在与人发生冲突时,采取对方的观点。可以锻炼学生以别人的眼睛观察同一情境,促进学生角色认取能力(role-taking ability)的发展。如在讨论"朋友考试作弊该不该揭发"时,教师可以追问:

在这种情况下,这个朋友会认为你告发他是错误的吗? 假定你是老师, 在这种情况下,她会对你说该怎么办? 为什么? 你的父母会对你说该怎么办? 你的朋友的父母会说怎样做才对?

(5) 普遍后果追问(a universal-consequences probe),要求学生思考,如果他们实施自己的推理,人人都照这样做的话,会造成什么结果。这种追问,鼓励学生作出对大家一样公平的道德决定,同时也帮助学生检验自己的判断在逻辑上的充分性。例如:

如果每个人为了搭救自己认识的人,都决定偷别人的东西,那会发生什么情况？

如果每个人考试作弊，老师怎么管理课堂，和帮助儿童学习？

2．突出相邻阶段的论点(highlighting contiguous-stage arguments)

正是下一个更高阶段的道德推理促进了一个人的道德成长，所以教师有责任突出相邻阶段的道德推理的论点。主要有三种策略：

上策是，一旦发现学生自己在对话中运用相邻阶段的论点，就鼓励学生探究自己思维的充分性。如：

温迪：海因兹应该偷药，因为换了他妻子，为了他，她也会这么做的。(阶段3的要素)

彼得：对，是该偷。可是，他为什么该偷？她从来没有为他偷过什么东西。(阶段2的要素)

教师：你们的意见一致，却有十分不一样的理由。温迪，假定要你帮忙说服彼得改变看法，你能不能扮演一会儿海因兹的妻子，想办法告诉他，为什么海因兹应该决定去偷药？

教例9-2　关于安乐死的道德讨论

[重新集中话题；突出一个新的道德争端]	教师：有关自杀的争端很重要，不过，这会儿我们可以紧扣安乐死的争端，夺人性命对不对，或者在哪一点上可能是对的。 迈克：我认为医生这样做是不对的，因为医生不知道……我还是回到心理问题上来，好吗？医生不能像亲近的人那样了解一个人心里的想法。就像你们会遇到这些问题，你怎么知道他真的没有神智了？是的，我认为，他的兄弟或许知道，他的兄弟可以作出正确的决定。如果你真的喜欢一个人，你就要照你想做的做……如果正确的做法就是杀了那个人，那你就要这样做。[阶段3的要素] 吉姆：我不想做那个告诉他们这样做的人。 迈克：我说的是一种十分极端的情况……比方说，他刚刚失去女朋友，我就不会说：好吧！我让你死。他在受苦，他的脑子已经死亡。人家给他打针，他自己什么也不能做。如果他求我……

(续表)

[澄清迈克的陈述]	卡伦:噢,可是,如果他不求你,你不会自说自话取人性命。 迈克:是的。
[认取别人的观点]	鲍勃:那是一种个人评价。对于你来说,那比你说的失去女朋友糟得多;但对有些人来说,可能不是这样。 迈克:我在说,不管怎么样,都绝对没有希望。
[促进观点的认取]	卡伦:谁来判断呢? 迈克:某个极其了解他的人来判断。
[使情况复杂化]	约翰:要是没人很了解他们,怎么办? 莉萨:我想,如果他们自己说想死,就可以。
[突出道德争端]	吉姆:就因为你说自己想死,你就有权去死吗? 莉萨:是的。 吉姆:你可能一会儿想死,另一会儿又感觉很好。"噢,我现在死了算了。"你可能想到死,但我认为,一个人没有权利决定"我该自杀",只要还有活路,或者还有活下去的理由。
[自己提出"为什么"的问题]	迈克:我说的是绝对没有希望的时候。你眼看着他们,又好像有点等于放弃他们于不顾。我们让他们活着,因为那是我们不得不做的事。你必须让他们活着。而你为什么得那样做呢? 因为那就是你得做的事。
[促进观点的认取]	卡伦:谁会说你是作决定的恰当的人选呢? 迈克:那个求你杀了他的人。
[澄清和总结小组的推理]	教师:所以,你们说的是两件事。这个人不得不想到死,以及某个与他亲近并且对他十分了解的人不得不同意那是最好的事。[阶段 3 的要素]

(引自 Hersh, Paolitto, and Reimer, 1979, pp.163—164.)

教例 9-3　关于朋友偷车的道德讨论

	拉里:朋友只有在你了解时才是朋友……你知道我为什么说朋友只有你信任他时才是朋友吗?你们可以一道到处偷东西,可是他突然掉过头来,冷不防地偷你的东西……
[争端间追问]	教师:你认为信任比不蹲监狱更重要吗? 埃德:嗯……这取决于别人对你有多重要,就好比你是不是想要他们信任你。
[澄清性追问]	教师:所以,如果他们是你真正的朋友的话,对你就不同了? 约翰:当然。两种情况我都可能告发,但如果他们是我的朋友的话,我会更不情愿。 戴维:我会为朋友坐一年牢。那会是一个难题,但我可以不管它。[阶段 3 的要素]
[提出问题以突出相邻阶段的论点]	教师:拉里,你会供出自己的朋友吗? 拉里:一切都取决于我是不是喜欢他。或者,取决于我是不是想看到他受苦……[阶段 2 的要素]
[诉诸家庭纽带的角色认取]	教师:拉里,如果那个你要供出的人是你兄弟,又怎么样? 拉里:我不会告发我的兄弟。
[特定争端的追问]	教师:那有什么区别? 约翰:噢,如果是我的兄弟,我就不能这么做。不可以说出我的兄弟。
[特定争端的追问]	教师:兄弟和朋友有什么不一样? 约翰:血,血浓于水。即使我不喜欢自己的兄弟,或者恨他,我也不说出他。血浓于水。[阶段 3 要素] 保罗:我没有那么肯定。如果是我兄弟的话,我不会前去报告警察;但如果在痛苦的情境中,警察正在给我施加压力,我不会认为把他说出来有什么不对。那不是我的过错,是我兄弟自己惹了麻烦,是他的错。[阶段 2 的要素]

(引自 Hersh, Paolitto, and Reimer, 1979, pp.167—168.)

中策是,在全班学生的推理中都没有涉及邻近的高一阶段的论点时,教师可以鼓励那些在其他问题上已经达到高一阶段的学生,把相邻阶段的元素运用到新的争端上。如"卡罗,你在谈论什么对社会有益时,给我们昨天讨论的难题提供了一种有趣的解决办法。你能不能告诉我们,怎么才能把同样的论点运用到我们今天讨论的事情上?"

下策是,在整个班级都不能从多种视角观察某种特定的道德冲突,没人提出更为充分的观点的情况下,教师可以自己提出下一个更高阶段的论点,供学生讨论和思考。

3. 澄清与总结(clarifying and summarizing)

这种策略指的是教师从向学生提问转向澄清和总结学生所说的内容,目的在于使学生意识到同学提出的各种备择的推理方式,促进认知冲突和角色扮演的进程(见教例 9-2)。

4. 角色认取问题与策略(role-taking questions and strategies)

角色认取的问题,是为了促进学生接纳观点的能力而专门设计的问题(见教例 9-3)。这类问题使得学生有可能超越以自我为中心的思维方式,而把注意力集中在自己扮演的角色所使用的推理上,设身处地地体验别人的思想方式。

上述 4 种深入性提问策略的重要性,在于加剧学生的认知冲突,并扩展学生角色认取能力。但提问必须以讨论为背景,学生中的讨论最终会向他们展示水平各不相同的推理,并要求学生构想或构建一种理由充分的回答。这样的构建,不但受到回答自己老师的需要的驱策,也受到回答自己同伴的需要的驱策,它能为道德发展创造条件。

四、认知性道德发展模式简评

认知性道德发展模式向世人提供了一种重视理性思维的德育模式,还向世人展示了一种从基础理论到开发应用的研究模式。在当代学校德育模式中,认知性道德发展模式可能是理论基础最为坚实的模式,但它的理论假设并非无懈可击。人们的批评和怀疑主要集中在科尔伯格的道德发展理论上。

(一)认知性道德发展模式的理论缺陷

科尔伯格道德发展理论的最大成就,可能就是道德判断发展阶段论。尽管这一理论是在跨文化研究的基础上构建的,但是,一些研究表明,有些文化背景下的人根本没有出现阶段5和阶段6的道德发展特征。科尔伯格对这两个阶段的定义很可能带有西方的文化偏见。

即使在西方文化背景下,调查显示,达到阶段5和阶段6的人当中,以男性居多。关于这两个阶段的定义更像是在描述男性的道德发展特征,而没有充分体现女性在阶段4之后的道德发展特征。吉利甘(C. Gilligan)用科尔伯格的道德两难问题,重作测试,除了得出类似科尔伯格的结论之外,还发现女孩子的回答不能完全归纳在"正义"概念之下,而可以归入"正义"之外的"关心"概念里。事实上,科尔伯格的道德发展理论是对男性道德发展调查研究的结果,难免不带性别偏见。

皮亚杰和科尔伯格都强调道德判断力不断向更高水平和阶段发展,具有不可逆性。然而,对美国中学毕业生的调查显示,他们道德发展水平多数已经达到阶段4,但之后的调查又发现其中不少人回到了阶段2。这是对发展不可逆定理的挑战,科尔伯格的经典理论没有对此作出圆满的解释。

此外,还有不少人批评这个模式忽视道德发展中的情感因素。

(二)认知性道德发展模式对我国学校德育改革的启示

尽管遭到上述批评乃至更多的非议,认知性道德发展模式对于我国学校的德育改革依然具有诸多可能的借鉴作用。

第一,科尔伯格对于道德判断发展6个阶段的界定未必合乎我们的国情,但总的精神很可能是正确的。所要做的不过是根据本民族的文化传统,对科尔伯格的界定进行修正。

第二,发展性原则在我国学校的知识教学中已经得到广泛认可和应用,但在德育上还流于空谈。如果承认学生是处于发展中的个体,就必须基于学生的发展水平进行教育,促进学生的逐步发展。正因为如此,小学数学教师敢于大胆地向学生传授错误的知识(如最小的数是"0",比"0"大一号的数是"1"),然后才逐渐地把学生引向比较正确的数学知识(如小数的引入——告诉学生"0"和"1"之间有无数个数;负数的引入,告诉学生"0"并不是最小的数)。可是,在道德教育方面,我们一开始就试图把正确的答案告诉给年幼的学生。如果要遵循发展性原则,我国德育的内容和方法都需要大力改革。

第三,我国学校在系统地传授道德知识方面颇有心得,但在提高学生道德思维能力方面缺少行之有效的办法。认知性道德发展模式可以弥补这方面的不足。

第四,我国学校钟情于用道德课进行道德教育,试图使学校德育科目化、课程化。认知性道德发展模式反其道而行之,它的创始者和推行者都认为,尽管道德讨论成功地促进了学生的道德成长,但它们本身显然不能构成一门德育课程。它们一般不能整合进一门较大的课程内,也不能以一种较为有限的方式影响学生的道德经验。科尔伯格明确表示,围绕道德两难问题的小组讨论必须渗透在语文、历史、社会研究、法律教育、哲学与性教育等课程领域。这种见识应当对我国学校德育改革有所助益。

我国一些得风气之先的学校,已经在尝试运用或改造认知性道德发展模式。现有的努力表明,这种模式对于使用者有相当高的要求。要成功地运用这个模式,教师不但要有一整套提问的策略、控制和指导班组讨论的能力,而且要对道德发展理论有精深的理解,了解并掌握各个发展阶段的道德思维方式(这意味着教师道德判断力的发展应达到后习俗水平)。如果教师没有受到良好的训练,就极有可能滥用和误用这个模式。使用这个模式的教师与其说是教育学生,不如说是"教育"自己。

[作业与思考题]

1. 试从判断力与品德的关系上分析认知性道德发展模式的理论基础。

2. 试比较阶段 2 与阶段 5 的道德推理方式。

3. 试调查和分析我国中小学生对“朋友考试舞弊该不该揭发?”的思维方式。

4. 结合实际分析我国学校移植或改造认知性道德发展模式的可能性。

5. 根据教例 6-7 设计一个认知性道德发展模式的教案。

[主要参考资料]

1. 科尔伯格、杜里尔著,魏贤超译:《道德发展与道德教育》(1971 年);瞿葆奎主编,余光、李涵生选编:《教育学文集·德育》,人民教育出版社 1989 年版,第 437-522 页。

2. 科尔伯格著、柯森译:《学校的道德环境》(1973 年);瞿葆奎主编,余光、李涵生选编:《教育学文集·德育》,人民教育出版社 1989 年版,第 523—547 页。

3. R. Hersh, D. Paolitto, and J. Reimer, *Promoting Moral Growth: From Piaget to Kohlberg*. Longman Inc., New York, 1979.

4. B. Hersh, J. Miller, and G. Feildin, *Models of Moral Education: An Appraisal*. Longman Inc., 1980. 参见哈什、米勒、菲尔丁著,傅维利等译:《道德教育模式》,学术期刊出版社 1989 年版。最好参阅外文。

5. 丁证霖等编译:《当代西方教学模式》,山西教育出版社 1991 年版。

6. 冯增俊:《当代西方学校道德教育》,广东教育出版社 1993 年版。

7. 戚万学:《冲突与整合——20 世纪西方道德教育理论》,山东教育出版社 1995 年版。

8. 袁桂林:《当代西方道德教育理论》,福建教育出版社 1995 年版。

9. 王瑜:《教育现代化中构建德育新模式的探索》,《教育科学研究》1997 年第 5 期。

10. 钟启泉、黄志成编著:《西方德育原理》,陕西人民教育出版社 1998 年版。

第十章 体 谅 模 式

与认知性道德发展模式强调道德认知发展不同，体谅模式（the consideration model）把道德情感的培养置于中心地位。该模式由英国学校德育专家麦克费尔（P. McPhail）及其同事昂戈德·托马斯（J. Ungoed - Thomas）、查普曼（H. Chapman）首创。最初在英国一些学校使用，后来广泛流行于北美；原先是为中学德育设计的，但试用下来，也适合小学生，因此体谅模式在英语国家的小学中也颇为流行。此模式的一大特色是，它的理论假设是在对学生的广泛调查的基础上提出的，它的教材也取自对学生的调查。

一、理 论 假 设

1964 至 1971 年，麦克费尔等人以问卷和访谈的形式，对英国中学 13—18 岁的男女学生进行过 3 次大规模的调查，要求他们分别记述一件别人对自己好、对自己不好、对自己既谈不上好也谈不上不好的事件。通过对这些“好事”和“坏事”的分析，他们得出了关于学校德育的一些基本假设。

（一）满足学生与人友好相处的需要是教育的首要职责

调查显示，青少年对于“好事”的意见非常接近：对人好的事例，反映出体谅人、幽默和愿作让步的特性；共享关系为好，支配与被支配关系为坏。总之，对人好表现为体谅人的需要、情感和兴趣，对人坏则表现相反。可见，青少年学生对于人际关系中奉行坦率、互惠和关心等处世原则的反响相当积极。与人友好相处，爱和被爱，是人的基本需要，帮助学生满足这种需要乃是教育的首要职责[①]。

另一方面，接受调查的学生普遍反映，学校过于强调信息的积累和处理，忽视帮助他们解决个人同一性（personal identity）和社会关系方面的问题。因此，麦克费尔在界定道德教育的目的时，极其相信学生们自己的观点和态度。在他看来，创设一种道德教育课程，最令人信服的理由，就是学生们感到需要这种课程。

（二）道德教育重在引导学生学会关心

麦克费尔在调查的基础上总结道：人与人之间，差异是表面的，相似性是深层的[②]。这种相似性或共性，使人能够相互理解、相互体谅、相互关心。关心人和体谅人的品性，是道德的基础和核心。

他还进一步假定：以关心和体谅为核心的道德行为，是一种自我强化。就是说，关心和体谅他人，不仅使他人快乐和满意，也使自己快乐和满意；不仅是一种利他的行为，还是一种自利行为，即一种自我鼓励的行为。如麦克费尔所言："为别人而活，是回报性的和有动力的，而且在真正意义可以说是为自己而活"。[③]他论证道，人们"无需任何先在的价值判断或者提早使用'应当'一词，就会被促使或倾向于以体谅他人需要、情感和兴趣的方式对待别人。我们认为，之所以如此，是因为以体谅的方式对待别人一般来说是快乐的，而且是回报性的。满足别人的需要会有回报，认识这一点，就无需进行伦理学或道德学的学习"[④]。我们行事讲道德，因为这样做使我们觉得好。总之，关心人体谅人的美德，在体谅模式中本身就是一种回报。

因此，道德教育目的首先在于，把个体从"那些打着个性幌子的

① McPhail, Ungoed-Thomas, and Chapman, 1972, p. 3.

② McPhail, Ungoed-Thomas, and Chapman, 1975, p. 30.

③ Hersh, Miller, and Feildin, 1980, p. 51.

④ Hersh, Miller, and Feildin, 1980, p. 70.

破坏性和自我破坏性的冲动”中解救出来，从“在不幸与不健康的社会中养成的自我中心、自恋、自私和暴戾及其他特征”中解救出来[①]，赋予个体爱与被爱的力量。道德教育的重点在于提高学生的人际意识和社会意识，培养自我与他人相互关联的一种个人的一般风格，一言蔽之，重在引导学生学会关心，学会体谅，并在关心人、体谅人中获得快乐。

（三）角色尝试有助于青少年敏感而成熟的人际意识和社会行为的发展

青少年需要成年人和同伴体谅和关心，也有体谅人和关心人的需要，但他们在面对实际的人际和社会问题时，所作出的反应依然不够成熟。麦克费尔根据学生所提出“好事”和“坏事”，设计了一些人际和社会情境问题，要求学生作出回答。如：

情境 10－1：一个跟你同岁而且要好的男孩子或女孩子，因为你不知道的原因显得十分心烦意乱。你怎么办？

通过与成年人对相应问题的成熟反应的比较，麦克费尔把学生的反应区分为 11 种成熟度不一的类型。为了简明起见，我们可以把这 11 种反应类型归并为 6 种，甚至 3 种（见“表 10－1”）。在所有反应中，成熟而富于想象力的反应，以有独创性地、公平而有效地解决社会问题为特征，体现出一种帮助遇到困难的人形成解脱社会困难的富有意义的办法的个人倾向和能力，即一种创造性的关心。这正是学会关心的目标。

调查表明，青少年出现成熟性反应的频率从 12 岁到 18 岁稳步递增。女生和男生分别在 14 岁和 15 岁，试验性反应达到高峰。到 18 岁时，成熟性反应大约是试验性反应的 2 倍。所以，麦克费

① Hersh, Miller, and Feildin, 1980, pp. 51—52.

尔把青少年期称作“社会试验期(a period of social experiment)”,强调在这时期应当鼓励学生自由地试验各种不同角色和身份[①]。“社会试验期”还意味着这是个体对人际和社会问题的反应由不成熟迈向成熟的过渡期,是个体学会关心的最佳期或关键期。这一时期的道德教育,尤其要重视促进学生成熟的人际意识和社会行为的发展。

表 11-1 青少年对人际与社会问题的反应类型

<table>
<tr><th colspan="3">反应的类型与成熟度</th><th>对情境 10-1 的反应</th></tr>
<tr><td rowspan="7">不成熟反应</td><td rowspan="2">被动性反应</td><td>被动反应</td><td>不管不问</td></tr>
<tr><td>被动的情绪性反应</td><td>感到不安但不知如何是好</td></tr>
<tr><td rowspan="2">依赖性反应</td><td>依赖成年人的反应</td><td>向某个成年人反映这种情况</td></tr>
<tr><td>依赖同伴的反应</td><td>同别的朋友谈论这种情况</td></tr>
<tr><td rowspan="2">攻击性反应</td><td>攻击性反应</td><td>叫他/她振作起来</td></tr>
<tr><td>极具攻击性的反应</td><td>取笑他/她</td></tr>
<tr><td>回避性反应</td><td>回避性反应</td><td>回避他/她</td></tr>
<tr><td rowspan="2">试验性反应</td><td rowspan="2">试验性反应</td><td>试验性的不成熟反应</td><td>试着问自己的朋友怎么啦</td></tr>
<tr><td>试验性的老练反应</td><td>设法同他/她交谈,好像没有注意到有什么不对头</td></tr>
<tr><td rowspan="2">成熟性反应</td><td rowspan="2">成熟性反应</td><td>成熟的习俗性反应</td><td>安慰他/她</td></tr>
<tr><td>成熟的富于想象力的反应</td><td>设法使他/她对正在发生的事情感兴趣,同时给予力所能及的帮助,如果他/她需要的话。</td></tr>
</table>

(引自 McPhail, Ungoed-Thomas, and Chapman, 1972, p.55)

① McPhail, Ungoed-Thomas, and Chapman, 1972, pp. 57—61.

(四)教育即学会关心

在麦克费尔等人的调查中,学生们表示:尽管他们想自由地作出选择和决定,但他们欢迎反应灵敏、善解人意的成年人的帮助;他们对树立好榜样并且践履自己认可的标准的成年人表示敬佩,即使自己并不认同那些标准;试图保持中立的学生,也喜欢表现自信而正直的家长和教师。总之,青少年愿意虚心向成年人学习,他们不满的是受成年人的支配。

基于以上结论,麦克费尔坚信,行为和态度是富有感染力的,品德是感染来的而非直接教来的。因此,学校在引导学生关心人、体谅人的人际意识中,他特别强调两点:

第一,营造相互关心、相互体谅的课堂气氛,使猜疑、谨小慎微、提心吊胆、敌意和忧虑在课堂生活中逐渐销声匿迹。麦克费尔对于认知性道德发展模式似乎不以为然。在他看来,道德与其说包含推理方式,不如说包含个性风格;与其说是平衡各种相互冲突的权利,不如说是实现个体与他人的自然和谐;与其说是判断,不如说是关心。培养体谅人的生活风格的教育,并不试图"说服"学生理智地接受"体谅待人"是对的,"有效的教育本身就是学会关心,因为它在行动上体现了体谅人的生活风格,这样会促使学生接受体谅人的生活风格,因为人们感到这种生活风格是一种有回报和吸引力的生活方式,是一种与他人关联的方式。"体谅模式旨在向学生表明,关心他人是一种使自己快乐的方式。

第二,教师在关心人、体谅人上起道德表率作用。学生通过观察在自己生活中有重要意义的人物怎样对待自己和他人,习得各种道德价值观;通过接近体谅人的人,习得体谅人的品德。学生从教师所作所为中学到的东西,多于从教师所教所说中学到的东西。向榜样学习,是个体自然发展的基础;观察学习和社会模仿,是年轻人获得关心人和体谅人的品质的重要方式。因此,榜样是教育的一种形式,甚至是教育的最高形式。教师引导学生学会关心的最佳办法,就是教师自己去学会关心。

二、围绕人际-社会情境问题的道德教育

麦克费尔强调，学校要重视营造和谐的人际关系和社会关系，“关系比教材重要”；但是，他和同事们还是开发了一套专门实施体谅模式的教材。根据学生记述的“好事”和“坏事”，他们提炼出许多典型的人际－社会情境问题，并在此基础上编制出《生命线》丛书。

这套独具特色的德育教材，在英国课堂的2万多名学生中间得到现场检验，深受中学教师特别是中学生的喜爱。该教材本来是为中学生准备的，但是，即便是其中程度最深的部分，许多五、六年级的学生也能读懂，因而在小学也颇受欢迎。

《生命线》丛书是实施体谅模式的支柱，它由3部分组成：

> 第一部分：《设身处地》。含《敏感性》、《后果》、《观点》3个单元，其中的所有情境都是围绕人们在家庭、学校或邻里中经历的各种共同的人际问题设计的。
>
> 第二部分：《证明规则》。含《规则与个体》、《你期望什么?》、《你认为我是谁?》、《为了谁的利益?》、《我为什么该?》五个单元，情境所涉及的均为比较复杂的群体利益冲突及权威问题。
>
> 第三部分：《你会怎么办?》。含《生日》、《禁闭》、《逮捕!》、《街景》、《悲剧》、《盖尔住院》6本小册子，向学生展示以历史事实或现实为基础的道德困境。

如图10－1所示，这三个部分循序渐进地向学生呈现越来越复杂的人际与社会情境。设计和使用这些情境教材，目的在于：

> 1. 提高个体对他人需要、兴趣、态度和情感的感知能

力。

2. 鼓励基本技能特别是非言语沟通技能的发展。

3. 为更完善的私人关系打基础。

4. 通过发展联想体谅行为的各种变通方式的能力,增加个体作道德决定的自由。

5. 通过探究创造性活动中沟通风格与表达手段之间的关系,促进人际沟通。①

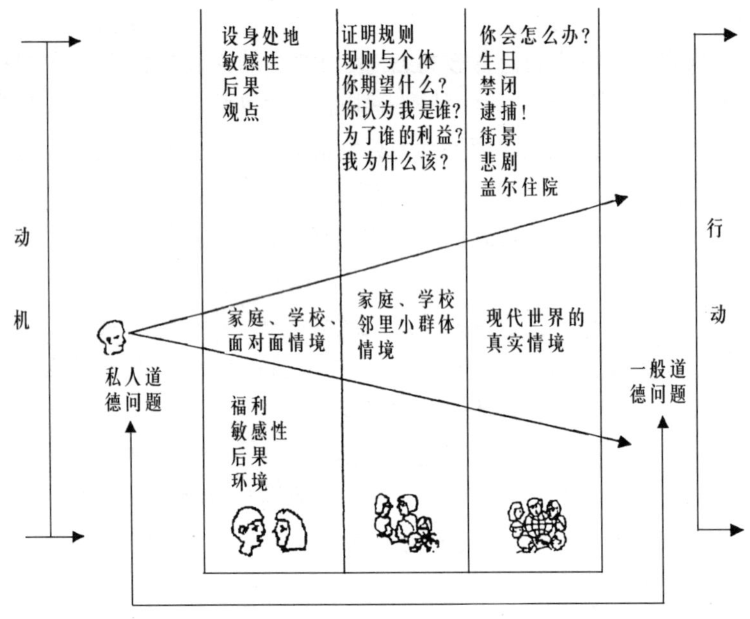

(引自 McPhail, Ungoed-Thomas, and Chapman, 1972, p.86.)

图 10-1 《生命线》课程模式

(一)《设身处地》

这一部分包括三个单元,总的目的是发展学生体谅他人的动机,所用的教材和教学策略有如下共同的特点或要求:

---

① P. McPhail, 1982, p. 143.

(1) 教材具有情境性。

(2) 这些情境来自青少年对自己亲身经历的描述。

(3) 情境的叙述简明扼要,使学生有可能根据各自的切身经历,补充情境的细节,从而调动学生参与的积极性。

(4) 所提问题一般涉及做而不涉及理论思考。

(5) 围绕学生所提出的行动方针的角色扮演和戏剧表演,一般比班组讨论更有可能促进情感和理性的投入,因而促进对人类行为更加现实的鉴赏和理解。

(6) 鼓励青少年进行社会试验的自然倾向。

(7) 教材使用中提供的体谅人的基本动机,是回报性反馈引起的体谅的倾向。

(8) 可以列出事件一览表,但它只表示师生所能做的事情,并非固定不变。

(9) 尽可能让学生自行选择情境。

(10)《设身处地》中的情境不得用作惩罚性的作业。①

1.《敏感性》

此单元有46种个人对个人的情境,如:

情境10-2: 你的一个熟人在你与别人说话时常常插嘴甚至试图改变话题,你怎么办?

每一种情境都以一幅生动的彩色画加以描绘,展现在"敏感性卡片"上,画片下面是"你怎么办?"这一问题(如图10-2所示)。每一种情境之后都提这个基本问题,以便学生能够陈述、角色扮演、摹拟表演、文字描述、绘画或小组讨论他或她在此情形下怎么办。

① McPhail, Ungoed-Thomas, and Chapman, 1972, p. 101.

(引自 P. McPhail, 1982, p.140.)

图 10-2　敏感性卡片样卡

设置“情境 10-2”和图 10-2 所示之类的情境问题,目的不在于培养学生与不文明行为作斗争的勇气和能力,而在于培养学生对人际关系的敏感性,鼓励学生对一切表明人的需要、利益及情感的言语信号和非言语信号的观察和理解。

麦克费尔对于使用敏感性卡片的教学程序提出了如下建议:

(1) 宣读或板书一种体谅情境。

(2) 请学生写下自己如在这种情境中会怎么办。

(3) 寻求建议性的行动方针或者收集答卷,并选择一种行动方针作为开始。

(4) 邀请一组作出类似反应的学生,分角色扮演该情境、该反应以及他们想到的随即发生的事情。

(5) 启发全班学生对角色扮演者的反应进行评论,启发其他方面的角色扮演。

(6) 如果学生还有兴致,可继续扮演和讨论学生提出的进一步反应。

(7) 师生共同总结。宜讨论正反两种不同的行动方针,并让学生作出最终的判断。[①]

2.《后果》

此单元由71张“情境卡”组成。《后果》中的情境与《敏感性》中的情境不同,它不只涉及两个人,而涉及许多人。后果作业,意在纠正那种仅仅根据甲如何对待乙来思考道德的倾向,激发学生超越一对一关系的道德,采取旁观者的立场客观地进行思考,以增强学生对行为后果的想象、理解、推测的能力。情境卡中提出的基本问题是“接着可能发生什么事?”如:

情境10-3: 有人在朋友开车时用令人发笑的事逗他,接着可能发生什么事?

就像在敏感性单元中那样,可以有选择地或者是任意地把卡片分给个人或者小组,以激发学生进行角色扮演、摹拟表演、写作(如故事续写)、讨论、艺术创作,或者,作为调查的工具,了解学生对后果的预测能力。

3.《观点》

此单元由63种“冲突情境”构成,包括性别、年龄、阶级、种族、文化冲突、宗教、政治冲突、心理冲突等。设计这样的情境,目的在于鼓励学生在最后道出自己在特定的冲突情境中会怎么办之前,扮演与之发生冲突一方的角色。例如:

教例 10-1

情境10-4

女孩子的立场:我是家里唯一的女孩子,妈妈住院时

① Hersh, Miller, and Feildin, 1980, p. 70.

我悉心看家。我认为弟弟应该接受他的那份家务,我曾请求弟弟帮助扫地和装盘。他不干,因为他认为这不是男人的活。

男孩子的立场:妈妈住院时,姐姐看家。她要我帮助扫地和装盘,但我不会去干,因为我认为这些都是女人干的活。

作业

男孩:试把自己置于这个女孩的立场上,你会怎么办,比方说,你会有什么感受?对于这种情境,姐弟两人能够接受的解决办法是什么?

女孩:试把自己置于这个男孩的立场上,你会怎么办,比方说,你会有什么感受?

(引自 Hersh, Miller, and Feildin, 1980, pp.64—65.)

(二)《证明规则》

这个部分由5个单元组成,以逐渐复杂的方式,探讨少年保罗以及他的家庭、朋友、邻居在各种社会背景中,面对各种社会压力和要求时发生的难题。其一般目的在于给学生以机会,"以设法解决当他们试图取得成年人的地位并在与其他成年人平等的基础上生活和工作时发生的各种常见的问题",具体目的在于帮助青少年学生形成健全的同一性意识(sense of identity),并把自己视为对自己的共同体作出贡献的人①。

1.《规则与个体》

该单元由若干种与保罗在履行其职责时的冲突有关的简短情境组成,其主题是:

① McPhail, Ungoed-Thomas, and Chapman, 1972, p. 112.

(1) 规则概念的复杂性。“规则”包括法律、规章、原则以及社会规则,而且这种种不同类型的规则以不同的方式构成道德的一个个组成部分。

(2) 不同的规则相互冲突时产生的问题的性质和范围。

(3) 规则与倾向相互冲突时产生的问题的性质和范围。

(4) 一般意义上道德决定的重要性。

《保罗:一个违法者》是本单元中的一例情境:

教例 10-2

情境 10-5 《“保罗:一个违法者”》

保罗在帮助学校基金会开车。星期三那天,他答应过带利兹去看电影,但他一分钱也没有。他从基金中“借”了一些美元,被当场捉住,送往校长处。校长打电话告诉保罗父母这件事,并通知他们保罗将停学一周。

问题

(1) 你认为在这种情境中校长的做法公平不公平?你要是校长的话,会怎么办?

(2) 你认为保罗的父母会对这种情境怎么作出反应?你认为他们会惩罚保罗吗?如果会,怎么惩罚?

(3) 想一想你认识的人违反过的一些规则,然后谈谈:

  (A) 你是否认为他们受到的惩罚公平。

  (B) 如果认为不公平,那么你认为怎样做才是公平的惩罚。

(4) 违反规则而没被抓住的人怎么样?使用下列情境:在学校、影剧院及家里。

练习

(1) 扮演一下保罗与校长之间可能进行的对话。

(引自 Hersh, Miller, and Feildin, 1980, p.66.)

2.《你期望什么?》

设计这一单元,是为了帮助青少年更加清楚地考查成人社会的规范和结构。在这个单元,麦克费尔希望从第一单元的社会视野出发,用各种情境扩大学生的社会视野。法律、制度以及作为一个整体的社会的概念,显示出越来越重要的意义。该单元描绘了诸多较为复杂的道德或法律冲突情境,例如:

情境 10-6

麦克在学校老是遇到麻烦——有时是他自己的过错,有时却不是,可即使不是他的过错,他也要遭到责备。一天下午,一截粉笔划过教室,打在老师身上。粉笔来自麦克的方向,所以老师把麦克拎了起来,并且开始扯他身上的杠杠。班上有些同学正想说那不是麦克干的,麦克也试图告诉老师那不是他干的,老师却大发脾气,在麦克头上打了一记。麦克猛扑上去,一拳打在老师的脸上。麦克被勒令停学一学期。[①]

教师可以利用诸如此类的情境教材,组织学生讨论社会关系中种种比较复杂的难题。

3.《你认为我是谁?》

此单元涉及个人意识与自我定义的问题,探究诸如对人有成见、代人受过、公众形象的理想化、断交之类的念头。本单元潜在的前提

① McPhail, Ungoed-Thomas, and Chapman, 1972, pp.201—202.

是，青少年如果要正直地面对社会争端，就需要形成牢靠而有现实基础的个人概念。本单元目的就在于，“通过帮助青少年建立自己和他人都重要的观念，即建立自己和他人都是影响形势和作出决定的独特个体的观念，帮助青少年更好地应付相互冲突的情境以及相互冲突的期望。”例如《我的本性》一课是这样展开的：

教例 10－3

情境 10－7 《我的本性》

约翰的朋友认为约翰是个机灵鬼，因为他很擅长于鼓捣机器。约翰喜欢别人这样看待他。他并不十分喜欢学校，结果与班上一群聪明的小孩子合不来。

他称他们为书虫。

他们说他是笨蛋。

约翰和这群学生相互间从不真的说话，因为他们相互间对对方干得漂亮的事，既不佩服，也不尊重。

约翰需要别人钦佩他是个好技工，因为他自己就是这样看自己的。另一群学生需要别人为他们学校里的功课而钦佩他们。

许多人好像都试图把别人归到这一“类”或那一“种”之中。当然，不能这样轻易地给人贴标签。你要是选择某人的某一方面，并且用它作为标签，它就不会告诉你很多，他或她实际上是哪种人。谁可以把你放进一只标有“青少年”的坛子里，并且说你就是那种人呢？

问题

(1) 列出你曾用在别人身上的标签。

(2) 画出一些坛子，给它们贴上标签，试把你认识的人装进去。

（引自 Hersh，Miller，and Feildin，1980，pp.67—68.）

4.《为了谁的利益?》

本单元着眼于群体关系,帮助学生发现群体活动对于个人和政治的重要性,帮助他们反思群体活动可能产生的冲突。例如,在《学校生活》所描述的情境中,一群高中学生为了得到新的教室和实验设备,决定采取行动。此单元及下一个单元有助于促进学生批判性和系统化的思考。

5.《我为什么该?》

本单元的中心主题是权威——父母、群体、社会规则、神话及科学的权威。设计这一单元的意图在于消除青少年心目中对权威角色的神秘化,帮助学生以明确而客观的方式考查权威。"情境 8"给了学生一个思考学校权威的机会。

情境 10-8

在一个寒风凛冽的下午,威尔斯登学校四年级半数的学生聚集在一起,站在六年级公共教室外边。他们抱怨着让他们站在外面。

"瞧,六年级的,他们多好啊。""为什么我们就不能进去?""外边冷死了。"

戴维·沃纳在公共教室里看了一眼四年级的同学,转过身对自己的同学说:"他们要是筹划一场静坐示威或者开始聚众闹事的话,我不会有多大怨气的。这样的天气范西让他们站在外面,为什么不让他们两点钟之前就进来呢?"

"我想不通,他们为什么不去找校长,"皮特回答说,"我的意思是说,他会听的,不是吗?"

"我想,是的。但是,要是我们提议的话,有人会指责我们无事生非。"他犹豫道,"你想,想想这些小孩子抱怨的,连我们都知道,老师却认为不重要,他们居然不罢课,真让我吃惊。这里有发式的规定,还有保持安静的规定,迟到的规定,服装的规定。五年级真的被那些规定弄得发疯了。"

“我看不出静坐示威有什么好处——只有没人听你的才能这样做，但是，他们可以试着同老师说说，是不是？我们需要的，不过是老师能接见我们每个人，同我们讨论这些问题。我的意思是，像他们在迪安中学做的那样。”

(三)《你会怎么办?》

在这一部分，一个个给人深刻印象的历史时刻，为学生进行道德反思提供了舞台。这部分有6个小分册，每个分册各自都围绕一个不同的历史事件进行编写。《生日》以1904年南非德尔班为背景，讲述一个非洲婴儿降生于美国教会医生的诊所里。《禁闭》以1917年英格兰为背景，记述一个有良心的人拒服兵役以及军方对他的态度。《逮捕!》以1944年阿姆斯特丹为背景，讲的是安妮·弗兰克及其犹太家人藏身于德军占领的荷兰，最后被发现并遭逮捕。《街景》以1965年洛杉矶为背景，描写一名酒后驾车的黑人遭击毙，从而触发洛杉矶暴乱。《悲剧)》以1966年南越为背景，主人公是一个严重烧伤住在医院的14岁男孩。《盖尔住院》以1969年伦敦为背景，描写一个因吸毒而住院的少女。

情境10-9 《盖尔住院》

威廉森:来医院治疗以前最后几个月，你是怎么过的?

盖尔:打针。

威廉森:打针? 什么意思。

盖尔:注射海洛因。

威廉森:怎么开始的?

盖尔:我在少年犯教养院的时候，他们常常说起它。我初次碰到它时，只是想尝一尝。

威廉森:那么，你住在哪里?

盖尔:没地方住。

威廉森:那么，你睡在哪里?

盖尔:我们不睡觉,我们常常白天睡在厕所里,然后,晚上才上俱乐部跳舞。

威廉森:你们经常睡在厕所里?

盖尔:坐在地上睡觉,用大衣裹着。

威廉森:今后你怎么办,盖尔?

盖尔:我不知道。

威廉森:想结婚吗?

盖尔:不。

威廉森:为什么不?

盖尔:不喜欢结婚。

威廉森:除了吸毒,你就不想做一做别的事情?

盖尔:是的。

威廉森:那么,这有什么意义?

盖尔:实际上根本没有意义。①

这些情境教材的目的,在于拓宽学生超越当前社会的道德视野,鼓励学生形成更为深刻、普遍的判断框架。

三、简要的评论

体谅模式是一种从情感入手的德育模式,麦克费尔对侧重自觉理性的道德教育模式(如科尔伯格的模式),也确实公开表示过蔑视。然而,体谅模式所使用的大量人际和社会情境,对学生的理智提出了相当高的要求。体谅模式对理性的重视程度,并不亚于认知性道德发展模式。仔细检查一下麦克费尔为《生命线》设定的目标,以及他对道德发展的总的看法,就会发现,这些目标与科尔伯格的德育模式相当一致。《生命线》是为"鼓励对一切表明人的需要、利益及情感的

① McPhail, Ungoed-Thomas, and Chapman, 1972, p.184.

言语信号和非言语信号的观察和理解”而设计的。这套教材，除了力图使学生获得与理解行为后果相关的科学知识，还力图增强学生推测和预测行为后果的能力。最后，《生命线》意在发挥“全面的影响，也就是说，它特别注重把与感人的决定有关的种种事实、理想、技能、经验聚集在一起。在作出决定时，能够打破学科界线，并且把最完满的知识联系和结合起来，是至关重要的。”理性和知识因而在体谅模式中起着根本性作用，即便麦克费尔在理论上对它有所贬抑。

(一)体谅模式与认知性道德发展模式之比较

体谅模式与认知性道德发展模式，都是价值多元化、道德相对论压力下的产物。这两个模式以及其他一些新模式的涌现，使得学校德育有可能顺应现时代的社会精神。两者都没有偏废品德的知、情、行方面的发展，但很显然，认知性道德发展模式重知，体谅模式重情。它们各自为培养学生道德判断力和道德敏感性提供了一种新思路。

认知性道德发展模式和体谅模式，分别以道德两难问题和人际-社会情境问题为基本教材。道德两难问题实际上就是人际或社会情境问题，体谅模式中的人际－社会情境问题却未必具有两难性质。体谅模式也运用过冲突情境，其目的在于引导学生设身处地，学会关心，学会体谅，以理解和消除冲突。而在认知性道德发展模式中，设置和运用道德两难问题，意在加剧学生之间的道德冲突，造成学生认知失衡，在此基础上促进学生道德判断力的发展。

认知性道德发展模式虽然鼓励学生进行角色扮演，但以小组讨论为主；体谅模式也可以组织学生围绕情境问题进行小组讨论，但常用的方法是角色扮演和摹拟表演等。

(二)体谅模式在理论上的缺陷

如果说认识性发展模式拥有雄厚的理论基础，那么，体谅模式给人印象深刻的是它在实践上的创新和突破。尽管体谅模式的理论与实践都建立在大规模的实证研究的基础上，但是教育界只对其实践部分(围绕《生命线丛书》的教材、教法和教育目标)给予了充分肯定,而对其理论假设非议颇多。

其一,麦克费尔对于青少年学生的需要和特点的描述带有鲜明的人本主义色彩,可他关于道德感染、道德表率、观察学习和社会模仿的观点又有明显的行为主义倾向。怎能用如此不同甚至对立的理论作为同一德育模式的理论基础,西方评论家对此表示非常疑惑。

其二,正如科尔伯格的道德认识发展理论把道德判断发展划分为三种水平六个阶段,揭示道德判断的年龄特征,麦克费尔关于社会反应的道德分类学也试图揭示社会反应的年龄特征。但是,他的分类只建立在对12—18岁的青少年的问卷调查基础上,缺乏对12岁以前儿童的实证研究,因此,麦克费尔对自己概括出来的11种典型的社会反应都未作严格的界定,显得不清晰,他的分类因而难以把握。例如,据报道,使用《生命线》教材的教师在实际操作中,很难把学生"依赖成人的反应"与"成熟的习俗性的反应"区别开来。此外,麦克费尔设计的问卷展示的是西方文化背景下的人际冲突情境,以此为据的社会反应分类系统,未必适用于其他文化背景。而且,由于他评判社会反应成熟度的标准,依据的是来自中产阶级的成年人的典型反应,他的分类系统的普遍适用性甚至在西方也遭到怀疑。

其三,麦克费尔关于青少年期是人生"社会试验期"的假设,暗示《生命线》丛书只适用于中学德育,这套教材本来也是为中学设计的。但实践证明,这套教材同样十分适合于小学德育。这一方面表明《生命线》丛书生命力强,适用范围广,另一方面表明麦克费尔的理论假设不可靠,也许人生的"社会试验期"早在少年期来临之前就已经开始了。

(三)体谅模式的特色及对我国学校德育改革的启示

麦克费尔的社会反应分类系统尽管在理论上存在不足,在实践中还是有一定的功用的。它有助于教师较全面地认识学生对特定人际－社会问题的各种可能反应;有助于教师较全面地认识学生在解决特定的人际-社会问题时可能遇到的种种困难,以便更好地帮助学生学会关心;它提供了一系列可能的反应,教师能够根据它们指导学生围绕大家提出的行动方针进行讨论或角色扮演。

然而,体谅模式真正的特色与贡献,在于它提供了一整套提高学生人际意识和社会意识的开放性情境教材,并且为教师理解和使用这套教材提供了一系列的教师指南,如《中学德育》、《学会关心》等。这类指南详细阐述了《生命线》丛书各部分各单元的教育目的和意图,还提出了与教材配套的教学方法、策略和程序方面的建议,使体谅模式具有非常强的可操作性。更可贵的是,指南向教师全面展示了《生命线》丛书的编制思想和方法,使得教师有可能根据它的思路开发出有当地文化特色的人际-社会情境问题教材。

围绕《生命线》丛书组织起来的是一种较为复杂的德育模式。所有的情境教材(从简单的和当前面对面的互动,到复杂的历史难题),既可以在群体基础上使用,也可以在个体基础上使用,并且适宜于从写小品到社会戏剧等多种形式的创造性活动。根据英国使用过《生命线丛书》的教师报告,这种情境教材成功地激发了学生的兴趣,培养了他们的人际意识和社会意识,引导着学生关心他人、关心社会。尽管理论界对体谅模式非议颇多,教师和学生却对它欢迎备至,说它既有趣,又有效。

“学会关心”在我国中小学已经成为一句时髦的口号。为了将这一口号化为行动,一些学校正在开展这方面的试验和研究。体谅模式对于我国学校德育的改革不无启发。

第一,如果把“学会关心”视为学校德育的一个重要方面,那么,这个总的教育目的应当分解成层层推进的目标体系:从培养学生对他人的需要、目的、利益的敏感性,到培养较为丰富的人际意识,直到培养比人际意识更为复杂的社会意识。

第二,这套目标体系应当通过一套精心设计的、内容逼真的、包含人际-社会问题情境的教材体现出来。

第三,这套教材应当与各学科的教学结合起来使用,大量使用有助于提高学生人际意识和社会意识的教学方法,如角色扮演、社会戏剧、文字创作、图画创作、小组或班级讨论等。英国和北美的学校都不主张把《生命线丛书》当作一门独立的道德课的教材来使用。实践表明,可以在历史课、社会研究课及语文课中,轻而易举地把《生命线》丛书与传统的学术研究结合起来。

[作业与思考题]

1. 试从情感与品德的关系上分析体谅模式的理论基础。
2. 试调查和分析我国中小学生对情境 10－2 的反应。
3. 结合实际分析我国学校移植或改造体谅模式的可能性。
4. 试模仿体谅模式设计一套开发学校德育情境教材的方案。
5. 根据教例 6－7 设计一个体谅模式的教案。
6. 试比较认知性道德发展模式与体谅模式。

[主要参考资料]

1. P. McPhail, J. Ungoed－Thomas, and H. Chapman, *Moral Education in Secondary School*. Longman Group Limited, 1972.

2. P. McPhail, J. Ungeod － Thomas, and H. Chapman, *Learning to Care*. Niles, Ill.: Argus Communications, 1975.

3. B. Hersh, J. Miller, and G. Feildin, *Models of Moral Education: An Appraisal*. Longman Inc., 1980. 参见哈什、米勒、菲尔丁著,傅维利等译:《道德教育模式》,学术期刊出版社 1989 年版。最好参阅外文。

4. P. McPhail, *Social and Moral Education*. Basil Blackwell Publisher Limited, 1982.

第十一章　社会行动模式

纽曼(F. Newmann)开发的道德教育社会行动模式(the social action model of moral education),整合了道德认知、情感和行动等多个方面,并且将它们同公民投身社会变革联系起来。它探讨了小组讨论技能的重要性,信任和承诺等情感性问题,以及道德推理技能的必要性。该模式旨在教学生如何影响公共政策,有鲜明的行动取向。

不少德育模式带有行动取向,如认知性道德发展模式强调促进学生行为与道德判断的一致性,营造保障道德行动的环境;价值澄清模式鼓励学生按照一种价值观,以一种合理而一以贯之的方式待人处世。然而,只有纽曼的模式把重点放在公民行动上。该模式既不鼓励学生去“反思”公共事务,也不鼓励他们去“关心”公共事务,而强调每个公民都有对公共事务施加影响的权利。

纽曼认为,以往的公民教育并没有涉及有效的行动,而把注意力集中在公民权利的其他方面。例如:有的模式重点放在学术性科目上,学生学到的是历史和社会科学的知识;有的模式重点放在政府的法律－政治结构上,学生在公民和法律课上学到的是社会制度方面的正规知识;有的模式重点放在战争、犯罪和贫困之类的社会问题上;有的模式重点放在取得健全结论的智力过程上,学生学到的是逻辑推理、经验断定的有效性、论证的一致性——以为学生学了这些分析技能,就会迁移到民主参与中来①。

上述模式共同的缺陷,就是强化了公民的被动性。为了避免这

① Newmann, 1975, pp. 4—5.

种被动性,纽曼的模式并不强调活动本身,其基本目标反而指向对环境施加影响的能力。

一、理　论　假　设

纽曼把影响环境的能力称作“环境能力(*environmental competence*)”,这是理解和把握社会行动模式的一个核心概念。

(一)道德教育重在培养学生的社会行动能力

环境能力乃是对环境造成特定后果的行动能力,包括物质能力、人际能力和公民能力。

表 11-1　环境能力

1. 物质能力——影响物体的能力
   (1) 审美能力(绘画)
   (2) 功能性能力(造房子)
2. 人际能力——对人的影响能力
   (1) 培育关系的能力(照看婴儿或关心朋友)
   (2) 经济关系能力(购买小汽车)
3. 公民能力——在公共事务中的影响能力
   (1) 公共选举过程中的能力(帮助候选人选举获胜)
   (2) 在利益团体中的能力(改变优惠消费者保护本团体的政策)

(源自 Newmann, 1975, p.18;引自 Hersh, Miller, and Feildin, 1980, p.162.)

道德行动的前提,是有采取行动的能力。道德教育的关键,在于培养和提高学生的行动能力。正是基于这样的考虑,纽曼强调社会行动模式重点在于培养学生的环境能力,特别是培养他们的公民行动能力。

1. 环境能力感是道德敏感性不可或缺的部分

纽曼指出,对环境施加影响的能力,直接关系到人们是否以及在多大程度上视自己为道德行为人(moral agents)。所谓“道德行为人”，指的是“在自己与他人的利益发生冲突的情况下，或者，在政党的利益发生冲突的情况下，审慎地考虑自己该做什么的人”①。不幸的是，许多年轻人觉得自己不能影响环境，因而对道德问题没有兴趣。

学生们可能觉察到环境、公民权利及经济剥削等方面的不公正，但由于觉得自己对这些事情无能为力，所以认为它们与自己的生活不相干。道德问题若要有意义，个体就必须感受到自己能够以某种方式影响该问题。因此环境能力感(a sense of environmental competence)是道德敏感性发展一个不可或缺的部分。

2．人的自我力量和自信心有赖于环境能力感

一个人要成为道德行为人，不但要有影响环境的能力，健全心理的发展也不可少。人类许多行为可以用感到胜任的需要来解释。获得胜任感的能力，于自我力量发展必不可少，它使人相信自己能够对环境采取行动，而不成为环境的牺牲品，从而能够克服各种危险或威胁引起的焦虑。

3．社会行动能力是被管理者知情同意的重要保证

被管理者知情同意(consent of the governed)，是民主生活的基本原则。它使每个公民拥有同等的机会影响权力的使用，并要求通过定期选举领导人及直接参与来影响特定问题的结果②。该原则旨在保证平等权利免遭侵犯，使各种观念和政策经受公众检验。它的执行，有赖于公民参与公共事务。公民参与水平低的话，特殊利益集团就会控制或操纵政治的进程，从而危及这条原则。培养和发展社会行动技能(social action skills)，可以提高公民参与公共事务的水平，从而确保被管理者知情同意，促进民主进程。

基于以上理由，纽曼把环境能力与道德教育有机地联系起来，据此构建社会行动计划。

---

① Newmann, 1975, p. 29.

② Newmann, 1975, p. 47.

(二)社会行动是直接影响公共事务的自觉行为

“社会行动”未必是好战式的抗议,它在更一般意义上得以建构,包括所有直接影响公共事务的行为,如电话交谈、写信、参加会议、探究与研究、当着公共团体的面作证、挨家挨户游说、为筹措资金制造舆论、交涉与谈判,以及与更为好战的形式关联的更加公开的、透明度更高的活动。社会行动可以发生在学校,也可以发生在校外。既可以发生在街道,也可以发生在家庭、办公室和工作场所。既可以涉及数个场所间的运动,也可以集中在一个场所。然而,这些活动本身并非“社会行动”,除非它们力图影响公共政策的方向。当学生们想为改善自行车专用道,为改善低收入者住房条件,为“更加自由”的学校,为开办药物咨询中心,为选举一个具体官职而奔走和工作时,或者,当他们试图反对宵禁,反对高层公寓开发计划,反对某公司的信贷政策,或者反对学校的某种服装条例时,他们的活动就可能成为“社会行动”。

(三)社会行动模式的结构

纽曼指出,环境能力应当成为学校的一个重要目标,其他能力也不容忽视。但他强调公民行动是德育优先考虑的目标,不应为了其他目标而牺牲,或者从属于其他目标。

纽曼设计的社会行动模式的主要成分,在图 11－1 中勾勒出来了。

公民社会行动的第一步,是根据道德审议和社会政策研究制定政策目标(如废除反堕胎法)。制定政策目标之后,公民们聚集一切力量支持该目标的实现,这将广泛涉及政治程序知识、辩护技能、团体程序技能以及管理技能等。公民行动中往往会发生一些心理哲学问题,需要加以解决。公民行动的结果,就是实际政策的结果。

1. 制定政策目标

这项工作由两部分组成:道德审议和社会政策研究。

个人在道德审议上必须做好准备,参加有关政策或原则的公开辩论。为了形成有效的道德审议,理性的论证要和真实的价值观结

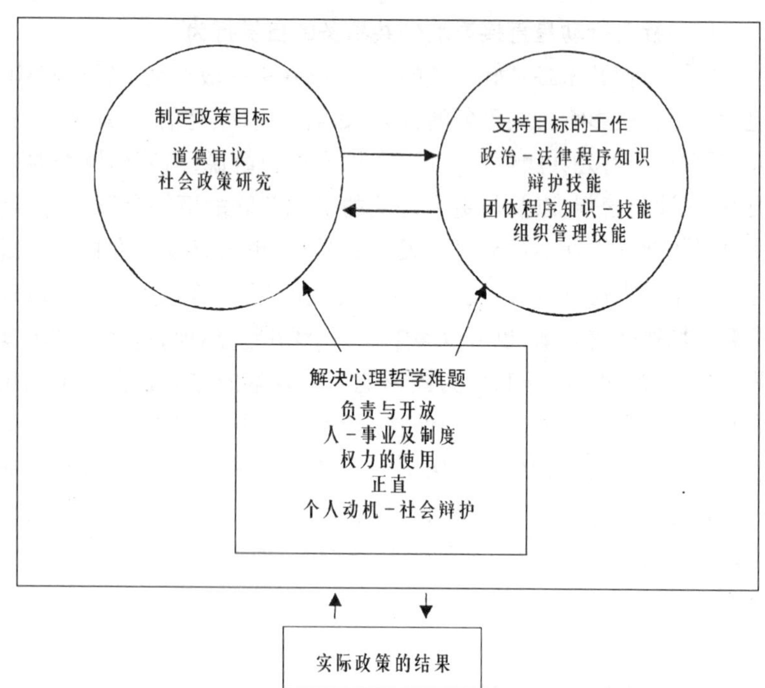

（源自 Newmann，1975，p.77；引自 Hersh，Miller，and Feildin，1980，p.165.）

图 11－1　在公共事务中施加影响所需能力之范围

合起来。这意味着纽曼摒弃道德相对主义，采取了类似于科尔伯格的立场。他认为，有些价值或原则（如生存权），应优先于其他价值或原则（如财产权）。价值与价值之间有竞争，只有通过理性论证，以及对实际价值的承诺，道德审议才能形成伦理上可以得到辩护的目标。

社会政策研究，试图查明一定政策的后果。学生考查社会行动方案各种可能的效果（如不同种族同乘校车对学生成绩的影响）。由于个人不得不根据有限的信息作出结论，社会政策研究的结论往往是暂时的，甚至是相互冲突的。

2．支持目标的工作

通过道德审议和社会政策研究形成某种立场之后，就必须开展活动以达到期望的目标。社会活动者必须熟悉"游戏规则"，这包括了解议案是怎样成为法律的,判决怎么才能上诉;了解非正式的秘密影响渠道,比如可能结成联盟的关键人物,或者,拥有人力资源、资金和交易权的团体。

支持工作中同样重要的是辩护技能。这类技能涉及以系统而合理的方式进行辩护的能力,通过论述理由,使人对所述情况表示认同,对所述立场在情感和认知上产生共鸣。

在争取各方支持时,团体程序知识和技能也很重要。这方面的工作可能涉及这样的决定:是该参加现存的某个组织,还是组建一个新的团体?如果组建新团体,就要考虑成员资格、内部权威、责任分工之类的问题。人际行为知识也是一个需要考虑的方面。学习和运用这类知识,意味着知道怎么把它们与人际行为结合起来,知道什么有助团体发挥作用,什么有碍团体发挥作用。在这个方面,教师可以教学生倾听技能,设法澄清团体内其他成员的思想情感,总结个人对形成团体立场的作用,在团体中坦诚地交流意见,如此等等。

最后,组织-管理技能也必不可少。学生在实现既定的行动目标时,可能会遇到各种各样的问题,例如:何时挨家挨户游说效果最好?信件竞选会不会比电话竞选更有效?该与新闻界接触多长时间?该给他们谈些什么?通过出售烧烤,还是通过申请特殊捐款,可以筹集到更多的资金?是该接受某个人的说词,还是该强迫他签署一项声明?解决这些实际问题,均需要一定的组织和管理技能。

纽曼指出,争取支持的工作所需要的各种技能,给课程开发提供了一个广泛的日程。然而,指望学生擅长于上述各项技能,是不合理的。

3. 解决心理哲学难题

一个人投身于社会行动时,可能会遇到许多纽曼所谓的"心理哲学两难问题(psychophilosophic dilemmas)"。他要在公民行动上有所作为,就必须正视这些难题。

(1) 负责与开放的冲突。行动者既要对计划负责,又要对建设性的批评保持合理程度的开放,并且在两者之间保持适当平衡。其中的危险是,行动者可能过于注重自己的责任,排斥对计划的任何批评意见;或者相反,易受他人意见左右,对自己的责任不知所措。

(2) 关心人与关心事业或制度的冲突。有时个体非常专注于一项计划或事业,以至于对手成了要战胜或指责的对象。纽曼强调:个体执行行动计划时,保持对每个有关人员的热情,设身处地为他们着想,是必要的;但同样重要的是,活动者不要忘记活动的总目的,对他人的需要不能过于敏感。

(3) 正直方面的问题。采取社会行动,有时会面临艰难的选择:是为人正直,坚持原则,还是作出让步?自愿的妥协是重要的,但任何人修正自己的立场都应当有限度。如果一项决定危及基本的价值观或原则,就该考虑别的备择方案了。

(4) 权力使用的问题。在社会行动中,需要对权力的使用进行检查。例如,谁当领导?谁作群众?作为领导,必须谨慎,不可滥用职权。负责决策的人会发现,权力也会"害"人。如果组织的资金有限,只能有一个工作人员,领导人就不得不把一些完全合格的申请人拒之门外。

(5) 个人动机与社会辩护的冲突。对于个人来说,重要的是意识到自己采取社会行动的动机。纽曼发现,学生参加公民行动,动机复杂多样,如自我教育,完成任务,消遣以及逃避。个人动机有时可能会与整个计划相冲突。例如,某生的基本动机是学习政治程序,他可能不想为某个候选人做办公室工作,因为该生通过高水平讨论可以学到更多东西。这就可能与选举获胜的目标相冲突。该生决定在计划中担当某个角色之前,必须考虑这类冲突。

纽曼虽然把社会行动模式分解为若干种成分,但并不提倡以牺牲合作和集体行动为代价,来发展个人的技能和能力。

二、学科教学与社区参与计划相结合的社区问题课程

纽曼把社会行动模式的设想,首先贯彻于美国威斯康辛州麦迪

逊一所中学的“社区问题课程（the Community Issues Program）”中。该课程渗透在学校的学科教学和学生的“社区参与计划（community-involvement projects）”之中，展示出一种颇具特色的公民教育模式。

（一）与学科教学一体化的社区问题课程

社区问题课程其实并不是一门独立课程，相反它与学校正式开设的课程融为一体。在谈到其他学校实施社会行动时，纽曼特别提到了社会行动各组成部分与学校正规课程的关系，如表 11－1 所示。

表 11－1　社会行动各部分与课程中各学科的关系

社会行动各组成部分	所涉及的学科	可以起作用的其他学科
道德审议	社会研究 （英语）	哲学 文学
社会政策研究	社会研究 （科学，数学）	任何与所研究政策有关的学科
政治-法律程序	社会研究	法律 社会学
辩护	英语 （演讲，新闻写作）	法律 公共关系 历史
群体程序	英语 心理学	社会学 社会心理学 社区组织
组织行政管理	无	商务管理 会计 劳动关系
心理哲学问题	无	历史 哲学 文学（传记） 宗教 心理学 咨询

（源自 Newmann，1975，p.113；引自 Hersh，Miller，and Feildin，1980，p.170.）

社区问题课程安排在一个学年里,并按照一定的顺序展开:第一学期先后开设“政治-法律程序课程”、“交际课程”、“社区服务实习”,第二学期先后实施“公民行动计划”、“文学行动计划”、“公共交流”。这些课程中要培养和发展的社会行动能力包括:

1. 用口头和书面语言进行有效的交际;
2. 收集并合乎逻辑地解释有关公共事务问题的信息;
3. 描述政治-法律决策程序;
4. 根据公正和宪法规定的民主权利,对自己在有争议的公共问题上的个人决定和行动策略进行合理辩护;
5. 以合作的方式同别人工作;
6. 以有利于解决公民行动中遇到的个人两难问题的方式,以及把自己及他人具体的个人经验与更加一般的人类问题联系起来的方式,讨论这些经验;
7. 在需要对特定问题施加影响时,运用精选过的专门技能。①

在一学年里,学生要用上几乎所有的时间(从上午9:30至下午2:00),参加社区问题课程。他们将因此在英语上得到2学分,在社会研究上得到2学分,并且会有时间另修数学、科学或外语等课。组曼及其同事还建议,此项计划可以由大约60名学生参加,由2名全日制教师经办。下文描述的是此项计划的各门课程。

1. 政治-法律程序课(第一学期中的14周,每周3个上午):引导学生研究现实的政治体制,既考查政治体制的正式结构,又考查像游说、谈判那样的非正式程序。组织学生参加会议,进行访谈,使他们有第一手的机会,通过现场经验,观察政治和法律程序。这门课程,也可以注重于培养收集资料和得出有效结论的技能。这部分计

① Newmann, Bertocci, and Landsness, 1977, p.6.

划还要涉及道德讨论的技能,使学生们有机会对有争议的问题发表文章,阐述自己的立场。

2．交际课(第一学期中的16周,每周4个下午):发展学生的书面、口头及非言语交际技能。这些技能要运用于4种背景:内心背景,人际背景,群体背景,公共背景。例如,学生可以练习人际帮助技能(诸如移情和关注),还可以练习群体技能(诸如问题的识别和澄清)。这门课还强调营造相互信赖关系及内部凝聚力,以使学生能够与他人并肩工作。

3．社区服务实习(第一学期中的14周,每周2个上午):学生参加社会机构、政府机构和公益团体的志愿工作。实习生可以用全部的时间以成年人的替角身份工作(如做电视新闻记者的助手),可以在不同的团体中做短时的值班工作(如在一个环境保护机构帮助几个部门),可以参加种种特殊的计划(如为邻里组织收集资料),可以给"委托人"提供直接的服务(如辅导小孩子或帮助老年人)。实习活动的安排,应当使学生易于了解实习机构日常工作是怎样进行的;应当给学生提供机会,主动与实习机构的工作人员交往,而不是被动地观察他们;应当要求学生为实习机构的任务做贡献。学生一旦参加实习工作,就能分析政治-法律程序课中所讲的机构制度程序,就能操练交际课中所学到的交际技能。每周都有一个下午,学生们可以"分享他们做志愿者的经验,讨论共同的难题,并且开始探讨可能会在第二学期行动计划中发生的问题"①。

4．公民行动计划(第二学期中的10周,每周4个上午):在这部分计划中,学生将为影响公共政策而工作。计划可以包括为政治候选人工作,建立一个特殊的青少年机构,修改行政管理规章制度,立法斡旋等。这些事务可能涉及国家、州或地方机构,包括学校;例如,学生在校内的权利,分区保护环境条例,保护消费者,种族合作,改善给困境青少年提供的社会服务,等等。这项计划可以从第一个学期

① Newmann, Bertocci, and Landsness, 1977, p.10.

的工作中发展而来。在计划实施期间,学生也可以就游说技术、谈判技能、资金筹措以及怎样主持会议,上“技能临床实习课”。学校还召开“计划咨询会议”,处理计划实施期间发生的各类问题,并在心理学上给学生提供支持。

5. 文学行动计划(第二学期中的10周,每周2个下午):这门课有比其他课更普遍的中心内容,探讨如下问题:什么是有意义的社会变革? 个人重要吗? 人该怎样管理自己? 可以通过小说、传记、诗歌和戏剧来探讨这些问题。例如,学生可以阅读甘地的传记,梭罗(Thoreau)关于公民不顺从的小说诸如《所有拥护国王的人(*All the King's Men*)》,以及詹姆斯·包尔文(James Baldwin)的作品。

6. 公共交流:每个公民行动小组,最后都要写一篇“通讯”,报道他们的活动情况,以使同伴和公众普遍分享他们的经验。学生要研究各种媒体,为其中一种媒体准备一份有关他们活动的报告。报告的重点要放在计划中已经完成的任务上,目的是向公众说明学生们的经验。

纽曼建议,整个课程应向11和12年级的学生开放。社会行动课程摆在优先的位置,但不要求所有学生修习实际的课业,因为这样做会对学生的自由构成不合适的限制。纽曼还指出,他们还没有作出充分研究,确认该计划的结果。最后,他还建议,在为该计划挑选学生时,可以采用学生自选之类的办法。主要目标(环境能力)应当公布,以使学生了解本课程的目的。

(二)社区参与计划

社区问题课程中包含3项为学生设计的社区参与计划。

(1)“政治－法律程序课”包含“社区调查计划”,引导学生通过实地旅行、访谈、在社区机构中进行非正式观察以及其他手段,收集社区的各种信息。

(2)“社区服务实习”其实是一项“社区志愿者服务计划”。学生们到孤老家里帮老人干活,在日托中心工作,辅导功课,参加街区大扫除，这些社区服务活动，使学生处于直接帮助别人的关系之中。

(3)“公民行动计划”很大一部分就是“社区行动计划”，它要求学生采取支持的立场，并且努力促进符合这一立场的变革。

纽曼指出，这3项社区参与计划可能存在一种发展性关系。当个体深入社区收集有关信息时，探索性研究更具有自我定向的性质。当个体可以帮助或关心他人时，志愿者服务会包含更多的参与。最后，在担当辩护角色时，学生们以自主的行为人的面目出现，从事与较为广泛的社会背景相关的事务。

(三)课程评价

据认为辩护角色最符合发展“环境能力”的目标，但社区参与计划的其他部分，也是社会行动课程合理的组成部分。如表11－2所示，社区问题课程中设计的所有活动，都能在发展环境能力上收到切实的成果。

成果的创造，与其说仅仅鼓励具备某种经验，不如说鼓励对这项计划作更为系统的探究。所有的成果也有助于评价过程。

社区问题课程的评价，主要集中在4个方面：

(1) 熟练程度，即掌握公民行动的有关知识和技能；

(2) 成效，强调完成计划的重要性；

(3) 持之以恒，即认真对待计划，并全身心投入到活动之中；

(4) 愉快性，即学生从课程中得到的乐趣的总和。

教师和学生不必期望所有的标准适用于每时每刻，而应当在优先考虑何种标准上达成共识。这4个方面的评价，其实是非常困难的。纽曼建议，教师不要死盯着学生掌握公民行动知识和技能的熟练程度，把它看成是惟一的标准，而应当努力对整个计划保持一种全局观。纽曼反对评分，但他认为，对于学生工作的评价，应当包括完成一定水平的工作，给予私下的反馈以促进学习，充分证明学生的活动能力。

表 11-2 证明学生在7种社会行动能力上的熟练程度与成效的资料

能力	资料	
	熟练程度	成效
1. 用口头和书面语言有效地进行交际	口头、书面、媒体分析方面的客观测试。教师和其他人对书面作品和口头陈述的评语。展示读书报告、研究论文、信函、手稿及杂志之类的东西。	所进行的交际(信函、报告、演讲、笔记、访谈、小册子)的数量和类别明细表。
2. 收集并合乎逻辑地解释有关公共事务问题的信息	资料(如图表)解释及定位(你在本区或别处的哪个地方发现如下信息的?)方面的客观测试。教师对口头和书面的立场声明的评价。	在政治-法律程序课、实习、行动计划、公共交流上已完成的任务的明细表。
3. 描述政治-法律决策的程序	对在实习和行动计划中表现突出的地方政府和机构的客观测试。教师及他人对学生制定恰当策略能力的证词。日志或学生带有特别决定的记录。	在政治-法律系统中充当不同角色和人物的经验明细表。
4. 根据公正原则和宪法民主为个人的决定或有争议的公共问题及策略进行合理的辩护	识别问题及运用公平原则(如平等)和宪法民主的技能的测试。教师及其他人对学生在有争议的问题上采取某种立场的书面或口头意见的证词。展示阐明学生立场的文章或演讲。	用口头和书面形式表达立场的数量和类型明细表。
5. 与人合作	分析群体行为的客观测试。教师、同伴及其他人对学生特定的合作行为的证词。技能的自我分析。展示群体计划。	群体努力的数量和类型及所作贡献的类型。
6. 以有利于解决公民关系的个人两难问题的方式,以探究人类更普遍的问题的方式,讨论自己及他人具体的个人经验	把特殊的经验转化为更加普遍的问题的测验。教师对学生口头和书面分析文学作品及个人行动的证词。展示学生的作文、日记、录音带及业已完成的公共交流。	目标(如咨询会议、文学讨论、行动计划的实习座谈会)要求完成的活动明细表。
7. 在需要对特殊问题施加影响时,运用精选的专门技能	在诸如拍照、游说、会议程序之类的特殊技能上的客观测试及专家证词。	运用技能的场合的明细表。

(源自 Newmann, Bertocci, and Landsness, 1977, pp.119—120;引自 Hersh, Miller, and Feildin, 1980, pp.174—175.)

(四)教师的角色

教师参与学生的公民行动计划,要求是多方面的。总的来说,教师在社会行动课程中,可以充当4种角色。

1. 信息员:作为一般资源,向学生提供社区内人员、处所、资源方面的信息,以及程序和策略方面的信息。

2. 顾问:对参与社会行动计划的所有学生的需要作出反应。这个角色处理的是情感或心理哲学上的两难问题,而不是社区契约或行动策略方面的信息。

3. 专家:在某特殊的社会行动领域(如环境保护或种族自决)充当专家时,教师比前面两种角色更多地参与到某种特殊的计划之中。

4. 活动分子:教师主动参与到计划的执行之中,目的在于影响公共政策。

不用说,每一种角色都会碰到与之相关的难题。重要的是,教师对于自己充当的任何角色,都应当让学生感到舒服和可信。

(五)课程管理

装备优良的公民实验室,极有利于社区问题课程的实施。公民实验室一般包括三个方面的条件。一是设备,如电话、油印机和复印机、照相机、录音机、制作标语和海报的设备、扩音器、档案柜、打字机、电视机、收音机等;二是物资,如文具和邮票、通讯录、特殊姓名地址录、地图、精选的法律参考书、杂志和报纸等;三是活动场所,如召开小型和大型团体会议的房间,以及存放与计划有关的材料的场所等。

管理上的另外一个问题,是责任问题。纽曼主张,要把可能出现的与教学有关的风险,全部如实地告诉学生及其家长,让他们了解课程情况的条件,签订参加课程的书面意见。最后,教师和其他有关的成年人,在课程实施中要采取合理的行动,保护学生免受伤害。

还要建立一个由家长、学生、教师及社区领导组成的公民咨询委员会。该委员会可以在一般政策上提出建议,为课程的清晰性和安全性出谋划策。

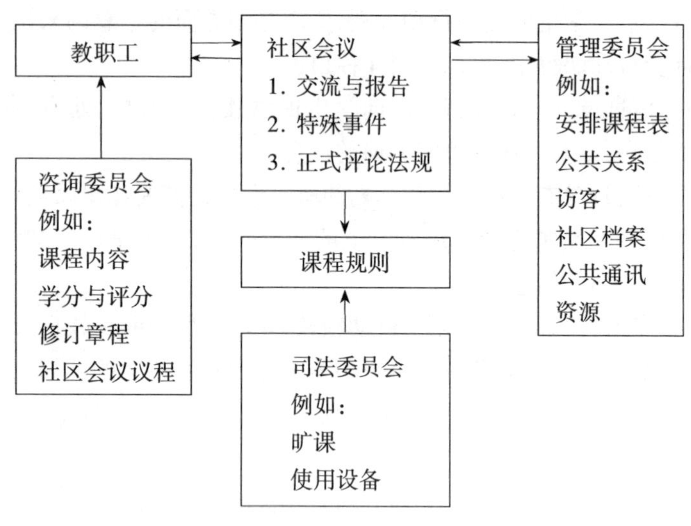

图 11-2 管理结构

(源自 Newmann, Bertocci, and Landsness, 1977, p.111;
引自 Hersh, Miller, and Feildin, 1980, p.178.)

社区问题课程的一个基本原则是,作决定要有学生参加。例如,学生可以参与决定课程表、场地设备的使用以及与访客及公共关系有关的政策。社区会议在管理结构中占有中心地位。课程中所有受雇的教师和学生都有表决权。这类会议主要是交流课程信息,决定课程政策,进行社会活动。图 11-2 所示的是一种较为理想的课程管理结构。

三、简要的评论

社会行动模式是一个令人印象深刻的模式。由于纽曼仔细考查了与该模式有关的形形色色的概念问题——心理学概念、哲学概念、道德概念,并为该模式的实施提供了颇具说服力的理由,他非常细致地阐明了其行动取向模式的基本原理。

社会行动模式旨在提高学生揭露、研究和解决社会问题的效力。纽曼像科尔伯格一样,注重发展学生的道德推理能力,但比科尔伯格更注意培养维持社会行动的环境能力。纽曼的观点是,如果没有教会学生把自己的道德理想付诸实践,他们的道德反思和道德讨论将永远是空中楼阁。如果学生感到自己无力在实践中贯彻自己的决定,他们对该怎么改变社会这个问题上就不会有多大的兴趣。学习如何在公共事务上施加影响是一件复杂的事情,纽曼设计的社区问题课程是长期的学科间课程(interdisciplinary program)。该模式既要求学生完成一定的课业,又促进他们主动介入社区生活。但纽曼又十分小心地把自己的模式与“现场研究”或类似的放羊式社会实践课区别开来。

(一)社会行动模式的困难和缺陷

在提出社会行动模式时,纽曼还对模式的各组成部分展开了全面的讨论,并没有回避与之有关的一些难题。他承认与社会行动模式有关的心理问题和管理问题,这正是模式的真正障碍所在。例如,社区问题课程的实施,需要宽敞而装备精良的公民实验室。这在目前,对大多数学校来说,是难以做到的。这种昂贵的德育模式,即使在美国,推行起来也相当困难。特别是“在入学人数不断下降、费用增加的时代,一些校董会是不可能批准这笔支出的”①。

社会行动模式另一个潜在的问题是,可能会出现课程中断的情况。一些学校的学生甚至可能难以取得会场入场证,让学生在校外活动从事社会行动计划,会给课堂管理带来困难,从而妨碍新课程的实施。

这个模式不但对外部条件要求高,对内部环境的要求也很高。例如,社区问题课程的成功实施,有赖于民主参与的校风。如果学校不提供师生民主参与的背景,或者,师生本身就没有民主参与的意识

① Hersh, Miller, and Feildin, 1980, p. 178.

和习惯,那么,鼓励学生参与到更加广泛的社会背景之中,就有些不协调了。

此外,纽曼对课程和课堂程序的讨论,也显得有些大而化之。同认知性道德发展模式及体谅模式相比,社会行动模式几乎没有提供课程操作的具体教例。尽管纽曼详尽地勾勒出了社会行动模式整个格局(如课程),课堂活动的例子(如讨论程序)却很少,这会妨碍课程的实施,以及社会行动模式的推广。

我国学者还评论说:社会行动模式在校内外安排频繁的活动,势必影响其他相关学科的教学,乃至造成整个学校正常教学的混乱[①]。在社区问题课程的实施中,如何处理道德教育与学科教学的关系,纽曼似乎没有作深入研究。

(二)社会行动模式对我国学校德育改革的启发

尽管存在上述问题,社会行动模式的课程计划,还是给学生提供了一种主动参与民主过程的途径,而其他模式都没有给这种参与提供如此丰富的机会。据报道,纽曼等人编写的《公民行动技能:中学英语–社会研究课程(*Skills in Citizen Action: An English – Social Studies Program for Secondary Schools*)》已作为全国教材,在美国学校道德教育中产生了较大影响[②]。

道德品质是在参与社会生活的行动中形成起来的,所以,我国学校相当注重组织学生开展社会调查、社会实践、社区服务活动。但是,由于缺乏一以贯之的教育理念,这些活动基本上处于半自发和零碎、分散的状态。学生从中受到何种锻炼和教益,是不清楚的。因此,作为学校德育一种途径的社会调查和实践,需要在一定的教育理念的基础上,加以改组、重构和系统化。社会行动模式在这方面为我们提供了可资借鉴的经验。

---

① 冯增俊,1993年,第133页;钟启泉、黄志成,1998年,第274—275页。

② 钟启泉、黄志成,1998年,第260页。

我国学校为学生设计和组织的社会调查、社会实践及社区服务活动，重在引导学生认识社会，形成参与社会活动的兴趣和报效社会的动力。这固然是重要的。与此同等重要的，是提高学生理性干预社会公共事务的行动能力。这种行动能力，不但是学生将服务社会、报效社会的理想付诸行动的基础，而且是这种理想形成的基础。正如纽曼所言，一个人如果对某种社会现象无能为力，他对这种现象本身就不会有兴趣，更不必说产生影响它的动机。不能说我国学校不重视学生社会实践能力的培养，但可以说我们在这方面缺少办法。社会行动模式展现的是西方"民主制度"下社会行动能力培养模式，我们不能生搬硬套它具体的课程内容，但它的方法是值得学习的。

我国学生的社会调查、社会实践及社区服务活动，通常是在专职或兼职的"政治思想工作者"的指导下开展的。这种体制有利于对学生的社会活动进行管理和指导，但带来的问题是：学生的社会活动脱离学校的教学活动，或者只是作为学科教学的一种补充。社会行动模式，为我们展示了一种将社会行动与学科教学一体化的学科间课程。这种课程不但使学生的社会探究、社区服务以及干预社会公共政策的行动得到学科教师的支持和指导，同时也赋予学科教学更多的社会现实性，及更加鲜明的行动取向。尽管社会行动模式对设备、经费、场地要求过高，在我国移植不大现实，但其思路是可取的。

社会行动模式中，既实施道德教育，又实施政治教育。这说明：西方学校并不像西方某些理论家想象和宣传的那样，一概排斥政治教育；也不像另一些人想象和宣传的那样，以强制的方式向年轻一代灌输其主流形态的政治意识。西方学校一般忌谈"政治教育"，但并不意味着它们不实施政治教育。它们实施的"公民教育"或"民主教育"就含有大量的政治教育成分。通过"公民教育"或"民主教育"，综合实施道德教育、政治教育，是当代西方学校一种普遍的做法。它们为而不言，在引导和组织学生主动参与社会生活、积极干预公共事务中，悄悄地把西方社会的主流政治意识形态传递给了新生代。就策略而言，不失为高明，也有值得我们学习的地方。

四、当代学校德育的发展趋势

最后,让我们来比较一下前面推荐的3种德育模式,藉此透视当代学校德育的若干发展趋势。

(一)社会行动模式与认知性道德发展模式、体谅模式的比较

社会行动模式并不像它名称所显示的那样,只培养学生的社会行为习惯,它对道德认知和道德情感的发展同样给予了很大的关注。但它确实是一种重行的模式,这不同于重知的认知性道德发展模式,也不同于重情的体谅模式。如果说,认知性道德发展模式不是一般地促进道德认知的发展,而是把重点放在道德判断力的发展上;如果说,体谅模式不是一般地培养道德情感,而是集中在道德敏感性的培养上;那么,社会行动模式同样不是一般地重视道德行为习惯的养成,而着重于环境能力或道德行为能力的培养。

这3种模式有一个共同的特点,那就是,它们都不主张、不提倡甚至反对脱离学科教学,进行道德教育。它们都力图把学校德育渗透在学科教学中,并且都按照各自的理论假设,对学科教学的内容进行了调查、梳理和重构,以适应间接德育的要求。

所不同的是,认知性道德发展模式以道德两难情境为教材,体谅模式以人际和社会情境为教材,社会行动模式却没有十分有特点的教材或活动素材。正因为如此,它不如另外两个模式那么具有专业性和可操作性。

它们在方法上也各不相同,认知性道德发展模式重视道德讨论,体谅模式偏爱角色扮演、摹拟表演、社会剧创作,社会行动模式则强调社会调查、社区服务和直接干预公共事务的社会行动。

(二)学校德育发展趋势

虽然认知性道德发展模式、体谅模式、社会行动模式,在理论假

设、侧重点、教材和教法上有所不同，但从这3个模式中，可以看出当代学校德育若干发展趋势。这就是：

1. 学校德育的重心从道德知识系统授受和良好行为习惯的训练，转向培养适应当代价值多元特点的道德判断力、道德敏感性、道德行动能力。

2. 从重视直接的道德教学转向强调间接的道德教育。学校德育"课程化"或"科目化"不是出路，只有在其他课程或学科教学中渗透道德影响，学校德育才有前途。

3. 从封闭的学科性教材转向开放的情境性教材，为吸纳教育过程当事人(教师和学生)的个人经验和体会留有余地。

4. 从以教师的教导、说服、劝诫为主转向以学生的小组讨论、角色扮演、创作、社会调查、社会实践、社区服务为主，从方法上保证学生主动参与学校德育。

总之，作为当前和未来发展趋势的学校德育，是"培养道德判断力、道德敏感性、道德行为能力"的德育，是"非课程化"的德育，是"情境性"德育，是"诉诸学生生活体验和主动参与"的德育。

[作业与思考题]

1．试从能力与品德的关系上分析社会行动模式的理论基础。

2．结合实际分析我国学校移植或改造社会行动模式的可能性。

3．试模仿社会行动模式为某所中学设计一套社会调查与实践方案。

4．围绕认知性道德发展模式、体谅模式、社会行动模式考察当代学校德育的发展趋势。

[主要参考资料]

1．Fred W. Newmann, *Education for Citizen Action: Challenge for Secondary Curriculum*. Berkeley, Calif.: McCutchan, 1975.

2．Fred W. Newmann, Thomas Bertocci, and Ruthanna M. Landsness, *Skills in Citizen Action: An English-Social Studies Program for Secondary Schools*. Skokie, Ill.: National Textbook, 1977.

3．B. Hersh, J. Miller, and G. Feildin, *Models of Moral Education: An Appraisal*. Longman Inc., 1980. 参见哈什、米勒、菲尔丁著,傅维利等译:《道德教育模式》,学术期刊出版社 1989 年版。最好参阅外文。

4．冯增俊:《当代西方学校道德教育》,广东教育出版社 1993 年版。

5．钟启泉、黄志成编著:《西方德育原理》,陕西人民教育出版社 1998 年版。

后　记

本书初稿成于 1997 年元月,是为华东师范大学教育系 1995 级本科生德育原理课准备的讲义。此后一直承担各种层次和类型师范大学生和进修教师的德育原理课的教学任务,迫使我不停地修改讲稿,半年一稿,至付梓已六易其稿。每修改一次,都有重点地对一个或数个德育难题进行专题研究,积少成多,书稿的教科书味似乎越来越淡了。

第六稿其实也是未定稿,由于研究不够充分,有意回避了学校德育中一些重大问题,涉及的问题也未必论述充分,但比起初稿来,已有很大改进。这首先要感谢我历届学生和学员,他们质疑问难,是书稿时有改进的重要原因。我从教他们的过程当中,向他们学到许多东西。常言“科研促进教学”,而我的切身体验是“教学促进科研”,我甚至认为教学本身就是一种研究方式。

本书的问世,还得益于作者与江苏省无锡市扬名中心小学三年多的合作研究。本书不少理论假设在这所实验学校受到过现场检验,一些教例还直接取材于该校“学会关心”课题的试验研究。与中小学教师合作,从事教育研究,不仅是理论联系实际的一条途径,也是师范教育和教师教育课程建设的一种特殊方式。

深深感谢我的恩师瞿葆奎教授和陈桂生教授,本书是在两位先生多年悉心指导下的一项学习和研究成果。从陈先生给本书所赐的序言中,我依然可以感受到恩师的厚爱、勉励和严格要求。感谢施良方教授,1996 年年底,在他的热情鼓励下,我才勇敢地担当起教育系德育原理课的教学任务,才有了本书的雏形。感谢杜成宪教授的关心和敦促。感谢本书责任编辑金勇,他的耐心、宽容、体谅及宝贵的建议,使我尽可能提高了本书的陈述质量。

最后,我还要感谢本书第一位读者——我的妻子金沙,她读后感慨地说:“还可以这样教学生! 我的老师怎么从来没有这样教过我们?”我倍受鼓舞。本书努力吸纳国内外同行大量研究成果,也许真能开阔我国学校德育的眼界。但我宁愿把这席话听成是千千万万学生及其家长的心声,期待着本书的教育理念化为现实的力量,推进我国学校德育的改革。

黄向阳

2000 年 6 月